文 化 名 家 暨
"四个一批"人才作品文库

新 闻 界

下乡手记

王慧敏 著

中华书局

图书在版编目(CIP)数据

下乡手记/王慧敏著. —北京:中华书局,2014.7
(文化名家暨"四个一批"人才作品文库)
ISBN 978-7-101-10295-6

Ⅰ.下… Ⅱ.王… Ⅲ.①农业经济-中国-文集②农村经济-中国-文集③农民问题-中国-文集 Ⅳ.①F32-53②D422.64-53

中国版本图书馆 CIP 数据核字(2014)第 145583 号

书　　名	下乡手记	
著　　者	王慧敏	
丛 书 名	文化名家暨"四个一批"人才作品文库	
责任编辑	王传龙	
出版发行	中华书局	
	(北京市丰台区太平桥西里 38 号　100073)	
	http://www.zhbc.com.cn	
	E-mail:zhbc@zhbc.com.cn	
印　　刷	北京瑞古冠中印刷厂	
版　　次	2014 年 7 月北京第 1 版	
	2014 年 7 月北京第 1 次印刷	
规　　格	开本/700×1000 毫米　1/16	
	印张 29½　插页 4　字数 300 千字	
国际书号	ISBN 978-7-101-10295-6	
定　　价	88.00 元	

出 版 说 明

实施文化名家暨"四个一批"人才工程，是宣传思想文化领域贯彻落实人才强国战略、提高建设社会主义先进文化能力的一项重大举措。这一工程着眼于对宣传思想文化领域的优秀高层次人才的培养和扶持，积极为他们创新创业和健康成长提供良好条件、营造良好环境，着力培养造就一批造诣高深、成就突出、影响广泛的宣传思想文化领军人才和名家大师。为集中展示文化名家暨"四个一批"人才的优秀成果，发挥其示范引导作用，文化名家暨"四个一批"人才工程领导小组决定编辑出版《文化名家暨"四个一批"人才作品文库》。《文库》主要收集出版文化名家暨"四个一批"人才的代表性作品和有关重要成果。《文库》出版将分期分批进行，采用统一标识、统一版式、统一封面设计陆续出版。

文化名家暨"四个一批"人才

工程领导小组办公室

2012年12月

王慧敏

　　1966年12月生于甘肃张掖。史学、法学双学士，文学硕士，法学博士。现任人民日报浙江分社社长，高级记者。中国作家协会会员。通讯《硕士村支书》、《讨薪记》、《筑起的不仅仅是一座大坝》、《热血铸雄关》被收进高校新闻专业必修文库中；通讯《太行七贤》被改编成电视剧在中央电视台播出；《山这边，山那边……》等一批深度报道引起了较大社会反响；在《人民日报》开设个人专栏"下乡手记"。多次获得中国新闻奖。长篇小说《各奔前程》曾在中央人民广播电台小说连播节目中播出，并获年度节目制作一等奖。被国务院授予"全国先进工作者"、"全国民族团结进步模范个人"称号，是中国共产党第十七次全国代表大会代表、全国新闻出版行业领军人才，享受国务院颁发的政府特殊津贴。

目　录

热点感言

编余杂识

教诲将伴笔耕老(代序)

王慧敏

范敬宜老师生前曾多次嘱我:"有机会一定要把你的下乡手记结集出版。届时,我来写序。"

后来,一次一次的疾病,让他的愿望始终未竟。去世前,他不无伤感地对我说:"看来这篇序我是完不成了……"斯情斯景,如影历历。今天这本书终于要付梓了,把这篇追思范老师的文章,权当本书的序言吧。

一

算来,认识范老师已20余年了。当年考研究生时,本来想投考复旦新闻系。从招生简章上获悉武汉大学樊凡教授和经济日报总编辑范敬宜合招研究生,我大喜过望——那时候,经济日报正办得风生水起,在新闻界颇有些马首是瞻的味道。而当家人范敬宜,更是新闻学子们心中的偶像。

就这样,我拜在了范老师门下。

在武汉大学念完基础课,按照教学计划,到经济日报边实习边做论文。第一次见面,我便当头挨了一棒。记得是在范老师那间简陋的办公室,西晒的阳光把他原本儒雅的形象勾勒得很有几分威严。他问我:"看过梁厚甫的哪些书?"我一下子懵了。在当时,只知道梁厚甫是个美籍华裔报人,对他的作品从无涉猎。

见到景仰已久的导师,本来就有几分紧张。这一下更慌了。接下来他问的民国时期几个知名报人的作品情况,我也回答得磕磕绊绊。他皱起了眉头。

不过,接下来他问的古典诗词的掌握情况,还算差强人意。他的眉头渐渐舒展开来。我刚想喘一口气,谁知问题又来了:"会背清人吴伟业的《圆圆曲》吗?"我背了几句便卡了壳……

他将剩余的部分一口气背完,然后严肃地说:"新闻要有文化含量,记者要有人文情怀。要想当个好记者,文化底蕴非常重要。一个人文笔的高低赖于文化的深浅厚薄。"

自幼喜欢舞文弄墨,自以为学了不少东西,原来竟如此的浅薄!从他的房间出来,我汗湿脊背。这让我暗暗下起功夫来。

毕业论文,商定的题目是《新时期经济新闻研究》。他约我到他万寿路的家中去谈。这次我做了充分的准备,西方传播学的原理整了一套一套的。听我谈了大约20几分钟,他打断了我:"新闻是个实践学科。没必要搞那么多复杂的理论。更不要言必称西方。现在一谈做学问,就从西方书籍中去找理论根据。这种风气很不好。至于写作,咱们老祖宗有很多宝贵经验,为什么非要从西方去生搬硬套?"他建议我去访谈一线的跑口记者,由他们讲述新时期经济新闻的得与失、改进方向。

他给我开了一个40多人的采访大名单,要求对每一个人的从业特点都要做一个精确的归纳。

这是一项浩大的工程。半年多时间,一有空闲我就得骑着那辆破旧的自行车在京城的大街小巷穿行。

及到行文时,他就抠得更严了。每一个章节几乎都被打回数次。连论文后面附的参考文献的出版时间、版次他都要一一核对。他说:"我不能误人子弟。你也不能丢我的人。"

看着其他同学都早早交了论文,而我还骑着车没日没夜地奔波,真有些后悔当初报考了他的研究生。好歹,毕业论文高分通过。

二

范老师学养之深厚,确实令我辈兴叹。

一次我在新疆和田乡间采访,写篇急稿时要引用几句古诗,只记得"爱惜芳心莫轻吐,且教桃李闹春风"两句,上面两句是什么记不得了。手头又没有书可查。我便打电话向他请教,他随口就说:"上两句应该是'枝间新绿一重重,小蕾深藏数点红'。是元好问写的。题目是《同儿辈赋未开海棠》。"

还有一次,席间和一个文友打赌"皮里阳秋"的出处。打电话请教他,他说:"应该是《晋书·褚裒传》里的。原句是'皮里春秋',后晋帝避母名春之讳,而改作'皮里阳秋'。"事后,找字典一查,毫厘不爽。

他有如此的功底,缘于他对学问孜孜矻矻的追求和对新闻事业的热爱。他常说总编辑首先是个编辑,不能只想着"总"而忘了"编辑"。他说过:我要终生当记者。如果有下一辈子,还要当记者。

"敬惜文字"是他常叮咛我的话。他说:"现在新闻圈里有一种不好的现象:轻视文字。如果谁要鄙薄一个记者,会在数说了一顿不是之后来这么一句'这人,文字还行'。其实,这是把本末闹拧了。文字是新闻从业的基础。没有过硬的文字基础,绝对当不成好记者。"他告诉我,即使到了今天,他的任何一篇稿子都经过了反复修改,就是写一篇小消息也不轻易放过,《再给后代5000年》不足500个字,他从晚上10点钟开始动笔,一直写到了次日凌晨5点多钟,先后换了7个导语。

1995年,我写了一篇河北灵寿县7个山民修路的通讯《太行七贤》,他亲自撰写了一篇600多字的编者按。他告诉我,这个编者按,他整整琢磨了一个星期。

从人民日报退休后,他依然浸淫在新闻里。他在《新民晚报》开了个专栏"敬宜笔记",每有得意之作,都会给我打来电话:"我最近的那篇文章你看了吗? 谈谈看法。"他问得很细。为了应付他的"检查",我专门订了一份《新民晚报》。

对于我的作品,他依然严格把关。我写的消息《油气开发给南疆少数民族送来"福气"》,他评点:"还可以精炼一点,譬如,第二段为什么要举那么多例子?"我的长篇通讯《阿布力孜家的"月亮泉"》,他来信:"文章似乎收得急了!"我的连续报道《讨薪记》,他建议:"主题不要太分散,系列报道亦如是。直线追下去似乎更妥!"

"敬惜文字",已融进了他的血液中,即使写个便条、一个短札也不苟且。

新疆地域辽阔,路途漫漫。采访路上,有时我会将自己写的诗词随手发短信给他。他呢,都会一一予以指点。2005年"五一",我在去喀什的路上写了首诗《五一感怀》:"孤悬塞外伴狼烟,春深五月天犹寒。无边风尘常入梦,伏案灯前抱书眠。"过了几天，便收到了他的一封信："建议将'狼烟'改为'苍烟'，'常入梦'改为'频入梦'。"他认为诗的调子太低沉，特和诗一首，记得结句是："浩浩天风鼓征篷，催马瀚海疾奋蹄。"

我写的另一首词："谁言大漠不荒凉，罡风起，尘沙扬。秋色未褪，已是雪茫茫。驱车百里无城郭，沙连沙，皆灰黄。"他复信："'皆'似应改成'尽'。下阕结句'学红柳，效胡杨。'改为'效胡杨，又何妨？'似乎更好。"

他不但是一个出色的记者、编辑，更是一个有强烈责任感的新闻理论家。他提出的取舍新闻的"三贴近"原则和"人不求全，求全则天下无可用之材；文不求同，求同则天下无可读之章"等名言，至今仍被新闻界视为圭臬。他说，当记者，尤其是大报记者，一定要有责任意识。不要只图自己痛快，也不能只求微观的真实。他说，有时候，就单个新闻事件看，可能是真实的，但放在宏观背景下去考量，却未必真实。因此，发一篇稿子，一定要看整体的效果，看他对社会带来的是正效应还是负效应。

1996年夏，我收到了一封群众来信，说陕西某县在农村耕地整治时，采取过激手段集村并屯，农民意见很大。我和经济部农村组另一位记者到那个县进行了调研，回来写了篇6000多字的通讯。稿子按流程到范老师那里时卡住了。一天他把我找了去，说：这篇稿子最好不发。你们反映的情况肯定是真实的，但你们想过没有，那个县的做法只是个别现象，不能代表全局。从国家大局出发，保护耕地始终是国策。取舍新闻，一定要做到宏观真实和微观真实的统一。那个县的不合适做法，可以通过内参反映，但不要公开见报。

范老师成名，缘于那篇脍炙人口的《莫把开头当过头》。在当时背景下敢写这样的文章，需顶着莫大的压力。人们佩服他的道德勇气！

有些人会认为，后期的他，随着官越做越大，是不是锐气消退了？实则不然！知识分子的良知始终在他身上激荡。"为天地立心，为生民立命"始终是他行为的主轴。一次人民日报发表的一篇稿子引起了一位领导的不快，在一次会议上点名批评了人民日报。会后，范老师专门找到那位领导，提出了自己的看法。那位领导虚怀若谷，不以为忤，专门邀请人民日报几位负责经济报道的编辑、记者到自己办公室就有关问题进行探讨。

我在新疆驻站期间，对南疆日渐浓烈的宗教氛围及反恐面临的新问题特别担心。一次回京开会和他唠起了此事。他腾地站了起来，很严肃地问我：

"这么重大的问题你为什么不写内参？你的良知哪里去了？"语气之严厉吓了我一跳。我怔怔地看着他。他面色更冷峻："你的职责是什么？有什么比国家利益更重？不写，你就是渎职。"

我很受震动。回去立马把发现的问题，写成了系列内参。

三

范老师，是个传统文化浸润很深的人。言谈举止中，无不带着那代知识分子特有的儒雅与谦和。

我俩年龄相差近40岁，又是师生关系。翻翻他给我的信札，每一封信的开头都是慧敏仁弟。收尾总是常用"此颂曼福"、"即颂著祺"、"即请撰安"等句。"有才而性缓方属大才，有智而气和斯为大智"是他的真实写照。

和他接触过的人都知道，对谁，他都彬彬有礼。在楼道里碰见了门卫、清洁工，他都会停下来亲切打招呼。他喜欢亲自到食堂打饭，随意坐在任何一个员工对面和人家谈天说地。

和许多机关一样，报社吃中饭的人多，吃晚饭的人少。一天，范老师留在报社吃晚饭。那天，北区食堂只开了二楼。在一楼卖饭的窗口挂了个小小的牌子："吃饭请上二楼。"范老师没看见那个牌子，问几个聚在一楼聊天的食堂职工："请问在哪里打饭？"连问几声没人搭理。他稍稍提高了声音。谁知一个小年轻大吼一声："看牌子！没长眼？"

范老师并没有生气。来到二楼，见我也在，便打了饭坐在我对面，悄悄对我说："食堂的师傅真凶哟！"听了原委，我很气愤："要不要打电话告诉他们领导？"他摆摆手一笑，便埋头津津有味吃起来。

还有一次，他参加完一个会议，散步走回报社时已是晚上10点多钟。恰巧没装证件，门卫便挡了驾。按照报社规定，没带证件必须内部人员接应方能进大院。他便站在门旁静静等候。当时正值隆冬。后来有人经过，告知门卫"这是总编辑老范"，门卫一脸歉意。范老师非但没有生气，还连声称赞门卫做得对。

不过，范老师对身边的人，要求却非常严格。记得刚到报社不久，我在夜班值班。一天为了改稿问题，另一位编辑和排版工人争吵起来。这件事本与我无关，可无端受了委屈：那位吵架的编辑也姓王。事过不久，在讨论我的入党转正时，有人提意见说我不尊重工人——他把两个"王"弄混了。吵架这件事不知怎么传到了范老师耳朵里。他严厉地告诉党委有关领导："坚决延后王慧敏的转正。不改正错误，就不能让他入党。"

1997年，按规定我可以申报副高职称，根据当时的业绩，还是具备一定竞争力的。谁知评选的时候，我被拿了下来。一位负责的同志告诉我："范总说了，今年申报的人很多，让把你往后压压。"

说实在的，这两件事，当时确实让我别扭了很久。

吵架那件事，最终还是弄清楚了。一次，我到他办公室送大样。他把眼镜拉到鼻梁下端，仔细打量了我一番："入党转正这件事，你们主任班明丽同志后来告诉我了，是党委搞错了。"他顺手拿过便签写了一句话递给我："苟逢辱而不惊，遇屈而不乱，几可任事矣！"这算是对我的平反吧。多年来，我一直把这便签当书签来用。

2002年秋，报社派我到新疆记者站驻站。临出发前，他打来电话，让我多拿几本采访本过去。我以为是他手头没有笔记本用了，便买了十几本带过去。

到他家后，他拿出早就准备好的两本采访本递给我："我手里只有这两本。你看看第一页。"翻开一看，两本上都写着这样几个大字："见官低半级。"

他解释："这句话，是我刚参加工作时一位前辈送给我的。我当时很不以为然。心想，记者是无冕之王，见谁都不应该低半级。经历了这么多年的人生风浪，我终于悟透了这句话。'见官低半级'不是说要你在当官的人面前丧失人格、卑躬屈膝，而是说，无论采访谁，都要把人家放在比你高半级的位置去对待、去尊重人家。这样，你才能同采访对象打成一片，才能抓到活鱼。你现在到新疆当站长，是代表人民日报在当地行使职权，只有尊重当地干部，尊重那里的每一个人，才能打开工作局面。"

他把我带去的每一本采访本的第一页上，都端端正正写了"见官低半级"这句话。说："写在采访本上，对你时时都是个提醒。"

2004年之后，我先后获得了全国先进工作者、全国民族团结模范个人、党的十七大代表等荣誉称号。2005年底我回京开会，他把我叫到家里，送给我一条幅，上书"求阙"，并附嘱言："阙者，缺也。世间事，皆祸福相倚、顺逆相随、圆缺相生。唯时察己'缺'，方能'圆'矣！"他向我解释："人生追求，宁求缺,不求全;宁取不足,不取有余。"他打个比方:"有人有了单元房,就想要复式楼;有了复式楼,又想要小别墅……求之不得,就会想各种非法手段去巧取豪夺,最后陷入不能自拔的深渊……"他进一步提点,今后报社再给你荣誉,要学会主动退让。无论做人还是做事,不要追求一时的万紫千红,慧不如痴,速不如钝,只有一步一个脚印辛勤耕耘下去,才能成就格局……

前些时,整理旧物,共找到了范老师写给我的数十幅字。大多都是对我的提点。每一条都点中了我的"命门"。我感慨万端:这些年,他好像一直隐身在我的身后,跟着我,盯着我,随时矫正着我的人生航迹。

四

忆起和范老师的师生缘分,每每有"摧肝"之痛。

2007年秋我回京参加党的十七大。报到的当天,报社老干部局局长刘宝元打电话给我:"参加完会议你不要着急回新疆。老范不久前患脑中风,颅腔大面积出血。医院已报了病危。"我的心一下子抽紧了。

会议期间,我每天都祈祷着能有奇迹出现。

就在会议结束前的那天晚上11点多钟,我的手机突然响了起来。因为次日要参加闭幕会,我已早早休息,黑暗中看也没看就接了电话:"我是老范!"我大吃一惊。"你听说了吧,前些天,我脑中风。差一点,我俩就阴阳两隔。现在危险期已过去了,你方便时来看我,我住北京医院。"

我真是又惊又喜!

会议结束的当天,我便赶往北京医院。老人穿着病号服已候在病房门口了:人消瘦了很多,但面容依旧是那样慈祥。他告诉我,医生说像他这样的大面积颅腔出血,抢救过来的几率很低很低。

"你猜我是怎么知道你到北京开会的? 我在医院一直处于昏迷之中。那天,陪护的人在看新闻联播,我隐隐约约听到王慧敏几个字,我使劲从云里雾里搜寻这个词。慢慢就醒来了……"当时宣传十七大,中央媒体集中报道一批来自一线的代表,我忝列其中。

因为是师生关系,我对他始终怀着敬畏之心。不过,偶尔也会和他开个玩笑。他的桌子上放着一张他仰天大笑的照片。一次,他饶有兴致地给我讲述这幅照片的来历,夸赞照片作者王文澜如何善于抓拍。

我说："美中不足的是缺齿露出来了。而且是暴露无遗。"

他哈哈大笑。说："狗窦洞开啊？"接着吟诵起辛弃疾的《卜算子·齿落》："已阙两边厢，又豁中间个。说与儿曹莫笑翁，狗窦从君过。"

还有一次，聊起古人如何吟诵，他摇头晃脑给我做起示范，背的是范仲淹的《岳阳楼记》。念完犹自闭着眼睛洋洋自得地问："这是桐城古韵。好听吗？"

我一句也没听懂。便照实说："不太好听。"老人愣了，半天不吭声了，客厅长时间陷入沉寂。

现在想来真是后悔，当时怎么就不能善意地撒个谎呢？！

我年轻的时候喜欢锻炼，进入中年后人懒了，渐渐胖起来。尤其是到新疆工作后，饮食结构发生了变化，体重迅速飙升，脸吹气球般圆了起来。那年报社开年会，我去看他，他吃惊地看着我："怎么搞的？脸怎么都成这样了？"他两手放在腮边比划了一下。"人家×××也是这种脸型，但人家是大块头呀。"他的老伴吴师母正好在旁边，忙给我解围："你别这样说慧敏。胖又不是缺陷。"范老师正色道："关键是太胖会影响血压、心脏。"

此后，每次去见他，他都会着急地说："抓紧减肥！抓紧减肥！"

2008 年夏，我的脚踝骨折。他一遍遍打电话给我，交待康复中应注意的事项。他安慰我，不要有心理负担，说他的腿早年在学大寨工地被撞断，腿里一直保留着一枚 10 几公分长的钢钉，并没有影响以后的生活。

腿好后，我回京时去看他。他让我一遍一遍地在客厅里走来走去，前面瞧瞧，又从后面瞧瞧，问吴师母："能看出来吗？能看出来吗？"

人上了年纪，可能都会有点"老小孩"的样儿。每次回北京开年会，他都会计算着会议哪天结束，我应该哪天去看他。一般情况下，会议结束第二天，我都会即刻去看他。有时，手头有事耽搁了，他就会打来电话："前天你们会议不是就结束了吗？"

一次，我去看他，趁他上厕所，吴师母悄悄告诉我，今后你再来，等快到门口再告诉他。否则，他会到阳台上，站在小凳子上一遍一遍往外看，嘴里咕哝着："怎么还不来，怎么还不来。"那么大年纪了，摔下去怎么办？

我俩都不是很健谈的那种人。所以单独在一起时，其实，交谈的并不是很多。大部分时间，两个人埋进沙发里静静地品茶。偶尔说上几句，也是你问一句我答一句，或者我问一句你答一句。没有个中心也没有个主题。不过，俩人都想多坐一会儿，多坐一会儿……

他中风之后，思维、语速都比以前慢了。有次送我到门口，他悄悄问我："我是不是反应很慢啊？"我的眼睛酸涩了。

这几年，随着年龄增长，一熬夜，我的血压就会升高。他闻知后，总是提醒我要按时吃降压药。说自己中风就是因为没有听从医嘱。

在他生命的最后两年，新闻联播完了之后只要电话铃声骤响，我知道准保是他打来的。拿起听筒，总是听到这么几句简单的话："我是老范。没有打搅你吧，要多注意血压，早点休息……"声音总是惴惴的，生怕打搅了别人似的。

五

晚年的他，屡遭不幸：先是中风，后来眼睛出现白内障。动手术时，又出了事故，视网膜穿了个洞。一只眼睛几近失明。

我闻讯后，责怪医院不负责任。他依然是那样的宽厚："人家又不是故意的。再说，已经成这样了，追究有什么用。"

早年腿伤后，他行走本来就不灵便。中风之后，行走就更加困难。他住在4楼，楼里没有电梯。一次他告诉我，很想下楼走走，可是有一次下去后，上到二楼怎么也走不动了，只好坐在台阶上休息。幸好一个邻居下班回来看到了，把他扶进了家。

在他去世前的两年，又查出患胆结石。他告诉我："疼起来简直要命！在床上打滚，满头黄豆大的汗珠，把身上的衣服都湿透了。"他让我给他寄点西湖藕粉，说其它东西吃不下去。北京卖的藕粉，就像是面粉，哪有一丁点藕的味道！这是他唯一一次托我办事。

生前，他一定留有许许多多遗憾。还在上研究生时，他就嘱咐我有空多帮他收集资料。他说，别人都说新闻无学，其实新闻里面大有学问。他要结合毕生的新闻实践，进行系统的总结，从理论到实践计划出十几本。

后来，他一直沉浸在办报中，迟迟没能动笔。离他退休还有两年的时候，我又一次催促他，并把收集到的他的各个时期的作品交给了他。他歉意地看着我："你看，一桌子的大样，哪有时间啊，等退休后再写吧。"退休之后，他到了全国人大。我再催促他,他说领导让整理的调研报告一大摞一大摞,等从人大退了再说吧。从人大退下来后,他又受邀到清华大学创办新闻系。说起清华办学,他压抑不住地兴奋:"教书育人意义太重大了。新闻系太需要懂国情、又有新闻实践的老师了。现在新媒体兴起,许多大学生对主流党报存有偏见,经过我的引导后,很多人纷纷要求到党报工作……"

醉心于育人,他毕生的积淀,始终未能变成藏之名山、传之后人的大作。这不能不说是中国新闻界的一大损失!

2009 年夏天,报社在北戴河培训基地开年会,正好他也到那里休养。我去看他,他提议到阳台上散散步。那天有风,眼前的北戴河白浪滔天。他伏在栏杆上深深吸了一口烟说:"人这一辈子怎么这么快呀! 就像睡了一觉,梦还没做完,天就亮了。唉,很多事没有来得及做就没有时间了……"他偏过头问我:"你今年四十几了吧? 抓紧做点自己喜欢的事吧。对了,你的下乡手记一定要结集出版。我在给学生讲言论时,经常拿它做例子。可惜我已没能力给你作序了,现在是提笔忘字啊……"

那次,他跟我约定,等他身体好点了,想让我陪他游一趟富春江,他想去看看严子陵钓台。他说他的先祖范仲淹主政睦州(今桐庐)时曾主持修建了严子陵祠,并写了《严先生祠堂记》。其中"先生之风,山高水长"两句,流传千古。

这个机会一直没能等到。11 月的一天,报社的陈大夫给我打电话:"老范估计很难撑过去了,抓紧回来看看他吧。"

我立即给他打了电话,说明天就回去看他。他急了:"千万别来,千万别来。我知道,现在是报纸发行最吃紧的关头。撂下工作回来,我可不高兴!发行完了再回来。"

不承想没过几天,他驾鹤西去……

我的老师去了,那个爱唠叨我的人去了! 历历往事忆多少? 纸馨难了,墨尽难了! 教海将伴笔耕老。

很想在新闻联播后,骤然听到电话铃声;很想听到"你要注意血压"、"别再胖了"这样的唠叨……可这一切,随着他的离去,再也听不到了。

他走了,带走了他的儒雅和谦和,带走了他的新闻追求和遗憾,带着那个时代学人特有的范儿,去了,永远的去了……

下乡手记

笔者在人民日报长期从事农村报道,上世纪90年代,曾到河南虞城县挂职两年。从1999年开始,在人民日报开设专栏"下乡手记",把自己挂职和采访中遇到的"三农"问题及思考,告诉读者。

　　评论界认为:"'下乡手记'是新时期的山乡风云录。"

　　老报人范敬宜在清华大学给学生讲述专栏评论时,重点推介了"下乡手记",称之将立意高远的人民日报评论风格与轻松活泼的杂文风格巧妙结合,是新闻写作文体的创新。

　　有不少大学把"下乡手记"收进了教材。不少地方还把"下乡手记"整理成小册子供干部学习。

1.别硬着头皮烤"炊饼"

天目山的雾,怪得很,一年到头,绵绵不绝。尤其是春夏,雾浓得化不开,似乎要把这里的一切全浸透。雾,孕育出了上好的茶叶。十多年前,我在江苏工作时,办公室一位深谙茶道的老同志告诉我,这里的绿茶,单从制作工艺来说,独步天下,不仅枝叶完整,且形态划一。上品的绿茶,1万枚中枝叶不完整者绝不会超出5枚。每当新茶下来,把盏前,这位仁兄总忘不了把杯子朝我跟前一举:"啧啧,你瞧,这茶形!"

确实,这里出产的"雀舌"、"旗枪"、"凤头"等品牌的茶叶,近些年在国内外的茶叶博览会上出尽了风头。

原以为,有了大自然这份厚爱,山民们会缘茶而致富。谁知去年到溧阳采访,问起茶叶销售情况,当地一位干部连连摇头:"现在种茶的太多,而咱这儿的茶,制作工艺讲究,成本比人家高,所以……""那么,为什么不简化一下制作工艺呢?""那怎么行呢!咱这儿的茶,讲的就是个茶形。"

当地外贸部门的一位朋友讲,他们曾设想把茶叶销向海外。外商对茶叶的质量和价格都没有提出意见,但对枝叶完整成形这点,很不以为然。咱们呢,醉心于"状似凤头戏碧波",他那里却为残茶如何处理发愁,要求把茶叶加工成碎末状的"方便茶"。还有些国家,干脆求购滤去茶叶的茶水罐头,人家这样认为:生活节奏这么快,哪有闲暇把盏品茗!若照你们的喝法,会已开完,客早宴毕,茶叶的头汤还未泡好呢!

类似上述墨守成规而失掉商机的事儿,非止一例。前不久,四川一位朋友来京,给我讲了这样一件事。世界著名的家具经销商瑞典宜家公司派人到四川订货,带来了他们所需的竹椅、花架、书架等样品,定单价值几百万美元。

制作工艺呢,并不复杂。但寻遍全省,竟无一家企业接单。宜家公司技术顾问比昂先生问成都一家企业的负责人:"能按我们的要求做吗?"负责人这样回答:"我们是世代相传的工艺,只能编自己设计的图案,不是客户想加工什么就加工什么的。"成都某竹编工艺厂,一度以生产瓷胎竹编工艺闻名。这种产品因生产周期长、产量低、价格昂贵,致使销路不畅。瑞典家具商向这家工厂订货,厂领导不屑一顾地说,我们是做工艺品的专业厂家,不接做家具一类的简单粗加工业务。

瑞典客商离开四川时非常遗憾。他们认为,单就竹子的质量而论,四川的竹子不仅壁厚韧性好,色泽也美观光亮。世界上很少有这么好的竹子。让他们感到不可思议的是:守着这么好的竹资源,却不知道拓展市场!

我国地大物博,不少地方都有自己的传统产品。不过,我们应该明白,有了传统产品,并非就拥有了市场。随着时代的变迁,人们的消费观念也在不断发生变化。今天你喜欢吃"武大郎炊饼",也许明天你喜欢吃"鸡腿汉堡"呢!因此,产品要走向市场,因循守旧,不行!不符合市场需求的传统,该改的,必须改。如果大家都喜欢吃"鸡腿汉堡",你却硬着头皮烤"炊饼",那没办法,只好眼瞅着大把大把的钞票流走了!

(2000.11.20)

2.真想再见到老杨的菜车

　　家住报社的一个小区,尽管居住面积不大,可有一样让我很是满意,买菜极方便。每天早上,天麻麻亮,一辆"小四轮"就会悄然驶进家属区。须臾,楼前的空地上便摆满了还带着露珠的各色蔬菜。卖菜的是位老汉,人挺老实,静静地蹲在那儿,从不大声喧扰院子里的住户。他的菜,不仅新鲜,价格也比街上的便宜。顾客付了钱,临走时,他还总忘不了添上一把。这份真诚,深得大伙儿信赖。几天不见老汉的身影,大伙就会互相打问。也怪,每月总有几天老汉会无影无踪。待他再出现,大伙儿问起原因,老汉总是一脸歉意:"这两天,城管查得紧,没敢来。"几年间,老汉总是悄悄地来,又悄悄地走。大伙儿也不约而同地遵守着这种默契。

　　时间长了,和老汉熟识起来。他姓杨,河北三河人。谈起生计,老杨总是很落寞。说,近些年,挣钱越来越难!

　　老汉愣是整不明白,为啥老是走背字儿!他说,单靠种粮,富不起来。1993年,他一咬牙承包了村里的5亩鱼塘。全家人当作心肝宝贝侍弄,老天爷也帮忙,年终,不管鲤鱼还是白鲢,都长到了三四斤。可那年,养鱼的人太多,活蹦乱跳的大鲤子,一斤两块五也没人要,饲料本儿都搭了进去。养鱼不行,咱养点儿稀缺的吧。瞅准餐馆虾价看涨,养的人又少,来年,他上了趟江苏,买了3万尾罗氏沼虾苗。刚开始,虾苗长得挺欢实,可长到寸把长的时候,虾苗开始大批大批死掉。他心急火燎地跑到南方一家水产研究所,搬来救兵。啥法儿都用尽了,还是不管用。那年,欠了4万多元饥荒。1996年,听市里一位搞外贸的同乡讲,种日本的"理想大根",一亩地纯收入四五千,还不愁卖,产品由外贸部门负责收购。他借钱承包了村西10多亩河滩地,眼看丰收在望，谁料一场大水，全泡了汤。这些年，致富的法儿试了不少，有的，是没有市场；有的，有市场，又没有技术……

9月的一天，我买菜时，老杨忧心忡忡对我说，今后他可能不再来了，最近城管、交警查得紧，他已被罚了好几次，今早来时，又给逮着了。城管说，再来，连车子也没收！老杨说，他承包的这十几亩菜地，还有3年合同才到期。菜卖不出去，今后可如何是好？此后，再没看到老杨的身影。

没了老杨，大家不免有些失落。起初，还可以上街去买菜，过了不久，门口的各色摊档全不见了，只剩下空荡荡一条长街。当然，超市里也卖各种包装精美的蔬菜，但价格要贵得多，对工薪阶层来说，掏腰包时便免不了踌躇再三。

80年代初，集贸市场重新在城镇出现时，曾有多少人为之欢呼雀跃！这些市场，不仅为市民提供了方便，也有效地解决了农产品的卖难。近些年，城市越建越漂亮，但不能否认的是，有些地方，群众购物却越来越不方便。事实上，衡量一个城市的建设水平，不仅看环境，更应该看社区设施、吸纳劳动力和辐射周边的能力。从老杨的经历看，目前农民增收，由于受科技、基础设施的限制，增收渠道有限。城市能不能敞开广博的胸怀，给农民提供尽可能大的增收空间？这样做，实际上是一根甘蔗两头甜！

真想再看到老杨的菜车……

（2000.11.13）

3.假如遍地都是"熊掌"

　　去年在某地采访,见农民正在种植一种宽叶儿的绿色植物,县上一位领导同志神秘地介绍说:"这叫芦荟,是我们从外国引进的。这家伙神着呢,能排毒、养颜,还能调节神经功能……超市里,销得很火,一片叶子可卖几十元、甚至上百元。"他说,县里决定抓住结构调整的契机,发展10万亩。

　　"卖这么贵……是不是很难成活?""噫!皮实得很,比庄稼好侍弄多了,十天半月不浇水,照样活得滋滋润润。"

　　当下,我心里就有些疑惑:价格这么高又这么容易伺候的东西,种的人肯定不少。如果大家都种,还能卖出好价吗?

　　没承想,我的忧虑还真不是多余的。国庆节期间,该县来了一位朋友,问起芦荟,他告诉我:烂市了!

　　事情总是这样,什么东西一旦流行起来,在热浪裹挟下,其功效总是被炒得无与伦比的好,身价也立马倍增。而一旦热退浪消,时尚发生变化,又会出现什么状况呢?荷兰"郁金香事件"的教训可谓沉痛矣!16世纪中叶,郁金香从土耳其传入西欧,不久在荷兰种郁金香成为一种时尚。特别是变种郁金香栽培成功后,稀有品种的郁金香球茎的价格一路飙升。到1636年,较高级品种的一个球茎,就可以换到两匹马、一辆马车和一套马具。查尔斯·麦凯在《异常的大众妄想和狂热》一书中这样描述:谁都相信郁金香热会永远持续下去,似乎世界上每个角落的富人都在定购球茎。贵族、平民、农民、手工业者、船员、仆人,还有扫烟囱的、开旧货店的,几乎无人不染指郁金香。所有的人都将财产换成现金,再进行郁金香投资。然而不可避免的泡沫破裂,终于在1637年2月4日这一天到来。这天,希望出手的人挤满了各地的交易所,价格急剧下落,市场迅速崩溃。许多靠贷款进行买卖的人,突然之间变得身无分文甚至破产。没有预料的事态使城市陷入混乱,直到发生国家危机。

事实上,这方面的例子,我们身边也比比皆是。从长春"疯狂的君子兰"到湖南的"暴砍苎麻风波"、山东的"苍山蒜薹事件"……尽管这些东西泛起的"泡沫"远没有郁金香那么大,但对于刚刚解决温饱的农民来说,其滋味应该是非常苦涩的了。

我们常说,结构调整要跟着市场走。跟着市场走,并不意味着要亦步亦趋围着时尚转。跟着市场走,题中应有之义就是:洞悉市场上泛起的种种"泡沫",避害趋利,使自己的产品适应市场的需要和变化。

说到底,市场上没有哪一种商品称得上绝顶的好。所谓好坏,只是相对而言。孟子有句名言:"鱼我所欲也,熊掌亦我所欲也;二者不可得兼,舍鱼而取熊掌者也。"他这样取舍,前提是因为鱼多熊掌少。假若遍地都是熊掌,而鱼却少得可怜,那么,他还会取熊掌吗?

（2000.10.23）

4.野猪·群居鼠·彩电

有一年夏天,我在江苏伍员山区采访,住在一个叫濮家的村子里。小村四面环山,山坡上长着郁郁葱葱的油松和灌木。早上起来散步,常见成群的野猪在山林里出没。房东大娘饭桌上也常唠叨:昨夜野猪又糟蹋了谁家的庄稼,啃了谁家的果树。我曾向镇里的周书记进言:"何不组织村民打它一家伙?"周书记笑了笑:"以前曾组织民兵打过,野猪一度绝了迹。可随之问题又来了——毒蛇横行,青蛙遭殃。青蛙是庄稼的朋友,一只青蛙一个夏天要吃掉五六十万只昆虫呐。这里山陡林密,耕地很少有集中连片的,东一块儿西一块儿地夹杂在林草中,用农药为作物除虫,灭了田里的,林草中的又飞了来。野猪绝迹那几年,年年都因虫害造成大减产。后来,保护了野猪,青蛙多了,粮食产量这才有了回升。"他说,生物链条有其一定的规律,你看,昆虫祸害庄稼,青蛙吃昆虫,蛇吃青蛙和老鼠,野猪又吃蛇。野猪多了不行,成群结队糟蹋庄稼,谁受得了!但没有野猪也不行,蛇多了,青蛙无法生存,庄稼照样不保。关键是要维持生物系统的平衡。

周书记的这套生物系统观,很有点儿辩证法的味道!可惜的是,在生活中,我们不能始终保持这种辩证的、清醒的头脑,时不时会将系统打破。

也是一个夏天,我在青海玉树采访,按说,这个季节,牧场上应该是草儿肥牛羊壮。但是,举目四望,很少见到成群的牛羊,牧草也稀稀落落,原野上最活跃的是一只只胖嘟嘟的老鼠。这些家伙胆子贼大,见车驰过,并不逃遁,后腿站立好奇地打量着来人。老鼠旁边是一堆堆的黄土和牧草白花花的断根……当地的朋友告诉我,这种老鼠叫群居鼠,是牧草的天敌。我国的 16 种老鼠中只有群居鼠以牧草为食。一只成年群居鼠一年可毁掉半亩草原,能繁殖100多只后代。为了灭鼠，当地政府年年组织人马投放了大量的农药，老鼠药死了不少，可老鼠的天敌老鹰也遭了殃。结果，力没少使，钱没少花，鼠患依然猖獗。

群居鼠所以能大量繁衍，是人类自己为它们提供了条件：因为群居鼠只能在草矮时生存，如果草超过16厘米，群居鼠就必须搬家。近些年有些牧区过度放牧，不等草长高，早被牛羊啃光，这就给群居鼠的滋生提供了温床。据悉，近10年来，我国已有近1/3的草原由于鼠害而荒漠化。

这样的例子还有很多。譬如，植物和动物自身也是一个系统，生长发育有其内在的规律，系统遭到破坏，基因就会变异，也就难免出现畸形。可我们呢，为了果子长大要喷洒膨大素，为了果型好看要喷洒拉长素，为了光泽诱人要喷洒着色素，为了催肥牛羊可着劲儿往饲料里添加激素、抗生素。结果呢，植物、动物在大幅度提高产量的同时，人的各种现代病也来了：小孩早熟，免疫力下降……人类结结实实给了自己一大嘴巴。

同样，经济运转也是一个系统，在这个系统内，资源的配置、产品的生产和营销都有其规律。我们常说要优化配置资源，其目的就是要维护系统的健康运转。一旦资源配置失衡，系统就得卡壳。前些年，不少地方一窝蜂上马冰箱彩电，结果怎么着？不少厂家只好赔本甩卖。你想，有那么多群众需要的领域不去开拓，资源大都配置到彩电冰箱上去，产品卖不出去，可不就得自己兜着?！

（2000.09.04）

5.退耕更要节耕

时下到农村采访,有一个挺时髦的词儿,那就是"退耕"。

对我们这个生态环境如此脆弱的国度来说,"退耕还林、退耕还草",无疑是利国利民、泽被后世的善举,但本人在采访中也发现,有些地方对"退耕还林、退耕还草",存在认识上的误区。表现形式之一就是片面强调退耕,而忽视了节耕。

在西北某山区县,县长介绍情况时说,今年计划将30%的耕地退耕,明年争取达到40%。记者在退耕现场看到,山坳里砌有石堰的平展展的台地也划在了退耕区内,便问县长:"这样的地也会造成水土流失吗?"县长支吾了一下说:"按道理……不……不会吧。"旋即,他又补充说:"地区定有退耕任务……得想办法完成。"

在另一个县,一位老农技工作者告诉记者,有些藤蔓作物,经过多年的科学改良,已经适应当地的气候和土质,对解决群众温饱意义重大,水保功效也比种草好。可按照县里的规划,必须退出作物种植,全部种草。他还告诉我,前些年,一到农闲季节,县里就组织群众修建拦洪坝,坡改梯,每年要治理几百条沟壑,造出近千亩良田。现在,这些活动都停了下来……

把造田和水土流失完全等同起来,似乎欠妥。实际上,水土流失是自然因素与人为因素综合作用的结果。解决生态问题,不单单是种草种树,必须将生物措施和工程措施结合起来。专家指出:大于25度的山坡地强行种庄稼,一场雨下来,必然泥石横流。相反,如果把沟沟坎坎用拦洪坝改造成梯田,水土流失就会大大降低。所以,退耕还林、还草,一定要因地制宜,该退的必须退,不该退的切莫一哄而退。在区域规划时,也一定要本着实事求是的原则，不能搞一刀切。多年来，赶风头、赶潮流的亏，我们吃得还少吗？

由于连年丰收，群众手里有了余粮，但我们应该清醒地看到，我们人均只有一亩二分耕地，目前粮食过剩只是相对过剩。在一些地方大喊"卖粮难"的时候，不是也有相当一部分群众为吃不饱肚子而发愁吗？

据报载，根据我国目前的人口基数，今后的30年，每年约增加1000万人，以人均年消费400公斤粮食算，全国每年至少必须增加40亿公斤粮食产量。这就意味着每年还须开垦1600万亩耕地。而我国后备资源土地中可开发为耕地的约1亿亩，工矿废弃地复垦可增加耕地1400万亩。也就是说，用不了10年，我们就没有土地可开发了。若再考虑非农建设占用耕地，农村结构调整占用耕地，灾毁耕地等因素，则粮食需求增长与耕地减少的矛盾就更加突出。

地若撂荒，再恢复地力，得相当长一段时间。去岁今春北方有些地方连续干旱，群众已对家里的存粮格外关注了。如果灾害持续下去呢？

对于一个人多地少的国家来说，耕地始终是宝贵的资源。我们在退耕的时候，千万莫忘了节耕。

（2000.06.19）

6.让苗儿自己长

有朋友来京,告诉我这样一个消息:张春保外出躲债,至今下落不明。

听此言,我在震惊之余,深深为河南某县这位一度知名的种植大户惋惜。

张春保的爷爷解放前在上海的租界当过花匠,解放后,园艺搞不成了,侍弄菜园子却出了名。耳濡目染,张春保和他的父亲都成了远近有名的菜把式。十一届三中全会后,村里实行"大包干",张春保除留足口粮田,将其余的地都种上了蔬菜。由于经营得法,小日子过得滋滋润润。此后,他又远赴山东寿光拜师,学会了温室栽培技术。这一下更了不得,连省城的宾馆也用上了他的菜。

如果事情就此发展下去,张春保的日子本可以过得美美满满。可就在这时,县里主管农业的副县长找了他说,老张,不能满足于小富即安呐!要解放思想,开拓进取。我和县长商量了,建议你扩大温室种植面积,为县里发展"三高"农业树一面旗帜。

张春保有些踌躇,目前的规模,已觉吃力。再扩大规模,恐怕吃不消。再说,土地和资金也成问题。副县长许诺:"至于土地和资金问题吗,县里想办法帮你解决。"

张春保最终应承了下来。副县长也没有食言,从农业综合开发项目款中拨出 20 万给张春保,并亲自出面将城郊乡紧傍公路的一块 30 亩好地协调了下来,由张春保反租倒包。温室建成不久,专员下来检查工作,看了温棚,十分高兴,指示县里继续予以扶持,争取使张春保成为全地区的典型。专员还亲自为示范园题了匾额"春保温棚",此后,上面来了领导,县长、书记定会陪着前去巡视。在一波接一波的鼓励、指导声浪中,温室面积不断扩大,档次也不断提高。

1998 年冬,我在该地区采访时,市领导向我推荐了"春保温棚"。尽管此前我曾参观过不少温棚,说实在的,一踏进"春保温棚",还是有些吃惊——没想到一位普通农民竟有这样的气魄! 温棚采用联体形式,占地足有百亩,四周玻璃墙幕,顶棚钢筋骨架,连瓜菜的撑杆也用的是漆成白色的钢筋。县里的领导自豪地告诉我,棚里滴灌设备是从以色列进口的原装货,全部采用电脑控制。我问张春保,一共投入了多少,他告诉我有四五千万。"自有资金占多少?"我接着问。张春保讷讷地说:"都是领导帮的忙……贷的款。"

"投入这样高,种什么才能收回成本?"我不合时宜地叮了一句。

县领导抢着回答:"种附加值高的产品。你看,棚里的东西全是稀罕货,日本甜瓜、荷兰芦笋,还有《西游记》里孙悟空偷吃过的人参果……"

"这些东西销路如何?"我转身问张春保。他面露愧色:"离大城市太远,当地的农民消费水平有限……"

……

来京的这位朋友告诉我,张春保近些年连连亏损,窟窿越捅越大。最近银行清理贷款,他无力偿还,求告领导,领导们说,像这种经济行为,政府不好干预。他无奈,只好来了个"三十六计——走为上"。

有关"拔苗助长"的典故,中国人大多耳熟能详。从张春保发展温棚的经历看,当地政府采取的措施,不也同宋国那位农夫如出一辙吗? 非但如此,就出发点而论,农夫那样做,完全是因为不懂自然规律。咱们的领导那样做,真的是由于一点也不懂经济规律吗?

(2000.08.21)

7.这样的文凭,值几何?

高明的魔术师有这样的本事,魔棒一挥:嗨!眼睛一眨,老母鸡变鸭了。

不过,我认识的这位周县长虽非魔术师,却也有同样的能耐。1994 年,我到鲁西某县采访农业综合开发,时任副县长的他曾接受过我的采访。中午吃饭时,也许是多喝了几杯酒的缘故,他长吁短叹:"咱这号人如今不吃香了。现在干啥都讲文凭,咱呢,初中没毕业就响应党的号召——走与工农相结合的道路,先插队,后当兵。满打满算加起来,也只念了六七年书……有啥办法? 看别人进步吧。"

说也巧,年初,我到山东采访,在另一个县遇到了他,他已升任县长了。更让我惊讶的是,他的名片上赫然印着:经济学硕士。

"真不简单! 硕士都拿到了!"周县长倒坦率:"嗨! 蒙事儿。老弟,不瞒你说,到现在为止,开了哪些课我都说不清,作业、毕业论文也全是找人搞的。"

类似周县长者,并非个别。时下,搞文凭,成为某些基层干部热衷的要务。在某县采访,县领导介绍:"我们县政府班子里的成员,全是大本以上学历,正副县长 7 名,有 4 名还是研究生呢!"不过,私下里有人告诉我,一色水货! 7 人中只有一个正经念过师范。

众所周知,提高干部素质,是搞好工作的关键。由于种种原因,有些干部在青少年时期没能接受正规教育,那么,通过继续教育充充电,完全是必要的。问题是,有些干部学习的目的不是为了提高素质,而是把它当作升迁的筹码。他们不是通过刻苦学习去拿文凭,而是靠投机取巧达到目的。据报载:陕西省富县 3 名副县长在报考中央党校法律本科函授生时,分别由各自的秘书冒名代考。类似的事儿,在采访中我还听到不少。譬如,有的县领导委托教委主任选拔县高中的尖子生为其代考,有的领导让秘书把考试重点输进商务通,有的考前数天就拉着土特产到学校"活动",还有些人出钱买通监考老师……如此等等,不胜枚举。出现这种状况,有干部自身的原因,也与有些地方的用人机制有关——不是凭实绩用干部,而是唯文凭是从。于是,那些无力拿到文凭者,就只好弄虚作假了。

出现这种状况,某些学校也难辞其咎:不按教育规律办事,只图经济效益,只要你交足钱,是不是达到相关要求,不管!更有甚者,为了钱,作奸犯科。据"焦点访谈"报道,前一时期,湖南某职业中专为拉生员,校方亲自雇人帮考生代考。

这种状况任其发展下去,危害大矣!你想,眼下农村面临那么多热点问题,你不去解决,却一门心思经营学历,工作能干好吗?同时,还败坏了一代学风,莘莘学子十几载寒窗得来的东西,你唾手可得,学子们心绪又如何?

再来算算经济账。一位抓组织工作的县委副书记告诉我,全县干部正在读研究生的有24人,读本科的98人,读专科的167人。研究生三年下来,学费、路费、吃、住等加起来,至少两三万块钱;学个本科,少不了一万元;函授大专也得三五千。这些钱谁来出?很少落到自己头上。培训费、课题费、资料费、接待费等等,五花八门。总之,报销了事。这位副书记说,有一个乡,正副书记、乡长共有7人念在职研究生,三年间,这些人共花去了乡财政20多万元。

大部分县乡的财政都不宽裕,到头来,这些负担还不是又都转嫁到了农民头上!

花这么多钱和精力,去换个"空壳文凭",这样的文凭,值几何呢?!

（2000.08.28）

8.来一次文凭打假如何?

上期《这样的文凭,值几何?》刊出后,好多读者来信来电。这些来信、来电表达了一个共识:"空壳文凭"祸国害民! 决不应该让这种丑恶现象泛滥下去。

山东临沂一位署名吴奈何的干部来信说:我是一名乡干部,你文章中提到的"空壳文凭"现象,在我身上就有发生。我1983年参加了第一次高考,没有考取;以后连考两年,均名落孙山。后来,通过一位在县里工作的堂兄的关系,我到乡文化站当了通讯员。为了证明自己的人生价值,我拼命工作,1987年我在省级以上报刊发了3篇文章,有一篇写"美在农家"活动的稿子还发到了人民日报上。乡领导看我工作勤勉,把我从临时工转成了正式工,以后又提了干。在提干时,县人事局要求必须要有大专以上文凭。我活动了一下,搞了张党校的大专文凭。为了提高竞争力,当副乡长期间,又拿到了本科。现在,我正在念农经管理专业的研究生,前几天通过了论文答辩,硕士文凭马上也到手了。说实话,拿这些文凭,比起高考要轻松多了。正如你文章中说的那样,考前大家都去活动,大部分考题事先就知道了。只是上研究生时,外语要统考,不是本校出题。我想了很多办法,都没有搞到题。不过,也该我走运,考试时正在我一筹莫展的当口,发现监考老师偷偷给我旁边的女士塞了个纸条——不用说,肯定是答案之类的东西。我急中生智,向监考老师举手告发,老师佯装没看见,那位女士可着了急,朝我挤眉弄眼,做手势让我别声张,并主动把卷子推到我面前让我抄。结果我考了84分。看了你的文章,对我触动很大。虽然我是既得利益者,可我心里很不是滋味。原先同村一个同学考上了省师大的教育系,我羡慕人家,私下里还流过泪。现在,文凭拿到手，又觉得很空虚。文凭这样贬值，有什么神圣可言？

　　武汉某高校一位老教授寄来一封厚厚的挂号信。他说，教育有自身的规律，现在有的学校一味追求"利益最大化"，真让人痛心。他所在的系办了个研究生班，给每个老师都分有招生指标。完成指标，老师可拿一定的回扣；完不成指标年终要扣奖金。学生交的钱越多，学校给的优惠也越多。譬如，免于听课，免交学期作业……象牙塔中出现这种怪事，是学界的耻辱！如果我去曝光的话，他给我提供足够的材料。

　　北京西城区一位姓栗的干部在文章发表的当天给我打了个电话，说他的儿子明年就要大学毕业了，他劝儿子考一考研究生，儿子不从。他叹息道，如果儿子的出发点是为了先锻炼一番长长才干，倒也无可厚非。可儿子说："费那劲儿干嘛！先出去挣钱，只要有了钱，这年头想弄个文凭还不简单！"

　　深圳某公司一位姓刘的读者也在来信中说，他是去年从北师大毕业应聘到深圳工作的。时下，"空壳文凭"泛滥，鱼目混珠，真假莫辨，让他们这些从考场中拼杀出来的学子身受其害。他痛陈了好几件自己求职时和走上工作岗位后被"空壳文凭"者挤兑的事儿。他说，"空壳文凭"充斥，将影响整个民族的教育水平，进而影响整个民族的素质。

　　不少读者强烈呼吁：为了我们的教育体制和干部体制的健康运转，来一次全国性的文凭打假活动如何？

（2000.09.11）

9.乡土文化哪儿去了?

　　在农村采访,常有这样的感慨:不少地方,尽管农民的物质生活比原先好多了,可文化生活呢? 仍摆不脱"日出而作,日落而息"这样的老调调。

　　我在县里挂职时,闲暇,常和县政府一位姓杨的主任聊天。杨主任告诉我,年轻的时候他在村里当团支书,那时要组织点儿活动,真是难哪! 村里没钱买篮球,他到距村几十公里外的驻军营地捡了个人家不要的破球,补巴补巴,愣是用了两年。买不起乒乓球台,用土坯垒个台子,上面薄薄抹一层水泥,一个简易乒乓球台便告落成。就这样一个土台子,工余饭后常被乡亲们围得水泄不通。

　　杨主任感慨,那时候穷归穷,一到冬日农闲季节,村里的党团组织倒是常常组织各种各样的乡土文化活动:跑旱船,踩高跷,耍狮子,赛篮球……大家忙得不亦乐乎。各村都有戏班子,一进腊月,你村的戏班子到我村唱,我村的到你村唱。亲戚之间,你村唱时请我,我村唱时请你。唱出了心劲儿,唱出了和睦的邻里关系。

　　他说,现在尽管许多农家可看着电视上的画面了,总觉得离咱远了点,不如咱的乡土文化贴心。

　　的确,千百年来形成的乡土文化,有它不可替代性。我们知道,发生在身边的事儿更容易引起共鸣。自然,由自己身边的人来表演,会更受农民欢迎。虽然村里的王秀英唱《穆桂英挂帅》字不正腔不圆,有几处还跑了调,但在乡亲们眼里她比常香玉唱得还动听;邻村王富贵打篮球的动作尽管有些笨拙,但在姑娘们心中他比王治郅更潇洒。谁家的闺女、小子露了脸,父母亲朋、街坊邻居也都觉着光彩:"你瞧,你瞧,那就是俺隔壁的二狗蛋!"

······

近些年，随着机械化水平提高，农民有了更多闲暇。可令人遗憾的是，在不少地方，乡土文化没人张罗了。有些干部，除了催粮收款时和群众打个照面，平时村里的事儿很少问津。

健康的乡土文化不去占领农村娱乐阵地，就给"黄毒赌"、封建迷信等邪恶东西肆虐开了方便之门。记得我挂职那年腊月的一天，一位农民找我反映情况，说他们镇上有9个所谓的歌舞团在演出，为了招徕观众，各团竞相比脱，最后直脱得一丝不挂······

这些年，我们不是一直在提倡文化下乡吗？文化下乡决不仅仅是春节前后组织剧团下去搞一场演出，或是偶尔组织农民赶两次"科技大集"送几本图书，更应该抓一抓乡土文化建设，譬如帮助农民开辟活动场所、建立演出队伍、营造文化市场。只有把农民组织起来，靠农民自身的力量开展多种形式的乡土文化活动，才能丰富农民的业余生活，也才能从根本上摒弃不良文化的侵袭。

随着经济发展，今天的中国，无论东部西部，不管南方北方，连篮球都买不起的村落恐怕不复存在了。有了物质做后盾，村干部们为什么还不大显身手呢？

（2000.07.31）

10.谨防"上访"偏了向

现今,如果在基层干部中来个问卷调查:"时下,哪些工作最难做?"

回答"上访"的,恐怕不在少数。

稍一留心你会发现,有些地方政府的大门前,不时围满了"上访"的人群。尤其是夏粮统筹和春节前后,有时,一天好几拨。

农民遇到问题找上级有关部门反映,本无可非议。但在有些地方,"上访"往往偏了向。

这些年,各级政府都很重视信访工作,除设了专职信访部门外,许多地方还把农民"上访"同干部考核挂起钩来。有一个地区明令各县:每一年度,凡发生赴京、赴省集体上访,或赴市上访超过 10 批的,解除县委书记、县长的职务。县里又将任务层层分解到乡里。如此,干部对"上访",自然不敢稍有懈怠。

这样做的初衷,是为了保护农民利益,防止个别干部侵农害农。但一些不法分子却乘机钻了空子,利用干部惧怕"上访"的心理,裹挟群众向政府发难。我挂职时,曾对县里的"上访"情况做过系统调查。发现有相当一部分群众甚至不明白缘何"上访"。你问:"你们'上访',要求解决什么问题?"会有这样的回答:"我看别人来了,也就跟来了。"或是:"俺村的某某人让来的。某某人在俺村厉害着呢,谁敢不听他的!"

这里的"某某人",要么是村里的宗族大户,要么是无人敢惹的地痞村霸。"某某人""上访"的真正目的,兜底翻出来,大都不很磊落:有的是想推倒现任村级班子,取而代之;有的是被政府处理过,心怀怨恨,想乘机报复。

这种"上访"带来的问题,首先是影响了政府的正常工作。挂职时,我会经常接到县政府办公室的电话："王县长,快躲一躲,又有人来'上访'了!"

那就躲呗! 不躲怎么办,群众提出的许多问题,譬如更换村支书呀,不交提留款呀,你一时根本无法解决。如果被堵起来,一天什么都干不成。

有一次印象最深:虽然接到了县政府的"报警"电话,可我没能躲得及,只好把自己反锁到屋里。不一会儿,上百个群众冲进了大院,挨个敲领导的门。当然是都不在。群众开始发泄心中的不满,把院子里的花盆挨个砸破。有个领导洗了床单晾在外面,也没能幸免,几个妇女一边往上吐唾沫,一边往上踩脚印。

一位乡党委书记曾对我说,为了将"上访"消灭在萌芽状态,干部们天天提心吊胆。他们在每个村都安置了耳目,一有风吹草动,乡里赶紧派人前去"灭火"。一次,有个"上访"重点村有人造出风声说,某月某日一大早全村要到市里上访。乡里接到密报后,很是紧张,当天凌晨两点多钟,乡里的全体干部就分守在通往市区的各个路口。谁知,等到中午仍不见动静。原来这伙人虚张声势在村口闹了些动静后又都回去睡觉了——原来是逗你玩哩!

这样的"上访",还加重了群众的负担。这些人"上访"的目的,原本就不是为了解决具体问题,只是想把影响造大,浑水摸鱼。所以,上访时,大多是前面一辆挂着横幅的大卡车开道,后面农用机动三轮车一辆接一辆,有时候达几十辆、上百辆。有的村没有那么多车,群众被迫凑钱到邻村租车。我曾在一个小村做过调查,群众一年上访租车的费用,人均超过了20元。

这种"上访",直接影响了农村的稳定。某村有个泼皮,严重违反治安管理条例,乡里依法对他进行了处罚,他竟裹挟了几个村的群众,多次到县里、市里"上访",要求更换乡领导班子。最后,还闹到了省里,惊动了中央……

解决群众生产、生活中遇到问题,各级政府责无旁贷。积极改进工作作风,真正成为群众贴心人,正是每个干部必须努力的方向。但是,对"上访"中的这些不正常现象,我们绝不能姑息。个别泼皮无赖在街头争强斗狠并不可怕,一两个联防队员就可以将其制服;但是,这些人一旦裹挟了群众,甚至左右了基层政权,造成的危害可就大了。

因此,重视"上访"和纠正"上访"中的偏差,同样是当前农村工作的重要内容。

(2000.08.06)

11.这种好事哪儿找去?

那年到广西河池采访,当地一位干部给我讲了他亲身经历的一件事:一天一位农民火急火燎找他告状,说自家的田地昨夜被偷走了。

荒唐吗?这在山外面的人听来似乎天方夜谭的事儿,却绝对不掺一滴水分。这里是石山区,经千百年风雨剥蚀,地面表土基本荡然无存。农民从山外背来一筐筐土,铺在稍平的地方,便算是一块田了。大的田块,不过几个平方米;小的呢,只有脸盆大小。

你想一想,这样的田块被偷走,能算稀奇嘛?

人多地少,种地没有规模,效益也就很难提高。近些年,许多地方都在设法加快转移劳动力,以便扩大经营规模。可问题又来了,这么多劳动力往哪儿转呢?

随着科技进步和资本替代劳动速度的加快,乡镇企业吸纳劳动力的步子越来越慢。而城市目前的状况我们也清楚……

那么,另辟蹊径,把劳动力向国外转移如何?

世界上有许多地区,疆域辽阔,人力资源却很缺乏,像俄罗斯、非洲、美洲有些地方,每平方公里只有几个人。另有一些国家,面积虽不大,但经济发达,吸纳劳动力的能力非我们可比。这些地区为跨国消化劳动力提供了广阔舞台。

实际上,已有不少国家在跨国劳务输出方面走在了前头。有学者作过统计:墨西哥,全国人口8000多万,每年在国外务工者,高达800多万。也就是说,每10个人就有一个在国外工作。以人均每年捎回2000美元计算,出口劳务每年可给墨西哥赚回160亿美元的外汇,同时给国内减少了800万个就业岗位的压力。

　　反观一下我们自己，长期以来，我们的对外贸易，基本上只是货物出口，忽视了人力的出口。据国家统计局公布，1999 年我国在海外务工人员才 20 几万。

　　作为 13 亿人口的大国，这个数字实在太可怜了。

　　我们在这方面落后，原因很多，个中很重要的一条，与我们缺乏完备的劳务输出体系有关。亚洲最大的劳务输出国菲律宾的做法，很值得我们借鉴。多年来，菲律宾形成了完整的劳务输出组织：外交部设有海外劳工事务局；政府劳工和就业部下面设有海外劳工就业署、海外劳工福利署和培训中心，各省市都有相应的机构。在海外劳工比较集中的国家，菲律宾使馆还专门设有劳工事务参赞。

　　近些年，我国沿海不少地方，偷渡猖獗。前不久，英国多佛港 58 名中国偷渡客命丧黄泉那一幕，相信很多人还记忆犹新。有人提出这样的问题：假如我们也有完备的劳务输出组织，并随时做好相关的服务工作，比如：准确地向公众公布国际市场的劳动力需求状况，有的放矢地进行人才培训。和输入国妥善处理各种劳务关系……让劳务输出有正常渠道可走，还有人会冒死去偷渡吗？

　　加入 WTO 在即，这为我国劳务输出提供了新的契机。我们来算一笔账：如果我们也有 1/10 的人口在国外务工，每年就可输出 1.3 亿人。也就是说，国内的剩余劳动力，大半都能找到出路。如果每人一年寄回 2000 美元，那是多少？2600 亿美元！

　　这些人往回寄钱，又不占用国内资源，这种好事儿哪儿找去？

（2000.08.14）

12.拧干"水分"看领导

90年代初在某市采访,向市计委主任要一份全市经济发展的统计报表。本来小小一件事,却难坏了大主任:"抱歉,报表倒是有,只是有些数字还需斟酌,目前还不能给你。"

那时我刚出校门不久,青涩得很,直不愣登便说出了心中的疑问:"报表中的数字,理应是依据科学方法统计出来的,还需斟酌吗?"

主任面露愠色,不再搭理我。

报社布置的采访任务总得完成呀。我硬着头皮找到了市计委一位相熟的处长。处长犹豫了很久总算道出了实情:"不瞒你说,报表还需做'技术'处理。"

"技术处理?"我更迷惑。

"以前上报的数字过了点。现在市里新换了领导班子,若按以前的数字报,新班子在任期内很难有所突破……若如实上报,这不是给前任班子亮丑嘛……"

真让人不可思议!数字在这里成了任人揉搓的面团……

下基层多了才发现,这种数字里"掺水"的事儿并不是新闻。1994年我到沿海某市采访。这个市的乡镇企业起步较早,一度在全国很有名气。不过,近几年,由于产品结构调整太慢,乡镇企业大幅度滑坡。认真做了一番调研之后,我开始采访书记。书记的说辞却大相径庭:"近几年乡镇企业发展迅速,年产值以80%的速度递增。"

我将自己采访到的情况原原本本汇报给书记。可能是因为我提供的证据特别确凿吧,书记很是尴尬……末了还是讲了实话:"现在的工作很难做……有的市,情况比我们差远了,可上报的数字却比我们大得多。别人都掺了水,只有我们实打实地来,最后板子就会落在我们头上……"

类似的事,时常碰到。就说前几天,到山东某县采访,县委书记介绍,去年农民人均纯收入已突破千元。私底下求证一位老农民。老人一脸的不屑:"听他吹吧!这个数字,砍三刀还见不着肉。有一半就不错了。"

这位老人告诉我,前年县里决定两年内跨入"全国肉类百强县"。县里将指标分解到各村。按照指标,村里人均要养九头半猪。村里人多地少,人吃粮还费寻思呢,哪有余粮养猪?"嗨,你还别说,支书真是能人,前些时县里开祝捷大会,我们村不但超额完成了任务,支书还抱回了一台大彩电。"

再去邻村了解情况。这个村的做法更让人哭笑不得:这是个"养牛专业村"。为了应付上级检查,乡干部亲自出马,把全乡各村的牛全集中到了这个村。检查组来时,只见院里院外、村头巷尾、山坡河湾到处都是牛。领导脸上乐开了花……检查是顺利通过了,可由于混了群,有十多个农户事后找不到牛,一气之下把乡政府告上了法庭。

浮夸造成的危害,恐怕谁都能说出个一二三。那么,时至今日为什么还有人乐此不疲?农民总结得很形象:"吹牛得牛,拍马得马。谁说实话,屁股挨打。"

一语道出了问题的症结。确实,在不少地方,考核干部眼睛只盯着数字。至于数字里面有没有水分,无人过问。正所谓"数字出干部"是也!

于是乎,有些基层干部向上报数字时,可着劲儿往里掺水;而上级有些领导呢,明明知道下面报上来的数字里有"猫腻",但为了搭车搞来自己的"政绩",也跟着睁一只眼闭一只眼。如此一来,水分不增大才怪呢!

由此可知,统计数字中有没有水分,很大程度上取决于这个地方的领导——看领导对"掺水者"是给"胡萝卜"还是给"大棒"。倘若谁掺水,劈头给他一"大棒",还有人敢吗?

不过,干部要能举起"大棒",自己头脑中首先不能有"水分"。

(1999.10.18)

13.为农民撑起"保护伞"

一位以前采访过的养殖大户日前来京。闲谈中问起养殖情况,不料他连连摇头,长叹一口气说:"不养了!不养了!再也不养了!!还是种地安生……"

惊问其故,这位养殖户一脸悲戚:"前年,养的一塘鱼,眼看就要出塘了,谁知被人下了毒,三四万公斤的大鲢子,全都肚皮朝上漂了起来。全家人好不容易抽干了水,清了塘,又下了几百公斤鱼苗。为了补回损失,还贷款在塘中加养了珍珠,可去年10月份,又被人给毒死了。"说到这里,他不胜唏嘘。

"你找村领导了吗?"我替他着急。

"找了。可找了又有什么用!第一次出事,俺就找了村领导,领导们也都到现场看了,嘱咐俺以后多加小心,可……唉!现在,看你冒了尖,就有人眼热找麻烦。"他眼里含着泪。

其实,这位养殖户的遭遇,目前在农村有着共性。虽说"文革"已过去了多年,但"越穷越光荣"、"宁要社会主义的草不要资本主义的苗"、"割资本主义尾巴"等"文革遗风",在某些人头脑中依然残存。他们看不得别人富起来。时代不同了,他们再也不能用"文革"那套公开打压"冒尖"群众,便采取了卑劣的"地下手段"。我手头的一份资料显示,仅去年7月份,陕西某地区发生的毒杀家畜、破坏庄稼之类的案件就有上百件。江西某县,去年一年被盗耕牛达500多头……

这些案件,决不能等闲视之!刚刚摆脱贫困的农民,积累还很少,这样一折腾,会让他们重新返贫。而这种折腾,还会在农村形成"致富恐怖",造成农民盼富裕而心忐忑,奔小康而脚趑趄。农民致富积极性受到挫伤,就会影响到中国农村的现代化进程。几年前我曾采访过这样一件事:浙江省江山市坛石镇际上村人多地少,可村边 65 亩连片良田却荒芜多年无人承包。原因出在哪里? 不是土质贫瘠,也不是承包款过高,而是没有人"敢"——这个村里有两三个坑农害农分子,看到谁"冒尖了",便骚扰个不停……

　党的十一届三中全会以前,农民欲富而不能,那是因为政策的制约。现今,党的各项政策都凝聚成这样一个目标——那就是让农民尽快富起来。这样好的环境,怎能容忍少数不法分子去干扰破坏?! 要杜绝上述事件,除需继续转变观念、完善有关法规外,就得靠我们的基层干部去为农民撑起"保护伞"了。

　事实证明,哪个村党组织的"战斗堡垒"作用发挥得好,哪个村就秩序井然;哪个村的干部为群众"遮风挡雨",哪个村的发展步伐就快。江苏的华西村、河南的刘庄,不都是这样的吗?

（1999.07.18）

14.都回家种地？ 那哪儿成！

　　刚参加工作时,我写过这样一篇文章:《走,回家种地去!》,说的是在京城打工的外地民工,响应中央加强农业的号召,返回家乡种地的事儿。一位老编辑看了文章后说:"观点需要再斟酌一下。加强农业,并不是要把农民捆绑在土地上。像中国这种国情,一味种地,农民永远富不起来。"

　　文章给毙了。

　　当时,我很有点儿不服气:农民农民,种地为本嘛! 不种地,还叫农民? 富不起来,只怪自己没种好地。

　　后来,常跑农村,了解的情况多了,才意识到自己当初的幼稚可笑! 你想,人均一亩来地,不管你怎样反复挖刨,又能刨出多少效益来? 事实上,在我国的许多地方,农作物单位面积的产量比发达国家都高。

　　和人家相比,咱们低在哪儿? 低在劳动生产率。人家一人动辄种几百甚至上千亩地,我们才种多少? 不是我们种不了,而是我们无地可种。前些年,一些地方开始尝试着搞规模经营,问题马上来了:地,集中到了种粮大户手里,其它农民怎么办? 得给他们寻找就业的门路呀!

　　随着机械化水平的提高,农闲时间越来越多。报载:据江苏省吴县市农业局调查,如果农户愿意,一年在田里劳作的时间只需要 10 天,因为耕田、播种、施肥、收割等各个过程,都有专业户或专门机构提供服务。即使一些欠发达地区,现在种田的机械化程度也比以前高得多。

　　这些年民工潮风起云涌,一方面是农村生存的空间狭小,再就是农民有了更多的富余时间。他们要把自己多余的精力释放出来,于是,城里人不屑干的苦、累、脏、差的活儿,他们接了过来。如此,城里的风景更绚烂,他们的日子也多了些滋味。我曾在一个国家级的贫困县做过调查：农民货币收入的一半以上，来自外出务工。

转移农民，才能富裕农民，道理很浅显！

现在，有人把城市下岗职工增多，看成是民工闹的。实在没道理！随着劳动生产率的提高，更少的人可以干更多的活儿，这是规律。美国钢城底特律，1943 年有 27 万钢铁工人，现在只需 4000 人就够了。再回头看看我们自己工业走过的路，也是如此。其实，城市出现富余人员，决非从现在开始。六七十年代，城市曾经两度出现过人员富余高峰，只不过那时候我们用行政手段进行了化解，提出"我们也有两只手，不在城里吃闲饭"，号召"知识青年到农村去，接受贫下中农再教育"。这两次化解，给社会带来的震荡与隐痛，历史已给了明确答案。

农业本是个弱质产业，加之相当长一段时期，我们优先发展工业，农业欠账很多，农民富裕程度还很低。我们有 8 亿多农民，农民富不起来，扩大内需就是一句空话，工业产品卖不出去，工厂就无法开工，工人就得下岗。

因此，给农民创造就业机会，也就是给工人创造就业机会；帮农民，也就是帮工人自己。这个道理并不深奥，稍稍想一想，都会明白。

当然，也有少数民工不走正道，影响了社会秩序，有的甚至成了害群之马。这个问题，的确不能忽视。不过，如果仅仅因为这个问题就否定了农村劳动力转移的伟大意义，那就真真是一叶障目不见泰山了。

（1999.06.17）

15.变来变去却为谁

我曾 3 次到过 D 村。

D 村是个典型的江南水乡,很难找到一块像样的耕地,百十来户人家散落在避水土台上,彼此联系靠船。

六七十年代村里出了一位遐迩闻名的姓杨的劳动模范,带领群众排水造田,愣是从烂泥塘中整出了 200 亩旱涝保收田,且产量高,在相当长一段时期,成为各种农业现场会观摩的样板。

我第一次到 D 村是 1988 年秋,当时我在苏南一家报社当记者。记得那是一次农业工作会议召开之前,针对一些地方出现的撂荒地现象,市里布置宣传一批重视农业的典型。我和一位老记者来到了 D 村。村支书还是那位杨劳模,他领我们去看那 200 亩样板田。此时,稻穗已经泛黄,微风吹过,金波荡漾,一派丰收景象。谈到撂荒地现象,杨劳模很气愤,说:"农民农民,种地为本。把地撂荒,那是败家子!"

1991 年春,我再次来到 D 村采访。但见那 200 亩样板田全种上了桃树。村支书是位姓牛的中年人,他告诉我,光靠种庄稼,永远富不起来。他上台后,将村里的大部分耕地种上了水蜜桃。牛支书满怀信心地说:"过几年你再来,村里面貌一定会发生很大的变化。"

此后,我离开了那家报社,但对 D 村一直惦记着。1995 年秋,我到苏南开会,专程拐到了 D 村。令我失望的是,村里面貌依旧。变化的只是样板田里的桃树不见了,代之以一方方鱼塘;村支书也换了个姓周的年轻人。周支书说:"要想致富,必须搞高附加值的东西。"他上任后,重点抓水产养殖,200 亩水面全养了罗氏沼虾。他给我算了一笔账:"现在宾馆一公斤罗氏沼虾一百四五十元,一亩水面,每年以 100 公斤算就是一万四五千元。"

　　这笔账,乍听真让人振奋。1997 年,我在河南挂职时,县里一渔场场长到苏南出差,我特意嘱他到 D 村取经。谁想他回来后告诉我:D 村早已不搞养殖了,支书换了,样板田上现在建了一座造船厂。他还告诉我,听村民讲村里欠银行很多钱。

　　如果要为 D 村经济号脉的话,症结其实并不复杂:10 年间,4 任支书,4 套政策。正所谓"一个和尚一个磬,一个将军一道令"。各人自有新政出,各自管用两三年。政策如此走马灯般换,不将发展的步骤打乱才怪!

　　这个道理,我想支书们不会不清楚。那么为什么偏要各唱各的调,各念各的经呢?这恐怕与他们片面追求"政绩"不无关系。萧规曹随,曹就是累得满头汗,仍是拾人家萧的牙慧。与其罩在人家的光环下,不如重打锣鼓另开腔。

　　不过,这些支书们不知想过没有,重打锣鼓,要付出多少代价? D 村的问题,只有 D 村才有吗?

　　　　　　　　　　　　　　　　　　　　　　　　　　(1999.08.09)

16.黄牛雕塑有何罪

　　H 省 A 县是个山区贫困县,山多沟多耕地少,群众生活困难。80 年代中期,他们抓住"大包干"后黄牛紧俏的机会,利用山里丰富的饲草养黄牛,实实在在发了笔牛财。群众兜里有了钱,财政收入也噌噌上升。

　　为了感念黄牛对振兴经济作出的贡献,县里特请省师范大学雕塑系著名教授为黄牛塑像。教授使尽浑身解数,历时半年终于完成了任务。雕塑矗立在县城最繁华的中心广场。但见那头黄牛肌肉饱绽,奋蹄疾奔,通体透出勃勃生机,给县城增色不少。

　　A 县发了牛财,其它县纷纷仿效。牛多了必然烂市。眼见牛市一天不如一天,A 县领导不是从经济规律出发、认真调整养殖业结构,而是怪罪起黄牛雕塑来,认定雕塑位置不好,把风水给破坏了。县里请来有名的风水先生另择吉地,可牛市仍不见起色。县里一而再再而三天南地北遍请风水高手,吉地换了又换,可牛市愣是像黄瓜棚抽掉了竹竿——眼看着往下塌。

　　正在大家一筹莫展当口,县政协一位老同志看出了蹊跷——雕塑是头母牛。阳气不足牛市怎能上扬?

　　县里四套班子紧急召开会议,商讨对策,最后作出决定:改雕塑,增加雄性特征。并且说干就干。

　　消息传到师范大学,老教授十分生气,说这是严重侵权行为,若不恢复原状,他将诉诸法律。

　　县里振振有词:我们的本意是让你塑一头公牛,谁让你搞成了母牛?

　　教授说:这原本就是一头公牛。牛在奔跑时是看不出性别特征的。《木兰辞》里不是有那句话嘛:"双兔傍地走,安能辨我是雄雌?"牛也一样。

　　这可让县里作了难:不改吧,牛市低迷;改吧,教授要告状。如何是好?最后,县里决定:把雕塑砸毁。

　　这是个近乎荒诞却又真实的故事!

　　如果说故事的主人公是几个普通农民,尚可理解。可参与闹剧的竟是县里四套班子的大部分成员。

　　早在50多年前,毛泽东同志就说过:"我们是信奉科学的,不相信神学。"江泽民同志也曾指出:"共产党员不但不能信仰宗教,而且应该积极宣传无神论,宣传科学的世界观,宣传反对封建迷信的正确观点。"

　　A县干部围绕雕塑所做的一切,向群众宣传了什么呢? 近些年,迷信在一些地方死灰复燃,我想与那里的干部不无关系。事实证明,哪个地方加强了马克思主义世界观教育,哪个地方的封建迷信就会敛迹;相反,哪个地方放松了马克思主义世界观的教育,哪个地方的封建迷信就会抬头。

　　干部要教育群众,首先必须教育自己。

(1999.08.23)

17.表面文章谁来改

　　日前到某市采访,市领导极力推荐我去 A 县,说这个县位于深山区,自然条件非常差,长期以来经济发展一直居全省倒数第几。可自从去年一位年轻的县委书记接任后,励精图治,发生了翻天覆地的变化。

　　第二天,正好省里的一位主要领导到 A 县视察,我便跟随前往。

　　出发不久,下起了雨,到 A 县时,雨更大了,四周混沌一片。蓦然,透过雨帘,我们看到路两边的山坡上全是人:群众正在冒雨种树。群众的积极性显然很高,东边唱歌西边答,雨声淅沥笑语欢。细听歌词,还真有些创意,全是对县委、县政府富民政策的热情歌颂。

　　前来迎接的县委书记介绍:新的县委班子把种树作为脱贫致富的突破口,短短一年时间绿化的荒山面积,比前十年的总和还多。

　　省领导闻言频频点头——这位省领导上任后,大会小会提倡种树。

　　就在此时,从山坡上逶迤下来一荷担老者,径直走到省领导面前,似是不经意地说:“要致富,先种树。这决策太英明了。”省领导兴致更高,请老者细说端详。老者如数家珍般叙述种树的诸多好处,随后话锋一转猛夸县委书记如何造福乡里,如何清正廉洁……这时,又适时走来几位或牵牛或赶羊的农民模样的人,争先恐后加入了夸奖行列。

　　只是这些人的叙述过于有条理,过于具体,“做秀”之感毕现。不过,省领导一直沉浸在激动之中,拍着县委书记的肩不停地说:“不错!不错!好好干。你为全省带了个好头。”

　　A 县纬度较高,但县城街两旁种满了只有南方才有的阔叶乔木,放眼看去,葱茏一片。从树根翻起的新土推测,树刚栽下不会超过一个礼拜。省领导余兴未息,吩咐跟随的省电视台的记者:"多拍些镜头,一定要多拍些镜头。"又转向我:"王记者,你们党中央的机关报,也该多多推广我们的经验啊。"下午的座谈会上,省领导大声疾呼:"全省都要向 A 县学习!"

省领导走后,我留在该县采访了几天,经验最终没能总结出来,倒是深深为这里的百姓担忧了:那些从南方运过来的花草树木,在这儿很难存活。县委书记上任一年多,街上的植被换了 3 茬,全县数百万扶贫款几乎用光。而这个县至今尚有大半人口没有解决温饱。

一路发生的一切,稍有一点判断力的人都不会看不出个中的弯弯绕! 为什么就没有人去点破呢?

(1999.06.14)

18.愧对柳丙寅

这些年,想起柳丙寅,我总觉得对不起他。

柳丙寅是河北省灵寿县的一个普通农民。1995年,国家棉花紧缺,号召各地千方百计落实棉花种植面积。报社也在挖掘种棉典型,我从一篇来稿中发现了他。

柳丙寅的家坐落在滹沱河畔。改革开放后,他靠做屠宰生意,辛辛苦苦积攒了10来万块钱。1993年,村里拍卖"四荒"地,他把全部积蓄拿出来包下了滹沱河畔一大片滩涂。沙滩地最适合种花生。1995年初,他本想把开出的地全种上花生,村干部找到他,说国家棉花紧缺,劝他多种一点。柳丙寅二话没说,一下种了300多亩。

我采访他时,老柳心劲儿很足,掰着指头给我算账,说有政府大力支持,种棉肯定有赚头。

回来后,我写了一篇《听俺唠唠种棉经》,高度赞扬了柳丙寅这种为国分忧的精神。文章刊出不久,他来信说,报纸给了他很大的鼓舞,他把打算留下种花生的地,也全种了棉花。

棉花收获季节,我再次采访他。岂料这位纯朴的汉子再也没有半年前的心劲儿了,头摇得像拨浪鼓:"明年,说啥俺也不种了。"他愁眉苦脸地向我倒起了苦水:先是播种时,碰上了假种子,出苗率不足30%;棉花挂蕾后,买了20台喷雾器,差不多每台都漏水,结果虫没治住,棉花倒死了不少;按技术要求,棉花应追3次化肥,因为贷不到款,他只追了一次,尤其是第二代棉铃虫发作时,急得团团转,就是贷不到款买农药,只好东家借点钱治几亩,西家借点钱再治几亩,顾了东顾不了西,光棉铃虫糟蹋这一项,每亩地少收好几十斤棉……这样算来,扣掉各项成本,根本赚不到什么钱。

他已经借了几十万块钱的债。他说,碰到这些问题时,曾多次找干部,门槛都踏破了,可干部们说,现在是市场经济,政府只管宏观指导,其它方面的事儿,管不了。

柳丙寅气愤地问我:要俺种棉时,又是鼓励又是承诺,为什么遇到问题,却没人管? 俺来为国分忧,谁又替俺解愁?

这些年,柳丙寅的话一直在我耳旁回响。市场经济条件下,干部究竟该干些什么? 现在再问这个问题,似乎有些老套。但是,现实生活中,确有许多干部不明白自己的角色定位。"工作就是开会,管理就是收费,协调就是喝醉",正是群众对这种现象的嘲讽。如柳丙寅碰到的问题,不该干部去协调解决吗? 假种子充斥、假货横行,说明这个地方的市场管理还有缺陷;贷款困难,说明这里的金融环境有待优化。柳丙寅为国分忧,像他这样的种棉大户不该给些倾斜吗? 我们常说,领导就是服务。那么,服务究竟体现在哪里?

农民需要的不是空洞的鼓励,而是切实为他们解决生产、生活中遇到的问题。如果问题不解决,还腆着脸皮高谈什么"服务",群众完全有理由去刮他的脸皮。

(1999.08.30)

19.超生缘何成"痼疾"

　　"农村工作两台戏,计划生育宅基地。"这些年,计划生育一直是基层工作的重中之重。为了将生育率降下来,各地均采取了许多措施。有的地方甚至实行一票否决制——发现超生,党政一把手立马撤职。

　　尽管如此,有些地方的计划生育工作,至今仍收效甚微。我在某地区采访时,一位相熟的领导坦言:单从计划生育检查的情况看,全地区县县达标。实际上,每个县都不同程度存在着超生。

　　超生缘何屡禁不止? 细究起来,竟与地方政府的无形怂恿有关。

　　这些年中央三令五申减轻农民负担,摊派多了,不仅上级不答应,农民也会上访告状。而计划生育呢,超生罚了款,罚得再苦,农民还说不出什么。所以,有些地方把计划生育罚款作为增加财源的重要手段。一遇财政困难,发不出工资,就搞计划生育检查。有些乡镇的干部,一年中有多半年的时间在搞计划生育。你生我就罚,你再生我再罚,生生罚罚,罚罚生生,计划生育工作便陷入了怪圈。

　　一位乡干部私下里对我说:"乡里吃财政的300多人,县里拿不出钱,乡里企业不行,商贸又不景气,不靠计划生育罚款靠什么? 如果农民真的不超生,还真让我们作难。"他们乡,去年共搞了8次计划生育检查。

　　一方面对超生睁一只眼闭一只眼;另一方面上级的计生检查又要过关,于是,有些干部就变着法儿弄虚作假。在某地,曾发生这样一件事:省计生办从下面报上来的材料中发现一个典型:一位姓李的乡党委书记很善于做思想工作,通过他"入脑入心"的细致工作,群众的生育观有了很大改变,育龄妇女自觉采取有效措施,优生优育,人口出生率连续多年远远低于全省水平……

这个典型太有说服力了,省里决定派一个小组下去总结经验。

为了慎重起见,工作组要对这个乡的妇女进行抽查。这一下,李书记可慌了神,要知道,这个乡的计划生育情况其实和其他乡并无二致。为了不露出马脚,李书记打听清楚要抽查的村,检查那天,将该村妇女用车运到邻县,然后把乡干部的家属,乡供销社、学校条件"合适"的妇女分派到农民家里充当临时主妇,并让民政部门出具假结婚证……

由于计生工作偏离了目的,超生也就成为必然。这些年在基层采访,曾听到许多莫名惊诧的事儿:一位县级干部调到他县工作,临走时,县里无以为报,送给了他一个生育指标。有的群众为了达到多生的目的,先离婚,等女方怀孕生子后,再复婚……群众将目前的超生状况,编成这样的顺口溜:有职有权的,弄虚作假——巧生;腰缠万贯的,不惜重金——买生;无权无钱的,东躲西藏——偷生。

看来,要真正杜绝超生现象,首先基层干部必须端正态度。如果把罚款作为终极目的,套用《战国策》中的一句话,只能是"犹抱薪救火也,薪不尽,火不灭"。

(1999.09.06)

20.三次挫折说明啥

不久前,一位熟识的基层干部给我来信,说:"现在农产品供过于求,上级要求结构调整。如何调整? 种什么才好呢? 你当记者的,信息来源广,能否给指指路子?"

这几年,农产品市场波动频仍,有些地方,种什么什么多,卖什么什么赔。给我来信的这位干部所在的县,这几年在市场波动面前就买足了教训:

1985 年,这个县看周边地区种菜发了财,县里提出"少种粮多种菜,小康日子来得快",要求农户每家都必须种一定面积的蔬菜。谁知次年,蔬菜价格大跌,许多农民连本都搭进去了。

1991 年,县里又提出"栽植一亩苹果园,胜过十亩粮和棉",要求农民人均种半亩苹果。岂料未等苹果进入盛果期,又烂了市,红艳艳的大苹果每公斤 1 块钱仍无人问津。

1997 年,县里再次调整种植业结构,提出"西瓜地里套大蒜,一亩净赚二三万"。这次更惨:西瓜、大蒜销不出去,许多烂在了地里。

这次事件后,我到该县采访曾问县委书记:"去年已经出现了西瓜、大蒜供过于求的现象。今年你们为什么还种?"书记这样解释:"当时认为大家都在压缩面积,我们大面积种,必然会以人少我多取胜,万没料到大家都这么想……"

种菜、种苹果、西瓜,这个县连遭三次挫折。而这三次挫折,都与某些干部有关。就拿种苹果来说,为了推广种植面积,县里专门发文,要求村组干部带头搞,把能否完成种植任务,当作政绩考核的重要标准。县委书记亲自担任"落实苹果种植面积专职小组"组长,并经常深入田间地头督促检查,三年间跑坏了两辆桑塔纳。

家庭承包责任制实行后,农户成了市场的主体。按理说,种什么不种什么,种多种少,应该农户说了算。但事实上呢,在有些地方,政府部门常常越位,替农民做主。如此,不仅使农民经营自主权丧失,也容易产生农产品结构的趋同性,加剧卖难。难怪农民编出这样的顺口溜:"乡长说的你别听,叫你种蒜你种葱;红头文件你别看,叫你种葱你种蒜。"

我在基层采访时,曾听农民这样呼吁:"想的是产品都有销路,怕的是干部摊派任务,盼的是经营自己做主,缺的是信息技术服务。"

农民的呼吁,再次校正了政府部门的角色方位:在农产品的结构调整中,政府的一切行为都应围绕服务而转。譬如国际、国内市场行情如何?哪种产品多了哪种产品少了?政府有责任遴选出准确的信息给农民。再如,如何完善运输网络?如何延长农产品的增值链?如何促使科技新成果转化?这些问题,靠单个家庭不行,政府必须去协调解决。如果这些问题不解决,即使有了优质、高效的东西,等农业发展到一个新的层次后,卖难,依然会出现。今年,荔枝、龙眼在南方市场大量积压,不就是又一个明证吗?

(1999.09.13)

21.大家评一评

近几年,我曾先后到豫西的两个县采访过,两县许多方面都相似:都属秦岭余脉,山多地少;人口都是 50 多万;过去属贫困县,近年来发展速度都很快,1998 年财政收入双双超过两个亿。

不同的是,两县农民的人均收入相差甚远:1998 年 A 县达 2918 元,B 县只有 1576 元。

条件相似,缘何收入差距如此大?

原来与两个县的发展思路有关。A 县,着眼于全民致富。针对人多地少这一状况,县里设法提高每寸土地的产出效益:靠提高单位面积的产量保证粮食总量增加,利用节约的土地发展经济作物,增加农业的整体效益。再通过培育农业产业化龙头企业,延长产业链条,把二、三产业的利润尽可能多地留在农村。A 县的农副产品大部分可以在本县得到消化,拿粮食来说,每年可转化粮食 2 亿多公斤。有些地方为卖粮发愁时,他们每年却要从外地购进二三千万公斤粮食以供加工。与此同时,A 县紧紧抓住转移农民这一环节,大力发展家庭养殖业和家庭手工业,让尽可能多的农户参加创收活动。县里出现了"针织之乡"、"制鞋之乡"、"铁箱之乡"等多个专业化生产乡镇,全县从事二、三产业或兼业的人口占总人口的 78%。

B 县呢,狠抓工业。尤其是对几个"大个儿"县办企业更是倾全力扶持,县里的几个主要领导实行责任制,每人分管一个大企业。由于措施得力,这些企业的规模越来越大,科技含量也越来越高,效益当然也很可观,电厂、酒厂、电解铝厂等 6 个大厂所缴的税利占了全县财政的 80% 以上。

就工业的规模和科技含量来看,B 县确实要比 A 县高。但是,这个县的农业,却乏善可陈,基础相当薄弱,许多地方还靠天吃饭。农副产品加工企业也寥寥无几,遇上丰年,群众就要为卖难发愁。

如此,就出现这样一种情况:尽管 B 县工业人口的收入水平比 A 县的平均水平要高,但工业人口只占该县总人口的 17%,也就是说,占全县总人口83%的农民的实际收入比 A 县差得多。

对 A 县和 B 县的发展思路,该如何看待?有人认为:富民和强县应统一起来。特别是在中西部地区,剩余劳动力多,群众积累又比较少,把落脚点放在广大农民的增收上,可能更现实一点。如果县富民贫,一、二、三产业不成比例,从长远看不利于经济发展。

也有人赞同 B 县的做法,认为:工业水平上去了,靠工业去反哺农业,兴办社会事业,同样可以达到共同致富的目的。

尽管看法不尽相同,有一个事实不容忽视:A 县 87%的家庭有了彩电,B县不到 30%;A 县村村通柏油马路,B 县的乡村公路大多还是土路;A 县平均4 个人就有一台农机具,B 县平均 17 个人才有一台。

如果您是县里的领导,会选择什么样的发展思路呢?

(1999.09.20)

22.张师傅的种田辩证法

　　张师傅是河南虞城县水利局的司机。我在虞城挂职时,常乘他的车,于是成了忘年之交。

　　张师傅五十出头,没念过多少书,人很朴实。他的妻小都还在农村,遇到农忙,常抽空回家帮忙。

　　说起种地,张师傅可是好把式,犁耧锄耙样样精。可能是得益于当司机走南闯北见多识广之故吧,他很有经营头脑,种什么不种什么,总处理得恰到好处。有三件事儿,给我印象很深。

　　第一件事:1992 年,他到南方出差,听说留兰香油在港台走俏。当时他的责任田里已种上了其它作物,可他毫不迟疑,改种留兰香。周围很多人劝他别冒这个险,他不为所动,埋头连种 3 年,着着实实挣了一笔。第四年,当周围群众醒过神都开始种时,他却就此歇手。那年,留兰香烂市,很多人叫苦不迭。

　　按:市场重"抢"。抓住某一产品市场看好的势头,争分夺秒抢时间,力争在价格最佳时把产品推向市场。俗话说,"机不可失,时不再来",谁把握了先机,谁就会在市场竞争中取胜。这些年,很多农户饱受市场波动之苦,很大程度上就是慢了半拍。当你把产品生产出来时,市场已经饱和。如此,价格岂有不大跌之理!

　　第二件事:1997 年春天,有次我俩一同下乡,我告诉他一个信息:"去年早熟无籽西瓜在大城市很走俏,你不赶紧种一点?"谁知他听后连连摇头:"今年种肯定得赔。"他说,去年行情好,今年种的人一定很多。"那你准备种什么?""我打算反着来,种晚熟瓜。"这年,早熟瓜行情果真大跌,1 公斤 4 毛钱也无人问津。而张师傅的晚熟瓜,却打了个时间差,等他的瓜上市时,市场上已无瓜可卖。他的瓜平均每公斤卖到1.4元多。

按:市场忌"赶"。"逢快莫赶,逢滞莫丢。"这是个基本规律。跟在别人后面跑,最终难免挤进死胡同。别人冷时我正热,市场缺时我正有。这才是成功之道。

"抢"和"赶"从字面上讲差别不大,在这里,内涵却有本质的不同。"抢"是敢为人先,别人还没醒时,自己已动了手。而"赶"是跟在别人后面,是吃别人的残羹剩饭。这一先一后,赚赔就见了分晓。

第三件事:1998年,张师傅又使出新招,夏季种了荞麦,秋季种了高粱。这些粗粮,别人早都不种了。谁知,这次,又让他逮着了,产品还没落地,城里的很多餐馆已来定货。年终一算账,种这些粗粮,比起种小麦、水稻,效益高出了三四倍。

按:多与少是相对的,市场有饱和就有短缺。比如提倡优质、高效的产品,大方向没有错。但我们应该看到,市场的需求纷繁多样。你说精米细粮好吃,可偏有人就喜欢喝大碴子粥,此所谓"武大郎玩夜猫子,各爱各的鸟"。所以调整结构,一定要看市场需要什么,千万别强求一律。一哄而上挤"高、精、尖",最终必然导致产品过剩。

商无定法。张师傅的三次成功,也正说明了这个道理。人家说:"不管白猫黑猫,捉住老鼠就是好猫。"用在结构调整时,咱们不妨修改一下:"不管这招那招,销得俏赚得多就是好招。"当然,赚得多的前提是奉公守法,搞坑蒙拐骗那一套,万万不成!

(1999.09.27)

23.改改这样的"建房观"

农民的消费支出中,最大宗的是什么?

回答是住房,肯定不会有人有疑问。

长期以来,中国农民形成这样一种消费观念:有了钱后,第一要务,便是建房。

据报载:改革开放后,长江三角洲和珠江三角洲出现了三次建房热潮,现在人们已不满足粉墙黛瓦的两层小楼,开始建西式小洋楼。

安居才能乐业。建房确实是生活中不可或缺的大事。不过,目前有相当一部分农民,尽管房子已足够居住,仍在不停地建。我在挂职期间,曾对县里的农民住房情况作过调查,不少农民,宁可房子建起后空着,仍把积蓄的绝大部分用来建房。在他们看来,房子才是家业。忙碌一辈子的终极目的,就是建房。

我有个同学,家在苏南农村,大学毕业后分在一所高校工作。单位给他分了房子,他是独子,父母也搬来与他同住。可 80 年代末,他在老家建了座两层小楼,面积 200 多平方米。前段时间他给我来电话,说正张罗着借钱建一座三层楼。我问他有没有这个必要,他苦笑着说:"没法子,老爷子要建。说周围人家都建了。不建,村里人会笑话。"

据有关部门统计,农民现今建房的费用支出,占总收入的 70% 以上。还有少部分农民,宁可让孩子辍学也要省下钱建房;甚至为了建房,不惜债台高筑。

而与在建房上不惜巨资形成鲜明对照的则是,农民在提高自身素质上投入甚微。据统计,1997 年,全国农民用于文化学习费用支出人均 27 元。这点费用恐怕连扫盲费都不够！如此,谈何提高农民素质?

当然,这并不是说,建房必然影响农民提高自身素质,因为导致农民在提高自身素质上投入少的因素还有很多。但是,建房占用资金太多,会挤占其它方面的投入,也是不争的事实。

记得前几年,中央电视台播过这样一个节目,主持人问陕北一个辍学的放羊娃:"为什么不上学?"回答:"放羊攒钱盖房子。""为什么要盖房子?""娶媳妇生娃娃。""将来你让娃娃干什么?""放羊攒钱盖房子。"

这场对话,闻之心酸。

目前,全国还有2.3亿的文盲半文盲,其中绝大部分集中在农村。这成了制约中国经济发展的重要因素。

要提高农民素质,政府和舆论部门很有必要对农民的消费观念进行引导,让农民把尽可能多的消费支出转到提高自身素质上来。实际上,提高素质投资与建房投资,是源和水的关系。只有农民的素质提高了,我国的农业才会有长足的进步,农民收入也才可能大幅度增长。可在目前情况下,如果把钱一股脑儿全用在了建房上,那么,即使房子建起来了,我们的生活水平也只能像上面提到的放羊娃一样,在低层次循环。不是吗?

现在建一栋房,至少得上万元。如果少建一点房,把省下的钱用在提高自身的素质上,那会出现什么样的结果?

(1999.10.11)

24.告诉你一个发财秘诀

"谁能告诉我,明年种什么?"在编辑部,经常收到农民这样的来信。

这些年,云谲波诡的市场似乎成心捉弄农民,种什么什么多! 面对市场,许多农民无所适从。

那么,还有哪种农产品有商机呢? 告诉你一个发财秘诀:

两年前,我到江苏省溧阳市的伍员山区采访,见农民在经济林中套种饲草,很是不解。问当地领导才知道:这里套种的豆科牧草,单价比小麦还贵。这个镇仅种草一项,人均就年收入300多元。前些时到横店集团采访,得知这个特大型乡镇企业集团,也把今后发展的突破口放在"草业"上,到2010年,"横店草业"利税将超过20亿元。

实际上,许多发达国家,农业现代化的道路都包含了大兴草业的过程。新西兰人以草立国,把草称为"绿色的金子"。美国的草业是国民经济7大支柱之一。欧美经济发达国家的总产值中,牧业一般占60%以上,而牧业产值一半以上来自草地牧业。

反观一下我们自己,长期以来,视草为害,到处开荒种粮。结果呢,因围垦而增加的耕地和因水土流失而减少的耕地基本相抵。建国以来共垦荒4.9亿亩,同时耕地减少了4.7亿亩,且耕地质量大大下降。

目前,重农轻牧、重牧轻草现象并没有从根本上改观。我国南方大部分的草山草坡白白闲置;即使在北方牧区,每亩平均投入也不到3分钱,产出不到2两肉。我国单位面积草地产值只相当于澳大利亚的1/10,美国的1/12,荷兰的1/50。在许多国家,产自草地的畜产品的价格比饲料喂养的要高出一倍甚至几倍。而我国的畜产品绝大部分依赖饲料喂养——这正是我国畜产品在国际市场上缺乏竞争力的重要原因。可以说,我国草业的潜力还远远没有挖掘出来。专家算了一笔账,如果南方的 10 亿亩草山草坡改造 1/5,畜产量就相当于两个新西兰畜产品规模。

此外,我国有巨大的草坪草种市场。大家知道,随着城市化进程的加快,也带来空气污染、噪音污染、光污染、电磁雾、热岛效应等。解决这些问题的最有效的手段之一就是城市绿化。研究表明,须人均拥有 20—30 平方米草地才能满足需要。而目前我国城市人均绿地面积不足 3 平方米。要达到中等发达国家水平,至少需要上百年的时间。这意味着中国草坪业将拥有一个能够持续扩张上百年的巨大的市场需求。黄土高原、长江两岸的治理,沙漠化、水土流失的遏止均需要草坪和草种的投入,这潜在的巨大市场为我国草业的发展提供了良好的机遇。

即便眼下,市场对草种的需求量就超过 30 万吨,而我们的产量还不足 3000 吨。

同时,种草还可以带动相关产业的发展,譬如草用肥料业、草用农药业、草用机械业、草用贸易业等。据专家测算,如果我国的草业水平达到美国 70 年代中期的水平,就可以提供 3200 万人的就业机会,可以使我国的国民生产总值增加 5 个百分点。

因此,种草将是农业的新的增长点,也是农民增收的一个可靠渠道。有专家指出,今后我国农业的发展方向,应该由粮—经二元结构逐渐改变为粮—经—饲(草)三元结构。早在 50 年代,科学家在东北、西北的实验就证明,在干旱半干旱地区 3 年种粮、两年种草,比 5 年全部种粮食作物,不但未减少粮食总产,还大大改善了土壤生态条件。

现在,各地都在调整种植业结构。我不揣冒昧提个建议:在保证粮棉油等大宗农产品产量不下降的前提下,把滩涂、湖畔及土肥条件差的地退出来种草如何?

（1999.10.25）

25.农民负担重在哪儿

三年前,我到西北某县采访过一起加重农民负担的事件。事件的起因很简单:县里搞小康村达标时,向农民征收的费用超过了"三提五统"规定的5%。由此,造成群众集体上访……

记得和县里的领导交换意见时,县委书记满脸的委屈:"一提加重农民负担,似乎都是我们基层干部搞的。其实,我也是农民的儿孙,加重负担,我也不愿意……"

起初,认为这不过是县里的托词,可当县委书记拿出省里颁布的小康村达标文件时,我愣住了!文件规定:凡达标村,主干道不能窄于15米,必须水泥硬化;村里至少要有一个现代化的多功能文化活动中心;超过1000人的行政村,厕所不能少于50个,必须是水冲式的,墙壁必须贴瓷砖;村里的建筑必须是砖石结构……

这个县的经济条件很一般,一年前才刚刚摘了贫困县的帽子。我很同情这个书记。

在上级督促下努力使工作达到某一标准,本是件好事。但如果超出了群众的承受能力,这种"达标"恐怕就得另说了。

在这个县我了解到,县里一年中要面对的达标活动有"普九"达标,"党建"达标,"计生"达标,"小康村"达标……林林总总十几项。一个乡要完成达标活动,"计划生育"专用办公室不能少于3间,党建专用办公室不能少于4间,扫盲专用办公室不能少于2间……各种房舍加起来共需18间。少一间,就不能达标。

除了一些形式主义的达标活动,让基层干部穷于应付的还有:机构庞大,人员众多,财力难以负荷。我在这个县曾作过一项调查,这个农业大县,不包括乡镇,仅县直就有 101 个局委(科级单位),全县正副科级干部 1860 多人,吃"皇粮"的 26700 多人。各个单位都严重超编,县公安局的正式编制 45 人,实有人数超过 600 人;工商局正式编制 54 人,实有人数达 760 多人。仅县直单位发工资,每个月就得 700 多万元。县里曾发生过一起公安局乱罚款事件,有关部门在处理时,公安局长振振有词:"各级领导都往公安局塞人,财政拨款又不到位,总不能卖警服吧?"

现在,大部分地方的经济实力还很有限,要完成形形色色的达标活动,要养活这么多人,怎么办?到头来,一切又全转嫁到了农民头上。

一位乡党委书记对我说:"现在的基层干部真像风箱里的老鼠——两头受气,完不成上级的达标任务,领导要刮鼻子;加重负担,群众又不答应。"

农民负担在一些地方屡屡反弹,可能有干部方面的原因——有的人为了个人政绩,不体恤民情,乱征乱收。但这些只是个别现象。真正造成农民负担居高不下的原因,还在于机构庞大和形式主义的达标活动。

所以,要减轻农民负担,有两件事需要抓紧做:一、给机构消肿;二、废止形式主义的达标活动。

(1999.11.01)

26.市场秩序谁来管?

在河南虞城挂职时,我曾参与处理了两起经济纠纷。

1997年春,县蔬菜办公室建了一座大型冷库,派人到山东苍山县收购蒜薹。谁知收购人员到苍山后,被一个乡的部分村民扣了起来。原因是这些村民硬要他们将两万多公斤质量低劣的蒜薹收下,遭到拒绝,便出此下策。

事情发生后,虞城县委、县政府决定由我同苍山有关部门交涉。我将有关情况传真通报苍山县委、县政府。本以为这种跨省际的经济纠纷,且扯皮吧。谁知当天下午,苍山县政府的一位主要领导就打来电话,说接到传真后,县里迅速派人赶赴出事地点,情况现已妥善解决。这位领导在电话中还再三表示歉意。

事情原本就可以这样过去了,谁知过了几天,苍山县的一位副书记和常务副县长又专程赶到虞城赔礼道歉,还拿出整改措施让我们提意见。记得那位常务副县长有个形象的比喻:"客户是我们的衣食父母,得罪了客户等于砸自己的饭碗。在相同情况下,我们宁可得罪自己人,也要保护客户利益。"

这一举措让虞城蔬菜办的工作人员十分感动,表示今后收蒜薹,还到苍山。

这事儿过去不久,县里的棉纱厂同广东汕头市达濠区的一家外贸公司也发生了一起经济纠纷。棉纱厂同汕头这家外贸公司签订供货合同,合同规定:由虞城棉纱厂提供给对方价值130余万元的棉纱,货到15天内,外贸公司将款一次付清。但外贸公司拿到货后,再无音讯。县里多次派人催要,对方就是不还。

对一个国家级贫困县的小厂来说,130余万元决不是小数。又是棉花收购季节,县棉纱厂因资金紧缺,面临停工危险。县里派我赴汕头交涉。

找到区有关领导,领导先是推说自己的企业也很困难。当我们将那家外贸公司正在建一座豪华夜总会的照片出示给他后,他不悦地说:"现在是市场经济,企业经营活动政府无权干涉。"最后,干脆面也不见了⋯⋯事情至今仍未彻底解决。

市场经济条件下,企业、农户的正常经营活动,政府确实不应该横加干涉;但是对于违法经营、扰乱市场秩序的行为,政府不能坐视不管。明明知道应该管却又不管,我们很想问一声:到底为什么?

（1999.11.08）

27.一年开会二百多

今年汛期前,我到黄河流域采访沿河各地备汛情况。在河堤上恰巧碰上某市正开防汛通讯演练现场会。

市委书记第一个出场,他首先回顾了国家三代领导人对防汛工作如何如何重视;又从北约空袭我驻南使馆讲到科索沃局势;讲防汛与爱国主义的关系;讲了足足一个多小时。书记讲完,市长讲,然后是人大、政协、军分区、共青团、妇联……一共9人讲话,讲完已经11点多了。通讯演练这才开始:10多名身背电影《英雄儿女》中王成背的那种步话机的民兵,在高低不平的河滩上拼尽全力奔跑布线,手摇摇把频频呼叫,一个个累得满头大汗。

让人觉得滑稽的是,民兵们在频频呼叫,首长们也在不停地接手机。一个用的是50年前的劳什子,一个用的是现代化的玩意儿……有人嘀咕了一句:"到汛期,一人发一个手机不就行了?!用得着这样折腾!"

通过开会,传达上级精神或是推广某项经验,本无可厚非。但在有些地方,开会被某些领导干部当作了应付工作的"道具",一说推动工作,就是开会,全不管效果如何。什么形势分析会、协调会、现场会、加油会、经验交流会……五花八门,名目繁多。干部的大部分时间都泡在了会上。我熟识的一位县委书记告诉我,1998年,仅县一级的会议他参加了213个,有时一天要开几个会。

他说,有的会议确实没必要开,譬如种庄稼,农民比我们内行,该怎么种,不用吭声,到时农民都会种好。但是光小麦从种到收,县里围绕小麦生长的各个环节召开的各种会议就不下10个:备播会、抗旱会、冬季麦田管理会、春季麦田管理会、小麦一喷三防会、小麦收前评产会……这些会议,哪个都还不能落下:既然省里开了,市里就得开,市里开了,县、乡就不能不开。人人都知道这样的会没必要开,但大家都在开,似乎不这样就不是抓工作。

这种情况所以存在,究其原因:其一,有干部思想意识的问题。比如防汛,一位知情的同志说:"开不开这样的现场会,对干部来说,大不一样。开了会,万一决了口,可以推脱责任,反正该布置的我早布置了。不开会,出了事,追究责任,首先一条是说你重视不够。"

其二,至今还有不少干部搞不清楚市场经济下政府该干些什么,仍把计划经济下的工作模式运用到市场经济中。

干部们天天泡在会议里,自然就很难抽出时间搞调查研究、很难深入基层为群众办实事。我们强调深化改革,不仅制度要改,观念、思维方式、工作方式不到位的,恐怕都得改。

(1999.11.15)

28.选举"水分"从何来

一次去某县采访,正在介绍情况的副县长接了个手机后脸色大变:"暂时失陪。今天我包的那个乡换届选举,有个副乡长可能要出问题,我得赶去做些工作。"说罢,匆匆离去。

中午吃饭时,他回来了,长嘘一口气:"摆平了。摆平了。"他告诉我们,这位副乡长平时工作方法粗暴简单,得罪了不少人,幸亏他及时赶了去……否则,非落选不可。

晚上,闲聊中说起基层选举,这位姓赵的副县长一肚子故事。他坦诚地说,现在有些地方的选举,"水分"太大。就说人大代表选举,有的单位选票根本到不了群众手上。单位领导找几个亲信一填拉倒。更有甚者,把选票拿回家去让家里人填。

他说,年初人大换届选举时县里曾发生过这样一件事:县人大给政法口两个代表名额。政法口共有 4 个单位:公安局、法院、检察院、司法局。公安局是个大局,有 500 多人,法院、检察院各有 150 多人,司法局人最少,只有 60 多人。第一轮投票,公安局长得了 500 多票,当选无疑;法院院长和检察院检察长的得票,虽过了半数,但票数相等。按规则,必须重来。法院院长找到选举委员会,说自己单位有部分职工当初选民登记时漏了,需补 50 张选票。检察院检察长听说后,如法炮制,也要回了 50 张选票。自然,结果又是个平手。于是,两个人又把目光放在拉公安局的选票上,竞相向公安局长行贿……最后,这件事被群众举报,三个人都被取消了代表资格。

赵副县长说,有些干部为了拉选票,真可谓绞尽脑汁。前些时某乡换届,一位副乡长候选人为了当选,给代表们许诺:只要投我的票,每人给 100 块。

另一位开面粉厂的候选人针锋相对:谁投我的票,除给100块钱外,每人再送一袋面。

　　还有些人为了当选,不惜扭曲自己。在另一个乡,一位候选人在竞选演讲时竟说:"现在都说农民负担重,我要是当了乡长,不但'三提五统'全免了,所有的义务工也都免了。"加重农民负担固然不对,但对于合理的负担,农民还是应该承担的,怎能全免了呢?

　　赵副县长感慨:选举理应投下庄严神圣的一票,可这一票很难投。譬如县政府换届,如果好几名副县长都落选,上级领导就会掂量县委一把手拢班子的能力。所以,作为主要领导,谁也不愿意自己的班子出问题。选举前夕,主要领导会带着候选人同代表们一一见面,搞一些所谓的慰问活动。投票形式也作了一些改革,原先整个选举会场只有一个票箱,谁投谁没投不清楚。现在,分出若干团,选举时,一个团一个票箱,哪个团出了问题——譬如候选人落选,就拿哪个团的领导说事儿。如此,作为投票者,谁还敢不按照上面的指向投?

　　要真正把德才兼备的同志推到领导岗位上,就必须净化选举空气。事实证明,选举工作,关系着一个地方(或是一个单位)的政风、民风。好同志选上去了,带来的肯定是风纪肃然,人心思上;而那些靠弄虚作假的人上了台又会带来什么,不用说大家心里都会很清楚。

(1999.11.29)

29.治贫先得治愚

近百美元一公斤的良种,舍得磨面吃吗? 提出这样的问题,肯定会有人说,除非钱多得没处花了,要不,谁会干这种傻事!

1994年冬,我随国务院扶贫办到陕北某县检查扶贫情况,却真真碰上了这种荒唐事儿。

这个县年降雨量不足300毫米,因为干旱缺水,群众温饱一直未能解决。3年前有关部门以每公斤近百美元的价格从巴西引进抗旱良种让部分农民试种。不料,有不少农户把良种拿回家后,马上磨面吃了。这次检查还发现:某乡前一年发放了300只小尾寒羊让农民喂养,现今只剩3只。其它的,全被农民宰掉吃了。陪同检查的陕西省扶贫办的一位同志连连叹息:"有时候真没办法,有的农民就是扶不起来。在这里,每到冬天民政局要给特困户发棉衣、棉被。可有些人不等走到家里,就把棉衣、棉被拿到集上换酒喝了。今年发了,明年你还得发。"

这次检查给我一个突出感受:精神的贫困比物质的贫困更可怕。

后来到苏皖交界的伍员山区,所见所闻进一步印证了这个感受。伍员山的西边是安徽省郎溪县岗南乡的下吴村,山的东边是江苏省溧阳市周城镇的濮家村。山两边的自然条件相似,民俗相同,山民共砍一山柴,同饮一溪水。除了行政区划上分属两省,其他几乎没有什么区别。但是在温泉开发上,双方却有了分野:两边山民的房前屋后都有温泉,山东边的濮家人先是利用温泉养越冬饲草,后又在温泉里养殖反季节的水产品。这汩汩清流成了濮家人致富的源泉,仅水产养殖一项,濮家村人均年收入近2000元。而下吴人呢,温泉最大的利用价值依旧是洗澡、洗衣、涮马桶。在采访中我问下吴村民:

"山那边靠养殖发了财,你们为什么不养呢?"村民回答:"咱只会种地,不会侍弄那玩意。"也有的说:"现在够吃够穿,费那劲干啥!"

可费劲与不费劲带来什么样的结果呢? 1994 年,濮家村人均收入 3520元,而下吴村人均收入刚过千元。

从表面上看,两村的差距似乎只是泉水利用的问题,实际上却折射出双方精神面貌与观念上的差距。

自然条件差,对一个地区经济发展是会有一定的影响,但并非决定因素。如果精神上萎靡不振,一味"等、靠、要",即使有了条件也未必干得好。下吴村就是个典型的例子。相反,精神饱满,积极进取,没有条件可以创造条件。有很多地方尽管自然条件很差,经过艰苦的拼搏,面貌不是也发生了很大的变化吗?

现在一提改变面貌,很多领导就热衷于上项目、跑项目,忽视了群众精神面貌的改变和观念的更新。其实,输血不如造血,"馈之以鱼不如授之以渔"。

要在物质上摆脱贫困,首先精神上必须脱贫。

（1999.12.06）

30.执法检查怎么走了过场

　　三年前的一个隆冬,我参加了由某部委牵头组织的农民负担执法检查。

　　执法组出发前,领导反复强调:"农民负担屡屡反弹,问题究竟出在哪里?你们这次下去,一定要查出个眉目来。你们带回的意见,将成为今后制定政策的依据。为保证执法检查的客观公正,检查过程中,不能听从地方的摆布,吃饭、住宿也要自理。有关部门已为你们拨出了专款。"

　　我们是凌晨到达H省省会的。一出站口,早有人迎了上来,奥迪车长长排了一队。住宿也早已安排停当——省里最好的宾馆。前三天,书记、省长等省里主要领导,挨个宴请大家,晚上的文娱活动也安排得丰富多彩。一直到了第四天,我们的组长才有机会请示省长:"您看到哪里查好呢?"省长说:"X市的工作抓得比较扎实。"

　　在X市,礼遇一如省里。游览参观已毕,在市郊的两个村走访了几个农户,检查便算告一段落。组长在总结前一段的工作时指出:"几天的检查表明,H省的农民负担工作抓得很有成效,经验很值得总结。"

　　我在报社负责农民负担报道,从群众来稿中知道,H省的农民负担问题非常严重。如此检查,太有点那个了……我向组长提出了自己的看法。组长为难地说:"这个省的领导是我的老上级……"不过组长表示,下一站,尽量不受省里影响。

　　第二站是H省的B县。出发前,检查组内部强调了一下纪律:任何人不准向地方透漏行踪。可是一到B县招待所,我们就发现情况异常:招待所门口卖香烟、瓜子、糖果的小贩全是些二三十岁的壮汉。检查人员一外出,小贩中马上就有人把摊档一收尾随而行。经侧面了解,这些人全是县里的公安人员。

在县里听完情况介绍，我们到 L 村走访。出发前，县领导竭力劝我们穿上军大衣，说这里气候寒冷，其它衣服不挡寒。

L 村是个有 4000 多人的大村，正是吃饭的时候，大部分家庭却锁着门。偶尔碰上行人，一问，全是走亲戚的。也有门户洞开的，不等你问完话，对方便会滔滔不绝地讲述县乡领导如何重视负担问题，群众又是如何满意，等等。

我试图寻觅几个非"演员"。在一条小巷深处，一个中年妇女脑袋朝墙外一探又缩了回去。我赶紧过去敲门，无人应答。好说歹说，妇女才同意我从后院的侧门进去。她告诉我，村里通知了，除非安排过的家庭，一律不准开门。如果谁私下里和穿军大衣的人接触，以后再算账。妇女说，街上走亲戚的，全是乡里的干部。有些房顶上还有人拿着望远镜监视。妇女告诉我，去年的"三提五统"，村里每人交了近 300 元，可村里通知说，检查组问起来，只能说交了 47 元。她家的田已经两年没上过化肥了。

说着说着，妇女突然停住了，侧耳听了听，面露惊恐。她蹑手蹑脚走出堂屋，面贴院墙的缝隙朝外看，回来后脸都白了，抽抽搭搭哭起来，说："你害了我，害死了我。外面有人偷听。我可怎么办呢……"我从墙上的缺口往外一看，见两男一女正慌慌张张走开。妇女说，那个女的她认识，是乡妇联主任。

如此对抗检查，大家都很气愤。回到招待所，检查组连夜召开会议，一致同意追究县委、县政府的责任。讨论正酣，有人敲门，说有北京的长途电话找组长。此后，大家几乎都被叫出去了一趟。回来再表决时，便有了意见分歧。一直讨论到凌晨 1 时，未果。

第二天，接着表决，仍无结论。组长说，干脆回省城研究吧，这儿条件太差，别把大家冻感冒了。

回到省城，书记、省长早候着了。又是一番接风洗尘，娱乐放松。大家被分开安排在不同的楼层，从早到晚，各个房间说客盈门。有的说客千里迢迢从外地赶来……三天过去了，讨论仍在继续。最后组长拍板：问题留给省里处理，执法检查组圆满完成任务。

后来，我曾看到了执法检查组写给上级的汇报材料，其中 80% 的篇幅总结 H 省减负工作的经验，只在结尾部分提出了几条无关痛痒的注意事项。

执法检查，是一项非常严肃的工作。减负政策执行情况如何，要通过它来监督、完善——可以说，它是减负工作的度量衡。如此高规格的执法检查尚且走了过场，又怎能保证减负政策在实际工作中不出偏差？

如何保证执法不走过场，难度似乎并不比"减负"小啊！

（1999.08.16）

31.增收关卡知多少

梁冬生是安徽某县的一位普通农民。1995年,我到安徽参加农民负担执法检查时和他打过交道。这位当过生产队长、民办教师的老汉给我的印象是头脑清楚,口才也好。

前些时,为采访农民增收情况,我找了他。说起增收,老汉连连感叹:"难!难!难!"

老汉说,现今关卡太多了。他扳着指头一项项给我算起来:

我有一儿两女。这些年,儿子一直在上海打工。外出打工,先要到乡劳动服务站办"外出务工证",前几年办个证15元,今年涨到了50元。儿子大年初三就出了门,可今年城里清理闲散人员,他在上海待了3个月,踏了多少门槛,还是没有找到活干。

打工不成,那咱买台拖拉机跑运输。这里许多家庭都育苗木,咱就帮人家往外运。上个牌照先得给农机管理站交150元的牌照费。可跑了3个月再也不敢干了。你看,交警说你交通违章要罚款,交通局的交通运管站说你超载要罚款,林业局的木材检查站要收林木管理费⋯⋯3个月光各种罚款和税费就交了800多元,一算成本,不但没赚到钱,还赔了30多元。

政府号召搞家庭养殖,咱也养了十几只鸭子。孙子今年考上了重点高中,当爷爷的也得表示点心意吧。孙子开学前,我拿了两只鸭上街卖,先是来了个中年女同志,让交市场管理费,我一分不少交了。一会儿,又来了一个年轻的工商管理员,二话不说,拎起鸭子就走。我追上去问这是为啥?他说鸭子弄脏了市场,让交10块钱的卫生管理费。我说鸭子才值多少钱,可他蛮横地说:"你要是再多嘴,还得补交滞纳金。"

后来我听村上一个在工商局上班的人说,县里规定:每个工商人员每月必须罚800元。所里发给每人一本票本,不将票本罚完,不发工资。听说县里的交警也是这样,每个交警每天必须罚200块钱,没收一个驾照。乖乖,这不是明着抢钱?

搞副业不行咱就好好种粮食,国家不是对粮棉放开收购嘛。可县里有些单位愣是把国家的好经念歪了。今年夏粮征购,国家规定二级麦每公斤1.2元;三级麦每公斤1.14元;三级以下的麦子由各地粮食部门自行定价。这样,县里的粮食部门就把三级以下麦子的价钱定得很低,二级和三级每公斤差6分,而我们县四级麦每公斤才0.84元,和三级麦每公斤一下子差了3毛。咱家的麦一验,全变成了四级或是五级。年年交粮,自家的粮啥样,心里有数的,今年咱交的粮最差也得是三级。

除了级别往低里压,其他方面也克扣。人民公社时代我当过生产队长,我清楚,这儿的小麦除杂率一般是3%到5%,可现今除杂率都按8%、9%,甚至有的超过了10%。这样,100斤就少掉了10来斤。村里除了个别有脸面的,大部分家庭的境遇跟咱差不多。

秋天家里种了一亩半棉花,今年碰上了个好年景,估计亩产皮棉至少也得上百公斤。棉花生产后期,干旱少雨,朵朵棉花白生生,真是难得的好棉。

交头茬棉时,我一大早就赶到收购站,心里还真有点激动。可谁知,验收时收购人员图省事,既不拿样本对照表,也不拿尺子,手往棉包中一探马上报出衣分(出棉率)、绒长和棉花等级。我一听,心里凉透了!说衣分是28%。咱这个地方,衣分啥时候低过36%?再说等级,怎好的棉,非说是四级。不管是色泽也好,成熟度也好,都是历年最好的呀。绒长我在家反复量过,超过了30毫米,可人家说咱的棉花绒长只有27毫米。棉花差一个等级每公斤就差两毛多,绒长差一个等级又是两毛多。

明明知道人家在压级压价,咋办?还得赔着笑脸,下一茬棉还得从人家手里过……

梁老汉的话,闻之心酸。

近年,中央一直号召各地要千方百计帮助农民增加收入,可通过梁老汉的陈述,我们发现,现实生活中还有不少部门在人为地阻碍农民增收。除了居高不下的集资摊派、电费、农资等因素,农业生产环节竟也有这么多的沟沟坎坎！农民不能增收，农业发展就没有后劲；农民手里没有钱，启动农村市场就是一句空话。如此，经济的正常运行焉能不受阻？

（1999.12.13）

32.减负别忘这些角落

在基层采访,问起负担问题,除了集资摊派,群众提到最多的就是人情负担。

湖北荆州一位农民告诉我,前些年婚丧嫁娶要请客,现在请客的名目就多了:小孩 10 岁、16 岁,大人 36 岁、48 岁、54 岁过生日要请客;孩子考上了中学、大学也要请客;围绕死人做的文章更多,35 天、49 天、周年都要搞一次。逢农历三、六、九,周末、月首都有人请客。碰上"好"日子,有的家庭几口人得分赴几家赶场。

贺礼的价码也噌噌往上升,前些年十块二十块,现在四五十块、七八十块都打不住。一个家庭一年得上千元。收到请柬,很多人连连叫苦:又接到罚款单了!

我曾问一些农民:"既然如此,为什么还要这样?"回答:"都是乡邻,低头不见抬头见。大家都送了礼,你家不送,会被乡邻瞧不起。"

于是,便陷入了恶性循环。我给你送了礼,再找个名目捞回来。直搞得"穷人怕,富人愁,干部群众都挠头"。山东聊城一位姓刘的村会计对我说:"一过节,我就想办法躲。旧社会杨白劳过节躲债,我现在是过节躲吃。"

刘会计说,六七十年代,政府提倡移风易俗,红白事大操大办的风气基本上被刹住了。这些年沉渣泛起,与干部不无关系。就拿村里过生日操办来说,先是村支书等村里的头面人物搞,上行下效,大家便都搞起来了。生日在电视台点歌也是这样,农民原本没有这种习惯。刚开始是乡镇企业的大小头头给书记、乡长点,现在大家都开始了……

除了人情负担,现今,另一个让农民不堪重负的是医疗费用的飙升。不少农民反映,现在生病看不起。六七十年代,"感冒发烧,阿司匹林一包"。群众碰上个头疼脑热,三五毛钱就解决问题。可眼下,动辄上百元。

许多医院,小病大开。一位医生朋友告诉我,现在大部分的医院都实行医生开药与本人经济效益挂钩的办法。处方开得大,得回扣多。譬如:肠胃不和,内服药一般有三种:胃复安、吗叮啉、普瑞博斯。三种药价差距很大,吗叮啉每片价格 0.63 元,外国进口的普瑞博斯每片价格 1.4 元,而服用胃复安每片只需 1 分钱。现在医生在开处方时往往"一步到位",一开就是一瓶普瑞博斯。

在农村挂职时,我曾作过一项统计:农民人情消费和医疗消费基本上占了农民总消费的一半,远远超过了"三提五统"和集资摊派。

因此,要真正减轻农民负担,对上述这些角落也万万不能忽视。

(1999.12.20)

33.县里干部为啥多

基层机构臃肿、冗员遍布，早就不是新闻。那么，造成干部多的原因何在？

有人说，这与干部调动频仍有关。确实，这些年在基层采访，一个突出感受就是干部换得太快。河北太行山区某县，这些年我曾多次去过，短短 5 年间已换了 4 任县委书记。

"一朝天子一朝臣"。每一个干部新上任，差不多都要调一批干部。你来了调一批，我来了又调一批。只要调上去就下不来。如此，干部焉有不多之理？

为什么会出现这种局面？与干部管理体制存在缺陷有关。现今对一个干部业绩最好的肯定，就是提拔。对于干部个人来说，只要踏上从政这趟列车，最能体现其人生价值的当然就是升职了。一位熟识的干部对我说："别人干了二三年都提了，我还在原地踏步，周围的人就会对我产生看法：'这个人是不是有什么问题？'再说，现在官职的大小与生活待遇、社会承认成正比。既如此，谁不一门心思往上走？"

有不少领导调动部属积极性最好的办法就是提职。有一个真实的故事：某县委书记，突然接到了调离通知，按程序提拔干部已经来不及了，便采取"非常措施"——先开会宣布，再补办组织考察等有关手续，一次调了 700 多名干部。机关的打字员看有机可乘，将自己的名字也打了上去，括号注明副科级。谁知竟也被宣布了。

调干部，没有职数怎么办？为了增加职数，有的领导想尽了办法。在采访中，我了解到以下几种情况：

　　将干部退居二线的年龄提前。某县规定：为加快干部年轻化步伐，科级干部 43 岁必须从岗位上退下去，一切待遇不变。

　　以加强工作为由，把干部级别往上靠。譬如某县，大部分局委的副局长都提成了正科级。如此，原来的正股级就变成了副科级，后面自然又顶上来一大批股级。一次就增加了 500 多名干部。

　　设法多设机构或将机构升格。一个县仅农口就分出农委、农业局、农机局、农技局、畜牧局、水产局、水利局、烟办、棉办、菜办、果办、扶贫办……20 多个科级单位。原先公路段是交通局下属的一个机构，就在最近，很多地方都以加强公路建设为由，将公路段升格为公路局，同交通局平级。新设一个机构，必然多出一套人马。

　　现在，很多地方的工作陷入这样的怪圈：干部走马上任后，大部分时间耽溺在调干部中；等班子稳定了，主要干部的任期又要满了，又开始了新一轮调整。如此，谈何工作的连续性？

　　干部一旦把工作的主要内容变成经营官职，就会把真抓实干、为人民服务抛在脑后，不可避免地衍生出跑官、卖官、做表面文章等等弊端。

　　要改变这种局面，就必须对现有的干部管理体制进行改革：除了当官，能否还有一套机制，可以在生活待遇或是社会承认方面给那些长期在基层扎扎实实为民干事的人一种充分的肯定？一位县委书记朋友对我说，"我在县里干了 4 年，刚刚摸索到一条振兴经济的路子。要说对群众的贡献，我还是留在县里好。如果我们的体制，能对一个人价值的肯定不体现在当官上，我会一直在县里干下去。"

　　只有官的"光环"黯淡了，挤官路的人才会少，机构臃肿、冗员遍布的局面也才能根本改观！

（1999.12.27）

34.养台车一年花多少钱

我曾算过一笔账:目前县乡养一台轿车一年至少得花费12万元。

咱们不妨来算一算:现在大部分县乡领导都坐上了桑塔纳2000(当然,坐奥迪的也不在少数),一辆车全办下来接近20万元。基层用车比较勤,据我了解,一般情况下四五年就得更新。那么,每辆车年折旧费就是四五万元。一辆车一年油钱大致是2.5万元左右,年修理费用也在2.5万元左右,购车利息一年需1万多元。有车当然得有司机,司机工资加补贴一年至少1.2万元左右。这样算算,一辆车一年至少得花12万元。

现在,县乡领导有固定用车的不少,县里各个局委的正职差不多都有车。有的乡连财政所、工商所、派出所、税务所都有车。

一个中等人口的县一般有30个乡镇,一个乡镇以5辆车算就是150辆。县里的局委也在100个左右,一个局以两辆车算就是200辆(有的大局远不止两辆车)。加上县委、县政府、人大、政协"四大家"领导的"坐骑",一个县少说也有400辆公车。

这么庞大的一支用车队伍,一个县一年的开支得多少?至少得五六千万。

现在,不少的县都是"吃饭"财政,发工资都很困难,养活这些车,财政就更紧张了。怎么办?

主要一个手段是增大非税收入。在许多地方非税收入远远大于税收收入。某县税收收入不足1亿元,据有关部门审计,非税收入竟高达两个亿。非税收入原本是按政策规定收取的费用和各种政策性罚没收入,但有些部门巧立名目,将非税收入的外延变相拓宽。比如,有个县的公安局,围绕治安向群众收取的费用就有：治安管理费、联防互保费、冬季消防费、年节安全保卫费、夜间巡逻费、夏收生产保障费等。而有个县的工商局，围绕市场管理收取的费用竟达 10 项之多。

现在，为了应付开支，各个部门都在竞相增加非税收入项目。一位县委书记告诉我，县里没有哪个单位没有非税收入。连法院、检察院，甚至纪检委都有。这些收入很多单位并不上交财政，收取之后便成了小金库。

如此，便衍生出一系列的问题：

首先是加重了群众负担。各种变相的收费，说到底，最后都分摊到了农民头上。

其次，这是产生腐败的温床。资金单位私有化，遇事一把手说了算。一些干部就倒在了小金库上，利用小金库贪污、乱发奖金。有的单位一年吃掉几十万、上百万。

不算不知道，一算吓一跳。仅从养车一项的花费看，不精兵简政能行吗？

（2000.01.03）

35.“怀药”别成坏药

很早我就认识了“怀药”。小时候,一次摔伤膝盖,淤血老是不散。一位当中医的亲戚建议煎服“怀牛膝”。试服后病情果见好转。

前些时,到河南参加“怀药研讨会”,对这种良药有了进一步认识。“怀药”指的是古代怀庆府(今焦作市)一带盛产的地黄、牛膝、山药、菊花四种中药。中药典籍称之为“怀地黄”、“怀牛膝”、“怀山药”、“怀菊花”,历代中药典籍和名医史志都给以高度评价。现代科学分析得出,四大怀药有效成分含量比其他地区所产同品种高出几倍甚至几十倍。

怀药,可以说是大自然赐予当地居民的宝贵财富,历代药商一听药系怀地所产,收购价马上翻几番。改革初年,这里有不少农民也靠怀药发家致富。

但是近年,当地的药材却鲜有人问津。为什么? 因为自己砸了自己的牌子。

看到药材好销,很多农民从临近的山西、河北廉价买来同种药材冒充当地品种销售。我在焦作曾听到这样一个典型的例子:日本一制药株式会社久闻怀药大名,派人专程前来定货,看了样品,很是满意,当即定货 50 吨。不久,日本人来函:要求再发 50 吨,并且特意点明,必须按上次的质量标准。县外贸局看有利可图,从河北低价买来 50 吨充数。货到日本,人家一验货,立马给退了回来。并声称:日后,再也不和该县打交道。“鱼目混珠”,假做真时真亦假,这是怀药倒牌子的原因之一。

另一个导致怀药倒牌子的原因是,怀药质量的确下降了。怀药所以药效高,得益于土壤中黄河带来的有机质。可现今,有的农户为了提高产量,大施化肥,破坏了土壤结构,也破坏了药效。记者在参观怀药种植基地时看到,有的地黄长得比红薯还大。一位老中医悄悄告诉我:"这种地黄,别看个大,十不顶一。"

如此急功近利,牌子焉能不倒?

可这种做法,仍在继续。我在当地一家制药厂参观时看到,药箱上写的是"淮药",惊问为何? 答曰:"一个外商说'坏'和'怀'差别不大,建议将'怀药'改成'淮药'。"厂领导洋洋自得地说,改了一个字给县里带来了几百万的收益。

殊不知,一字之改,等于割断了怀药几千年延续的根! 王麻子剪刀,并没有因名字不好听而改成王俊郎剪刀。作为用户,要买剪刀,照样认的是王麻子——人家看重的是产品的内在质量!

我国地大物博,在农产品方面,各地都有自己的特产。所以能成为特产,除了大自然赐予的得天独厚的自然条件,也包含了前人的许多劳动,譬如在品种的选育、优化等方面所做的艰辛工作。据史料记载,四大怀药从野生状态到人工种植,前人就进行了600多年的尝试。特产,是先人留给我们的丰厚遗产,也是当今占领市场的敲门砖。我们常说,在激烈的市场竞争中,产品要保持自身的特色,才能站稳脚。怀药的遭遇警示我们:特产,只有保持其传统特色,方能牢牢占领市场。

(2000.01.10)

36.有特色土变金

前些时,到河南南阳开会,与会的一位县长朋友对我说:"现在提倡搞'效益农业',那是发达地区的事儿。咱们中西部地区自然条件差,又没有钱,混饱肚子就不错了。"

果真这样吗?年前,我到山东乳山的崖子村采访,这个贫瘠小山村发生巨变的历程明白无误地告诉我们,效益农业决非发达地区的专利。

胶东多山,崖子村就局促地躲在山的褶皱里,村周围很难找到一块像样的平地。村里的主要农作物一直是小麦,撑破天一亩地也就打四五百斤。

80年代中期,村里尝试调整产业结构,利用山区的气候、土质特点引种了几百亩国光苹果,由于品种不行,被市场拒之门外。此后,村里改种红富士,又因产品趋同,上市集中,再度积压。失败使他们清醒地认识到:只有提高果子的"含金量",靠特色和优质才能赢得市场份额。

山区缺水,村里人咬紧牙关集资几十万元建了500亩微滴灌工程,实行微机自动控制。原来浇一次水42天一个周期,现在缩短为3天,节水80%。亩产从原来的每亩五六千斤增长到超万斤。很快,全村2000亩果园全部实现了喷灌自动化,年降低灌溉费用30万元。

1997年初,村里又引进日本壁蜂授粉,着果率比人工授粉一下子提高50个百分点。此后,村里又从省农科院请来专家推广疏花疏果技术、套袋技术、地膜反光技术……崖子村的苹果从光泽到口感都有了自己的特色,比原先增值20余倍,平均每公斤卖到七八元。直径超过80毫米的红富士,一个苹果就卖2元多。当别的地方都在为卖果难发愁时,他们的果子还没下树,就早被订光了。

　　乳山市委书记于永吉说了这样一句话："科技能让果升价,特色能使土变金。"话很朴实,却道出了效益农业的本质。

　　风调雨顺,沃野千里,固然有助于农业提高效益。但是,最终决定效益的还是市场认不认你的产品。以色列的农业举世瞩目,就自然条件而论,比我国绝大多数地区都差,戈壁、沙漠几乎占了国土的全部,但他们种植出沙漠地区独具特色的花卉、蔬菜,在国际市场大受欢迎,成为世界著名的农业出口国。再如甘肃兰州的皋兰县,本是个沙砾遍地、干旱少雨的贫困县,种别的东西不行,种白兰瓜却甘甜爽口,远胜他地所产,农民看准这个方向,扩大面积,提高产量,从而走上致富路。

　　这些例子告诉我们,要想搞好效益农业,必须揪住两点不放:一是科技,二是特色。有了科技,才可能优质;有了特色,才能占领市场。

　　我国地域辽阔,自然条件千姿百态。如果能因地制宜抓住特色,再以科技赋之以优质,这千姿百态,不正意味着千百种优势吗?

（2000.01.17）

37.别墅外的烂泥塘

　　一次,在苏南某地采访,一位乡镇企业家执意让大家参观他的新居。五层楼房的装修材料全是德国货,足有 200 平方米的大厅里安着电滚梯,连院墙上也贴满了瓷砖。那天有一个细节至今想来仍让人喷饭:参观已毕,可能是电滚梯刚安好,上了楼怎么下来主人尚不会操作。大家见状,说从楼梯上走下来算了,可主人不依,非要让儿子到村里找电工,足足等了一小时,电工才满头大汗赶来。

　　一出"电梯秀",着实让我们领略到了主人的奢华和富有。一个记者同行颇有些刻薄,悄悄对我耳语:"穷人乍富,狗穿皮裤。"

　　不过,出了这座别墅大门,可就是另外一个世界了,离大门顶多 5 米处是一个漂着枯枝败叶的烂泥塘,一只泡得发涨的辨不清是猫是狗的东西浮在上面……真真是大倒胃口!

　　经过几次建房热潮,这些年,不管是东部还是中西部地区,农民的住房质量都比以前有了明显改善,许多农民住上了新房,但要说到居住环境,一些地方可就差点意思了。你就说门前的路吧,依旧是坑坑洼洼的泥路。旱天,浮土能盖了脚面;雨天,到处是积水,泥泞难行。最怕的是碰上连阴天,人踏车轧,淤泥能没过膝盖,不穿深筒胶鞋,简直无法行走。平时,街上垃圾堆随处可见。如果碰巧村边有一条河,那就更热闹了,河面上塑料袋、残破的方便面盒、少了半拉的拖鞋……密密麻麻漂了一层。

　　上述情况看得多了,自己也渐渐麻木了:农村嘛,大抵就该是这样。可前年到小浪底采访,看了外商营地后,感到如鲠在喉,很想说点什么。

　　小浪底水利枢纽工程是我国面向世界招标的最大的一个工程。有 50 多个国家参与建设。小浪底建管局特意辟出一块地方让外国人自建自管。

那次,建管局的同志极力推荐我到外商营地看一下。起初,我颇不以为然:黄土高坡上还能变出什么花样来。但是一踏进营地的大门,就觉得必须修正自己的看法了:这里与周围的世界形成极大的反差,到处是如茵的绿草地,基本上看不到裸露的黄土。陪同参观的一位荷兰专家告诉我,这些绿草是当地最常见的格巴草。他说:这种草不怕车轧人踏,只要稍微有点水,就会长得很茂盛。为什么你们不用来搞绿化呢?

再看这里的建筑,没有高楼大厦,一些红顶、绿顶或黄顶的瓦房,依山势巧妙地坐落在山间台地上,一条条嵌着白石子的弯弯曲曲的小道把每栋建筑连了起来。墙壁也很有特色,喷成米黄、赭色,看上去赏心悦目。听建管局的同志讲,建这么一栋房子比当地农民建的房子便宜得多。

营地充满了生活情趣:许多家庭在自己房前屋后的树上,用木块或纸盒搭一个别致的鸟窠供来往的鸟儿歇息。房子与房子之间的草地上,或是一个秋千、滑梯,或是一个跷跷板,于是树上蹦蹦跳跳的松鼠和活泼的孩子们便可在这里一起玩耍,和平共处。

如果衣不蔽体、食不果腹,即使有心美化生活,也无能为力。如果"仓廪实",在心灵的层次上还没有提高到对周围环境的关爱和对自然的审美愉悦,还没有扩及对人类整体生存状况的关心,而只是"躲进小楼成一统"、"自扫门前雪",那么我们就谈不上住宅文明。

我真希望大家都能到小浪底看看。

　　　　　　　　　　　　　　　　　　　　　　　　（2000.01.24）

38."包谷肚子,毛料裤子"

近二三年,创建卫生城受到了许多地方的重视,连一些偏僻的国家级贫困县也不例外。

讲究卫生,美化城市,本是好事,但是如果不切实际,恐事与愿违。

你看,创建卫生城有九大项标准:市场环境卫生、公共场所卫生、生活饮用水卫生、食品卫生、环境保护、健康教育等等。每一项都少不了花钱。仅市容环境卫生,就要求城区机械化清扫率不低于10%,绿地覆盖率不低于30%,城区街道基本消除裸露地面……

如果县富民强,那么把城市美化一番当然无可厚非。问题是,眼下大部分的县市不具备达到这种标准的财力。某县财政年收入1.4亿元,从1997年至今,为创建卫生城就用去了2.3亿元;另一个县,为了创建,把后4年的财政预算提前花完,大部分单位的工资只发到一半;还有个贫困县,去年组织了三次捐款活动,县政府明文规定:农民每次每人捐款最低不能少于10元,职工不能少于20元,副科以上干部不能少于50元。一位干部向我抱怨:这哪是捐款,分明是变相摊派嘛!

群众对创建卫生城有这样一句总结:"创建,创建,不切实际蛮干;直搞得领导疯了,群众懵了,财政空了。"

创建卫生城不仅耗尽了财力,也使干部不胜其累。省里每年要对卫生城进展情况验收检查若干次,干部许多精力放在创建上,荒废了其他工作。有个县,干部已5年没有休礼拜了。群众这样评价市领导:"不抓工不抓农,只抓创建卫生城。"

创建活动还打乱了群众的正常生活。街头集贸市场的兴起,对保证居民生活供应、解决农民卖难起了积极作用。可现在,有些地方为了搞创建,把集贸市场大部分予以取缔,要求摊点一律进屋,搞得居民怨声载道。

一位在基层工作多年的县委书记对我说:创建卫生城造成的危害,甚于近几年出现的任何形式主义的达标活动。

干部之所以热衷于搞创建,一位县领导说得很精辟:是为了把粉搽在脸蛋上。县城的变化最能体现"政绩"。把财力放到夯实农业基础上,短期内谁看得见?

这几年农民收入增长缓慢,大部分地区的财力也都很有限。调整农业产业结构、千方百计增加农民收入,是当下农村工作的重点。与其搞超越现实的创建,不如把钱用在夯实农业基础上,围绕结构调整扎扎实实做些事。

无论办什么事都要量体裁衣。一个人如果肚子饿得瘪塌塌,却要穿得光鲜鲜,甘肃农民有一个绝妙的比喻,说这种人是:"包谷肚子,毛料裤子。"总是饿着肚子,那是要营养不良的。时间久了,还会生大病呢。

（2000.01.31）

39.还要"救救"什么

　　那是一次痛心的采访:1996 年春,淮河流域大旱,本就污染严重的淮河水更是雪上加霜,据有关部门测试,淮河中下游水中的有害物质已超标 20 多倍。我在蚌埠采访时看到,许多卖水的店铺门口早晚排着长龙——居民只好靠矿泉水度日。

　　尽管如此,溯淮河而上,发现沿途许多造纸厂、化工厂仍在开足马力生产,一股股乌黑腥臭的废水无遮无拦地向淮河倾泻。在河南的沈丘县,一家化工厂排出的废水涌起的泡沫足有两米高。就在我到达的前一天,一位工人下夜班回家,一不小心跌进河里,河水才过膝盖,他却被泡沫窒息而死。

　　我在沈丘县城待了三天,腰上的铜钥匙居然长了一层铜锈。当地一位领导介绍,县里紧傍淮河的几个村庄已连续 6 年没有一个合格兵源,有个不到一千口人的村有 260 多人患肝炎……

　　一位专家告诉我,一个地方的土质被污染 20 年之后,植物中便也含有污染成分,这种污染几百年都不能化解。

　　令人不解的是,污染现象至今仍在蔓延,且范围还在扩大。

　　年前,到一个著名苹果基地采访,分管技术的园艺场副场长大谈增产的秘诀:为了果子长大要喷洒膨大素,为了果形好看要喷洒拉长素,为了光泽诱人要喷洒着色素……场长还在滔滔不绝地"为了,为了",我却觉得头皮阵阵发麻:一个苹果里要包含这么多的东西! 真不知这是吃苹果呢还是吃药!

　　采访回来,我把自己的感受告诉我一个搞食品生产的朋友。他说,现在不光植物,有些养殖户连动物生长也靠化学药品:为了催肥牛羊,饲料中添加赖氨酸、蛋氨酸、维生素;为了速生,饲料中添加喹乙醇、黄体酮、二氯二钾吡啶吩等。他还告诉我,饲料中添加药物成分过高,会影响人体健康。譬如,添加黄体酮成分,食后会抑制人体荷尔蒙分泌……这正是我国的肉食品在国际上缺乏竞争力的一个重要原因。欧盟一些国家明文规定,不是产自草地的畜产品不准上市。

衡量生活水平高低,不能光看量的增长与否。当我们吃着含有化学毒素的食物,呼吸着污浊的空气,喝着污染过的水,能说我们的日子越过越好?

对于污染问题,国家治理力度不小。可仍有些地方为了眼前利益阳奉阴违。据报道,在各级政府的努力下,近两年,淮河流域的造纸厂基本上做到了达标排放。但渭河流域却告急,咸阳附近不足 50 公里的范围内一下子涌现了 200 多家造纸厂。这些造纸厂大多是从淮河流域搬迁而来……

我们只有这一块土地,我们走了,我们的子孙还要世世代代在这儿繁衍生息呀!这些年,我们频频发出"救救淮河"、"救救太湖"、"救救黄河"……我们还要发出多少个"救救……"?

(2000.02.14)

40.乡长和我来谈心

山东菏泽一位叫张黎民的乡长日前给我来了封信,说看了"下乡手记"后,想和我交换一下意见。他提了这样几个问题:

《县里干部缘何多》一文中说,干部太多是导致乡级财政困难、加重农民负担的重要原因。不错,像我们乡,才1万多口人,可乡机关干部就有一百三四十。现在,七所八站和教师的工资全下放到乡里,领工资的加起来有三四百人。一个月就得三四十万元,全年没有500万下不来。可现在每年还要分来八九十名转业军人和大中专毕业生。大中专毕业生还可以推一推、拖一拖,转业军人不接收行吗?有《兵役法》呢。

中央提倡精减人员,我们打心眼里欢迎。可具体到基层乡镇,又有难题。经商吧,乡村商业氛围不浓;分流人员到企业吧,乡里只有两家企业,又都不景气;回家种地吧,新一轮承包刚结束,重新调地,会引起干群矛盾。你说,怎么个精减法?报纸上说有个省一下子减了24万干部,每年节约财政开支10多亿元。我们县曾派人去"取经",结果大失所望。你猜怎么着?不过是将现有单位的人员分一下类:你属精减的,他算在编的,工资待遇和以前一样。

"手记"中强调给村民自主权。从长远看,村民选举对加快中国农村的民主化进程的确意义非凡。不过眼下有些地方,村民选举还必须在上级政府的指导下有秩序、有步骤地进行。现在,有相当一部分村民的民主意识还比较淡薄,有些村谁的家族势力大、谁的拳头硬便是老大。如果一味看得票多少,就有失偏颇了。我们乡有个村,一位姓徐的村霸因为打架斗殴被判刑三年,释放后不思悔改,仍横行乡里。去年村班子换届,他在幕后操纵,谁知还真的给选上了。乡里不同意,他便煽动部分村民层层告状,一直告到省里,说剥夺了他的民主权利。如何既让农民充分享有民主权利,又保证选举不被坏人操纵呢?

　　《三次挫折说明啥》一文中说,干部要按市场经济下的工作方式来工作,多服务少干预。可如果群众观念没有转变、不适应新形势,事情仍办不好。譬如,群众问你明年该种什么?如果你说"找市场去,这个不该我们管",他能对你没意见?现在的干部一肩挑着"计划"和"市场"两头,"人上环,狗上链,老鼠洞口撒药丸",哪一项都还得管。我们私下里曾这样戏言,眼下当乡镇干部,得具备这样的素质:"鹰眼,兔子腿,草包肚子,画眉嘴。"所谓鹰眼,就是说上面的方针政策、市场行情、群众的要求,要随时把握,没有鹰一样的亮眼不行;"上面千条线,下面一根针",乡镇是联系上、下的桥梁,没有兔子一样的健腿不行;完不成任务领导骂,得罪了群众群众怨,没有草包一样容量的肚皮不行;要应付各种各样的检查验收、各种各样的汇报会,没有画眉一样利索的嘴巴不行……

　　从张黎民乡长的来信中,我深切感受到他的焦灼心情。对他的诘问,我也确实无法给出圆满的回答。不过,我坚信这一条:只有正视问题,问题才有可能迎刃而解。读者朋友,你能帮张乡长出出主意吗?

(2000.02.21)

41.警惕这种"造势"

　　B县是个介于黄淮之间的平原农业县。若说经济实力,在全省100来个县市中只能倒着数,但这些年,县里总是出新闻。每条新闻都与一位县领导有关。

　　90年代初,全国掀起建开发区热潮,B县毫不怠慢,不仅紧傍县城建了一个面积达8平方公里的开发区,而且乡乡都建了开发区。B县的口号是"乡乡栽下梧桐树,迎得八方凤凰来"。在当时的条件下,这确实是一条新闻。主抓开发区的就是这位县领导,他时任常务副县长。两年后,B县再爆新闻,在城郊建起了一座现代化猎场。猎场占用耕地1000多亩。抟土为山,据说仅堆起这座山就花费200多万元,用去了城郊乡群众两年的劳动积累工。以山为中心,呈梅花型建了为数不少的亭台楼阁。买来山鸡、獾、鹿、野兔放养其间。

　　这个猎场,从创意到组织实施,都是这位领导抓的。他时任县长。县长在大会上讲,建这个猎场目的是为招商引资创造环境。可据知情人说,除了省市领导节假日光顾一下,平时很少有人来。也有人说,建这个猎场,原本就是县长拍市领导马屁。这个市的主要领导喜欢打猎。

　　1994年这位书记(他已升任县委书记)到南方参观回来,提出要大力调整产业结构,号召全县人民种脐橙。他在大会小会上呼吁:"家种半亩橙,日子火样红。"当时有人说:"橘生淮南则为橘,生于淮北则为枳",脐橙北移近千公里还能保持原有特色吗?农科所的专家提出:依照有关的农业法规,引进新品种要通过试验、示范、推广三个步骤。是不是先试验一下再说?

　　这位书记压根听不进去,疾言厉色道:"要改革就必须打破传统的束缚。

调整结构也一样。蹑手蹑脚,墨守成规,就等着喝西北风吧。"短短两年时间,B 县发展了 30 多万亩脐橙。书记大刀阔斧发展脐橙的经验,曾被市里广为推广,省报、市报也都作了报道。书记对自己的做法总结为这样一句话:"逼民致富。"几年过去了,这位书记逼出什么结果呢? 脐橙树倒是大部分活了,但结出的果子酸涩难吃……群众纷纷动手刨树。

有人给这位书记这几年的"政绩"算了一笔账:全县大建开发区,不讲房舍、路、电、水的投入,空壳开发区所占的耕地就近万亩。猎场总投资 832 万元。发展脐橙,造成的损失更是难以估量。真正是"一个人的政绩,几代人的包袱"。尽管如此,这位书记这些年官运亨通,去年已到省里某厅任副厅长了。有关部门在对书记的考察总结中有这么一句话:"该同志,具有强烈的开拓精神。"

类似这位县领导者,在基层恐怕并非个别。

剖析这位领导这样做的动机,可以从他给同僚传授的"造势"秘诀中找到端倪:"咱们这个地方,一没有名胜古迹,二没有名优土特产。要想让领导注意到你,必须学会造势。"

这种造势造成的危害,决不亚于贪污受贿。贪污受贿有法律制裁,决策失误又有多少人受到追究了?

(2000.02.28)

42.身价为何翻筋斗

年前,我挂职的那个县有几个朋友来京出差,临走时我带他们到报社附近的一家超市购物,当看到蔬菜柜上盒装蔬菜的价格时,他们惊叹不已:寻常的西红柿、豆角、小白菜一装进泡沫盒子再蒙上一层薄薄的保鲜膜,身价顿时翻了几个筋斗。县蔬菜办的一位领导大发感慨:闹了半天,我们出了力,钱却让人家给赚去了。

农产品加工程度低,是我国农业落后于世界水平的重要原因。专家曾作过这样一个统计:如果我国的农产品加工程度能达到世界中等发达国家的水平,那么我国农民的人均纯收入将在现有基础上提高3倍。单就粮食的价格看,目前国内市场和国际市场相差不多,但美国的粮食增值这一块,却是我们的5至7倍。在美国,玉米可以加工成2400多种产品,我国只有十几种;小麦,我们的加工品种不足30个,美国超过150个。水果也如此,以苹果为例,我们的加工品种不足10个,而美国多达100多个。

加工程度低,不仅使我们的农副产品丧失了多次增值的机会,还加剧了卖难。近几年,农产品烂市的呼声不绝于耳。实际上,无论粮食还是果品,我国的人均占有量都远远低于世界水平。譬如苹果,我们的人均占有量不足世界平均水平的1/6。美国苹果加工量占总产量的60%,而我们不足0.1%。

目前,我国大部分地区已解决了温饱,改善食物质量、转化农产品将是今后努力的方向。近些年,国内有不少地方或企业在这方面已有了成功的经验。如四川绵阳的光友公司,将红薯加工成淀粉,再把淀粉加工成粉丝,将粉丝再加工成快餐粉丝面。一公斤鲜薯售价0.3元,制成快餐粉丝面后,售价6.9元,是鲜薯价的23倍。再如黑龙江的华润金玉实业有限公司,将玉米的粒、瓤、秆都加以充分利用:将玉米粒脱脐脱皮,生产出玉米脐子油、色拉油和调和油;用玉米淀粉生产食用酒精,渣子加工成高蛋白饲料和复合饲料;用玉米瓤子生产出木糖普醇和高醇;最后剩下的渣滓走"菇路线",生产出各种养菇的菌棒;玉米秸秆被用作原料生产汽油醇;连剩下的黄浆水也被用来生产饮料添加剂、大棚蔬菜助长剂等。这样,就基本上把玉米原料用光榨净了。一个企业年消化玉米就达 70 万吨,占肇东市玉米年产量的 70%,其增值程度可想而知。

当然,要达到光友、金玉那样的加工程度,目前很多地方还力不能逮。但因地制宜搞一些初级加工,还是完全可以做到的。譬如将蔬菜冷冻脱水、把鲜果精包装、把肉类制成半成品等。待有了一定的实力,再把产业链往长里抻。

实践告诉我们,什么地方农产品加工搞得好,那里卖难的问题就解决得好,农民增收的步子也就迈得大。

(2000.03.06)

43.心要热　头要冷

日前,为完成编辑部《西部纪行》采写任务,我到甘肃走了一遭。发现信心足、干劲大构成了甘肃全省干群开发西部的主旋律。但同时也发现,某些干部头脑中存在着急于求成的思想。

退耕还林、退耕还草,是开发西部的重要内容,各地都在紧锣密鼓地进行,不过有些地方把目标定得太高。譬如某地区,新中国以来共绿化荒山 12 万亩,今后 4 年却要把境内 52 万亩荒山全部绿化。在交谈中,有些同志乐观地认为,只要一退耕还林、退耕还草,用不了多久,西部就会成为“秀美山川”。有个高原山区县的政府报告中这样写道:“全县 25 度以上的地区要全部种植经济林木,不留 1 寸裸露的土地。”

决心固然可嘉,但那个县平均海拔 3200 米,年降水量不足 300 毫米,从生物学意义上讲,降水量低于 400 毫米,种草种树很难存活。

事实上,西北有些地方,历史上就不曾秀美过。黄土高原目前的状况,是自然因素和人为因素综合作用的结果,其中自然因素占主导。早在人类产生以前,就存在水土流失,华北平原就是水土流失形成的。黄土高原至今还在以每年二三厘米的速度隆起。如果不正视这一事实,不将生物措施和工程措施结合起来,单纯强调种草种树,就很难走出“种了死,死了种”这个怪圈。

在采访中还发现有的同志对“政策”的期望值过高,认为,只要中央的政策一向西部倾斜,西部面貌马上就会发生翻天覆地的变化。一位小城的市委书记满怀信心地告诉我:“我们的奋斗目标是把我市建成西部地区的中心城市,10 年超过威海,20 年赶上深圳。”我在这个小城的“西部开发规划报告”上看到:2000 年—2005 年,全市要建五星级宾馆 1 座,四星级宾馆 3 座,市里的主干道要拓展成 10 车道……

这个规划的可行性，令人生疑。西部发展，受环境、资源等等因素的制约——这正是西部落后的原因。单就水源来说，新中国以来随着工农业用水的增加，河西走廊地下水位急剧下降。嘉峪关市 50 年代末至今地下水位下降了 60 多米，张掖市则下降了近百米。祁连山的雪线也逐年后退，平均每年后退 1 米，周围的农田因缺水大片沙漠化。制约因素不解决，中心城市会凭空出现吗？

在采访中还发现这样一种情况，有些领导同志片面强调抓机遇，盲目增加开放度。

在一个地区，专员介绍情况时说："开发西部，这是个千载难逢的机遇。大年初三地委和行署主要领导就带队到东部招商引资。一个礼拜就引进项目 43 个。"我要了一份项目清单，发现大多是东部已淘汰的产业：43 个项目中，小造纸、小化工等污染环境的项目就占了 39 个。有的现已破土动工。

新中国以来，发展经济中的急于求成、盲目铺摊子、一哄而上，曾经让我们饱尝了苦头。前事不忘，后事之师！西部开发，是一个长期的战略任务，是需要几代人，甚至几十代人共同努力才能完成的事业。我们一定要遵循经济规律，有计划、有步骤地实施。既不能消极悲观无所作为，也不能盲目乐观急躁冒进。心要热，头要冷。

（2000.03.13）

44.别拿了权利丢了义务

《乡长和我来谈心》刊出不久,吉林省辽源市一位叫李松岭的乡长也给我写了封信。他说,眼下在基层,确实有些干部的思想觉悟及工作作风存在一定问题,致使中央的方针政策在执行过程中出现偏差。这一切,需要通过提高思想认识、改进工作方法来加以解决。

不过,在要求干部提高素质的同时,对农民的教育也不能放松。目前有部分农民只要权利不要义务,连正常的合理的乡统筹、村提留款都不交。并由此形成了攀比现象,你不交我也不交。他们乡有个村近半的农户已连续两年没交"三提五统"了。还有个村有几户农民1993年至今没交过"三提五统"。去年夏收过后,村干部前去收款,话不投机,一位农民朝村支书右眼就是一拳。

李乡长说,国家目前还没有一个明确的清理农村债务的办法,碰上上述事情,基层干部无章可循。前些年,碰上不交款的,可以从公粮款中扣。现在是户交户结,农民的其他经营活动又都是自己掌握,你拿他怎么着?强行到家里灌粮食拉牲口,国家政策又不允许。

为了不激化矛盾,有的干部遇事绕着走,把本该坚持的也放弃了。该收的钱收不上来,一些乡镇该办的事办不了,要想办就得贷款。反正现在干部换的勤,两三年就挪挪地方,包袱甩给下一任,下一任再往后甩。如此,许多乡欠款达数百万元,有的乡欠款达上千万元。欠款最多的一个乡,已达7000多万元。

有的乡欠款太多,包袱太重,换届时没人愿意去。城郊一个乡去年上半年书记、乡长调走,至今还没人愿意接任。

欠款问题不解决,长此以往,会影响基层政权的稳定和农村经济的健康发展。

李松岭的话,我有同感。在挂职期间,我曾处理过一件棘手的事:黄河滩区几个乡有种西瓜的传统,考虑到农民单门独户难以应付市场风险,县蔬菜办公室决定给瓜农统一供种、统一供肥、统一技术指导、按保护价统一收购产品。瓜农很满意,纷纷签订了合同。可谁知瓜熟时,农民看市场行情不错,自己偷偷把西瓜卖了。结果蔬菜办公室连种子、肥料钱都收不回来。

看来制定一套清理农村欠账的法规,确实迫在眉睫。

市场经济条件下,对农民的经营活动,政府部门不应越俎代庖,但加强对农民的教育,却始终不能放松。权利和义务是对应的,这些年为了减轻农民负担,中央给了咱农民许多权利,咱们在享有权利的同时,对自己应尽的义务也该不折不扣地履行。只有这样,农村经济才能良性发展,咱们也才能富起来。您说呢?

(2000.03.20)

45.何必家家买农机

　　去年夏收时,我到苏南某市采访,主管农业的副市长自豪地告诉我,这些年市里的机械化水平有了很大的提高,平均每3.4人拥有一台拖拉机,每3人一台插秧机,每2.7人一台播种机……走了几户农家,果然不错,家家都有农机。给我印象最深的是一个姓廖的人家,3口人竟然拥有5台农机。

　　这些年,我在采访中发现这样一种倾向:许多地方,把农民拥有机械的多寡作为衡量农业水平高低的一个尺度,有些地方甚至把它作为衡量干部政绩的一个标准。

　　确实,世界上一些发达国家(像美国、加拿大、法国等)农业机械化水平相当高。但人家农业人口才有多少? 只占总人口的百分之二三。一个人种几百亩甚至几千亩地。我们呢? 这些年尽管各级政府加大了劳动力转移力度,可目前农业人口还有9亿之众,人均耕地不足1.5亩,且基本上是一家一户单独经营。人均这么少的耕地,机械能得到充分利用吗? 广东中山市1998年对农村常用的拖拉机、插秧机、收割机等9种农业机械的用置情况进行调查,一年中使用时间在20天以下的占89%,使用时间在7天以下的占63%。其中,插秧机的利用率最低,一年中使用时间在4天左右;利用率较高的拖拉机,一年中也有大半时间闲置。拖拉机、插秧机、收割机等农业机械每台负担的农田面积仅分别为9.3亩、3.4亩、7亩。

　　眼下,买一台最简单、最便宜的农用机械也得几百元,大一点的要几千、上万元。花这么多钱买的物件白白闲置,你说可惜不可惜? 农业机械过剩不可避免地造成利用率过低,如此,农业生产成本能不增高吗? 这方面,日本曾给我们留下深刻教训。日本是世界上机械化过剩最严重的国家之一,这造成了日本农产品价格上涨,在国际市场上失去了竞争力。譬如,日本生产的大米每公斤零售价 500 日元,而从东南亚进口只需 50 日元;日本生产一头肉牛要 80 万日元,而从美国购买只需 23 万日元;日本生产的牛奶 1 公斤零售价 300 日元,从荷兰进口只需 80 日元。日本的农业由于外国廉价农产品的大量涌入而日渐萎缩。

因此,我国农业的现实途径是,既要通过机械使用,提高劳动生产率、降低农民的劳动强度,又要从我国的国情出发,减少重复购买造成的浪费。譬如,你有播种机,那么我就买一台收割机;你有施肥机,我就买一台拖拉机。或是大家集资合买一些机械。总之,要尽可能提高农机的利用率。

机械化不是农业生产的最终目的,它仅是农业实现高效的一种手段。专家指出:当前,我国的集约化经营程度还很低,在这种情况下,如果不顾农业的总体效益片面强调机械化,其结果是,机械化程度越高,总体效益越差;农民手里的机械越多,负担越重。

(2000.03.27)

46.不妨分流些人跑信息

这些年在采访中,问起群众的期盼,最迫切的要求之一是:政府能提供一些致富的信息。

有位靠种菜致富的姓张的农民对我说,前些年,一味听乡干部的,人家让种啥咱种啥。可结果呢,种啥啥多。后来咱逆着来,反而走出了困境。

确实,这些年农产品屡屡出现卖难,与我们的信息渠道不畅、有关部门发布的信息准确性不高大有关系。

他山之石,可以攻玉。美国通过政府发布涉农信息的做法,很值得我们参考。美国农业部下属的农业研究局、农业推广局专门收集有关农业发展的信息,并尽快将这些信息传送到农民手中,使之由潜在的生产力转化成为现实的生产力。此外,农业部农产品销售局、农场主合作局等专门向农场主提供市场预测、农产品销售信息。美国从事农业信息服务的从业人员约20万。美国规定,农场主若按政府发布的信息进行生产,产品出现滞销,可找政府索赔。

再看以色列,全国90%的土地是山丘和沙漠,水源缺乏,全年无雨期持续7个月——可以说一切农业大忌都降临到了这片土地上。但是,以色列生产的农产品除满足国内需求外,还大量向欧美等国出口,1998年农业创汇达11亿美元,位居世界前列。以色列政府认为,这得益于他们完善的信息服务网络。以色列设有农产品内销组织TNUWA,负责调查市场供求情况,并在报上公布各类产品的最高和最低零售价格。此外,还设有农产品出口组织,该组织在国外设有14个办事处,拥有先进的电讯设备,昼夜收集信息,并由专人负责信息的分析处理,随时将信息反馈国内。因为有了这些网络,1998年以色列农产品产销率达 98.7%。

反观一下咱们自己,机构庞大、冗员遍布早就不是新闻,问题是该多的不多,该少的不少。一个县的农业部门可以有烟办、菜办、棉办、果办等十几个职能重叠的局,却没有一个群众最需要的信息机构;乡里那种"一杯茶、一支烟、一张报纸看半天"的冗员不少,却没有一个信息员。靠喊一些大口号来指导农业:什么"要想日子比蜜甜,还得种好粮和棉"。一看种粮种棉难卖,又来个"栽植一亩苹果园,胜过十亩粮和棉"。苹果出现积压,马上再来个"少种苹果多种菜,小康日子来得快"。

市场情况到底如何?干部自己也云里雾里。

咱们不是在讲政府职能转变嘛,与其坐在办公室里空喊号子,不如分流出一部分人替农民跑跑信息。

(2000.04.10)

47.你对下情知多少

　　一位县委书记告诉我，一次开乡镇党委书记会议时，他突然袭击，发了这样一份调查问卷：你的辖区贫困人口占总人口的多少？全乡有多少人外出务工？从事一、二、三产业的分别是多少？

　　三个简单问题，结果怎么着？26个书记中只有两个人完完整整答上来。

　　在基层采访，常听群众这样反映："有的干部，只在收粮、摊派时，才和我们照个面。平时连个影儿也见不着。""坐着车子转，隔着玻璃看，中午吃顿饭，拍拍肩膀好好干。"这是群众对某些干部下基层的描述。又如："书记县长出了城，新闻记者随后行，劈里啪啦一阵照，吃顿王八回去了。"……

　　去年过年前，一位熟识的县委宣传部长一大早找到我家，见面就问：电器商店有没有熟人？他说书记和县长除夕夜都要走访农户，都提出要带电视记者，可县电视台只有一台摄像机。他到市电视台去借，人家说，几台机子市里的领导还分不过来哩，哪有多余的机子借给你们！无奈，他只好冒着风雪匆匆赶到京城采买。他说，马上要过年了，县里尚缺4个月的工资，购机子的钱还是挪用的扶贫款……

　　除夕走访农户，本是听取群众呼声、密切干群关系的好办法。但执意带记者下去，就不能不使人怀疑其动机了。

　　这样搞走访，怎么能了解到真实情况？如果对自己辖区的情况不能烂熟于心，你的决策又怎能符合实际？现在有些地方出台的措施之所以事与愿违，很大程度上与干部对下情缺乏了解有关。

　　其实，解决问题的方法并不复杂——真正到群众中去，好好听听群众的呼声。循着群众的呼声去抓工作，管保一抓一个准。日前到河南商丘采访，商丘市开展的"五个一"活动就很有借鉴意义。这个市 1999 年初作出规定：市级领导干部每季度要坐一次出租车或三轮车；到商场或市场购一次物；到医院排队挂号看一次病；个人购票到影剧院看一次电影或戏；联系一名下岗职工或贫困户。后来，他们又把这一规定推行到县乡一级。

"五个一"制度并不复杂，执行起来不难。但效果却很明显，推行一年来，群众上访人数下降了一半。市委书记刘新民说得好：只有真正走到群众中去，躬身体察群众的疾苦，才能了解民意，作出的决策才能符合客观实际，群众也才能满意。

"密切联系群众"是党的三大优良作风之一，在市场经济条件下，这一作风不但没有过时，且有发扬光大必要。因为现在基层干部面临的形势不再是简单的"春耕夏耘秋收冬藏"，而是波谲云诡的大市场。解决卖粮难、卖果难，不了解供求关系行吗？种植业结构要向优质、高效调整，不知道市场变化行吗？

万万不行！

（2000.04.17）

48.那个喝"天水"的小山村

多少年了,我依旧忘不了那个喝"天水"的小山村。

那是上大学时的一个暑假,同宿舍一位来自甘肃定西的同学约我到他家玩。尽管临行前他反复给我打"预防针",说村里吃水如何如何困难,可一到村里,我还是被惊得目瞪口呆。

这个小山村方圆百里没河,吃水就靠水窖里储存的经房檐、土沟流进来的"天水"。前一年秋冬滴雨未降,开春后也只下了两场毛毛雨,家家水窖都见了底。村后面那个不知什么年代留下的矿坑里的积水,便成了村里人唯一的救命水。由于这水矿物质含量高,喝到嘴里又苦又涩。就这样,我们到时,矿坑也见了底。每天矿坑前都排着长龙,大家静静地等着岩缝里往外渗水。人们把毡片或破衣服绑到绳上,放到坑底,浸透了提上来,把苦水拧到桶里。提提拧拧,接半桶水,不知要拧多少次。

呆了三天,同学就匆匆送我回校了。开学后听同学讲,后来矿坑里的水也彻底干了,县政府每隔一个礼拜从百里外送一次水。每次汽车来时,喇叭一响,乌鸦麻雀黑压压一片跟着汽车飞进村,牛马驴猪羊也跌跌撞撞跟着汽车跑。

当时,我脑海中蹦出一个可怕的假设:再有半年不下雨,这些村庄还能存在吗?

翻翻史籍,丝绸之路上许多古国的消失都与水有关。而水的消失,很大程度上又与人类有关。日前,我到嘉峪关采访那里的旅游业发展情况,旅游局的杨局长推荐我们去看汉代遗存李陵碑。深一脚浅一脚在沙漠里跋涉了半天,除了眼前的漫漫黄沙,根本没有碑的踪影!

杨局长一脸歉意,说可能被风沙埋了。他告诉我们,1975 年他插队时,这里还是一望无际的湖泊,湖面上落满了野鸭子和各种水鸟,岸边长着茂密的芦苇。是附近一些城市和企业过量开采地下水,加之农民盲目垦荒,把防风固沙的红柳悉数砍掉,才导致水位下降、湖面消失、沙漠大举东进……

"过量"消失的,又岂止是一个李陵碑。最近,黄河又断流了。其实,黄河断流早已不是新闻:1972 年首次出现断流,27 年来,河床 21 度干涸。进入 90 年代,黄河断流的位置越来越靠上,断流时间也越来越长,最长的年份达 200 多天。

黄河断流有自然原因,但主要还是人为原因。就在黄河下游群众不得不靠咸水度日的同时,我在宁蒙灌区看到,大水漫灌现象依然存在,有些低洼地,积水能漫过腰部。因为大家都抱着这样的观念,死劲灌呀,不灌又要没水了。而被断流吓怕了的下游群众,近些年纷纷修建蓄水工程,只要黄河有水,不管需要不需要,拼命引蓄。在山东某县,冬春抢蓄的水足够用几年,可一到汛期又不得不放掉。

破坏生态必遭惩罚,这已是被实践所证明了的。而且遭到破坏的大自然,要恢复起来很不容易,有的要几代甚至几十代人付出艰苦努力。只有还草木于大地,大地才能葱茏;只有大地葱茏,才能雨水丰沛。珍惜水资源,也正是珍爱我们人类自己啊!

(2000.04.24)

49.还农民一面洁净的墙

　　一次下乡采访,住在县政府招待所。招待所旁边是县供销社一座废弃的仓库,墙上残留着一行斑驳的字迹:"仓库里装着五洲风云,锄把上连着世界革命。"

　　无疑,这是一条"文革"时期的标语。那种虚泛浮夸的言辞,想来真是好笑:在那个"瓜菜代"的岁月里,农民连饭都吃不饱,你让他一摸锄把就想到世界革命,可能吗?

　　标语的写作者,当初也未必不知道标语的实际效果,但在那个年代,时兴的就是这类空口号!

　　时移事易,现今这类不着边际的标语,只能作为茶余饭后的谈资了。

　　不过,这种标语的遗风,真正从生活中消失了吗? 没有。到农村去看,一些临街的墙上仍不乏这种大字标语。春耕到了,墙上会出现"乘四干会(指县四级干部大会)东风,促春耕生产";上级要求调整结构,墙上又会有"调整粮棉油,吃穿都不愁"。

　　还有两则我在采访中信手记下来的标语,更是无厘头。一则发现在甘肃玉门城郊的公路边:"发扬铁人精神,壮大韭菜产业。"另一则在新疆伊犁的特克斯:"蓝天之下你我他,保护女孩靠大家。"

　　一位县委宣传部干事对我讲,一年中类似这样的标语,他们要写好几茬。上面一有新精神,就要编出相应的标语应对。

　　这种应对,能使党的政策入脑、入心吗? 记得那年随农民负担检查团到某地检查,在一个贫困村见一处坍塌的院墙上用白灰赫然写着:"形势闪耀日万里,农家生活赛过蜜。"屋主人是个年过七旬的老者,正蹲在墙根下晒太阳,问起生活情况,他指了指露着天的房顶说:"你瞧,赛过蜜哩!"一脸的嘲讽。

写这类标语的真实目的,那位宣传部干事说得很实在:无非是造点气氛给上面的领导看,表明上谕下晓,工作抓得有声有色。

这种造气氛,带来什么后果呢?不但污染了自然环境,也污染了社会环境。你想,四周充斥着虚浮空泛的标语,人的行为方式能不潜移默化受到影响吗?如果我们追究浮夸风存在的文化根源,与过多过滥、不切实际的标语不能说没有关系。

实事求是是我们一贯倡导的原则。实事求是的前提是杜绝浮夸、铲除形式主义。要在全社会形成实事求是的氛围,不但要在媒体上、会议上大力弘扬实事求是的精神,还要求我们从身边的点点滴滴做起。

与其费笔、费墨、费人力去张罗标语,真不如还农民一面洁净的墙壁。

(2000.05.08)

50.让"挤水者"无从下手

那年随农民负担检查组到山西检查工作,亲身领教了农民收入是如何算出来的。

在晋中某村,农民把我们围了起来,纷纷诉说负担如何重、如何超出了他们的承受能力。可找村干部一对质,村干部一脸无辜:"我们严格按照国家规定的'三提五统'标准,绝对没有向农民多要一分钱。"

拿出账本一查,如果按村干部报的上年全村农民人均收入1640元这一标准,确实,"三提五统"都控制在了5%以内。

但农民说,这个数字是干部为了多收钱夸大的,实际上有一半就不错了。于是检查组开始重新核算农民的收入。按照有关标准,不仅要算农民务工、卖粮卖菜的现金收入,院里跑的猪鸡、地里长的果树、屋里放的农机甚至墙角堆放的柴草,都要折算成钱。这可真是一项复杂的工作。譬如,村西一位姓张的农户,养了11只鸡,村干部说,按每只鸡每月平均下17个蛋计算,这个农户每年仅养鸡下蛋一项就可收入700多元。可农民死活不认账,说11只鸡中,有3只鸡只孵小鸡不下蛋,还有4只鸡每月根本下不了17个蛋。另一姓翟的农户反映,村里估算他的苹果园年收入3200元也有水分。村干部说平均每公斤果子1.6元,实际上他每公斤只卖了0.94元,这些数字,公说公有理,婆说婆有理,谁也拿不出个确切的凭据。

这些事儿还没有处理完,村东又有人找了来,说他们那个村民小组在全村4个村民小组中最穷,全村按统一的标准征收"三提五统",显然他们吃了亏……

我们在那个村里整整逗留了3天,最后还是没有搞清农民收入的真实数字。

　　这些年,农民负担屡屡反弹,究其原因就是我们颁布的有关条例存在着诸如"农民收入计算"这种"搞不清"的弹性。因为有了弹性,有些干部动辄拿出一个"红头文件"集资、摊派;因为有了弹性,农民便成了蓄了水的海绵,只要能挤动,就有人变着法儿挤……

　　多少年了,农民一直期盼着一种刚性的政策出现,使挤水者无从下手。

　　现在,这种政策终于有了眉目——国家今年在安徽省进行税费改革试点,通过取消乡统筹,取消专门面向农民征收的行政事业性收费和政府性基金、集资,取消屠宰税,取消统一规定的劳动积累工和义务工,调整农业税和农业特产税政策,改革村提留的征收使用办法,从而减轻农民负担。

　　这一改革的积极意义远不止此,它会给农村带来一系列巨变:农民纳了税以后,生产经营也好,外出务工也好,有了更多的自主权;农民只要照章纳税,政府任何部门不能再搞摊派、统筹,迫使政府部门由"裁判员"去当"服务员";一切以税为依据,空壳财政,虚糜浮夸,难再存身。此外,机构"消肿"为期不远——海绵不让你随便挤了,饭就那么多,不由得你不裁人。

　　税费改革,农民盼它早日到来!

(2000.05.15)

51."空壳城镇"要不得

近些年,建设小城镇、加快农村城市化进程,在许多地方越来越受重视。

的确,小城镇作为经济增长要素的聚集点,对促进农村劳动力转移、加快工业化步伐、扩大市场、推动农村社会的全面发展,具有十分重要的意义。

但是,记者在基层采访时发现,目前小城镇建设中还存在着诸多误区:

误区之一,单纯追求城镇"硬件",忽视了城镇发展的整体质量。"城"虽然建了起来,但辐射作用并不明显,农民的生活水平也没有大的提高。

1995年春,记者在苏南曾参观过一个"样板"小城镇,那装潢考究的楼房、宽阔的街道、整齐的草坪,使参观者无不赞叹。给我印象最深的是市中心那个商贸中心,市领导介绍说,建这个商贸中心先后投资了2亿多元,可安排300多个商位。

1999年,我再次来到那个小城镇,发现小城并没有想象中火爆,尤其那个商贸中心,商位招租还不足1/3……

市领导在反思问题的症结时倒很坦率:当初只重视了城市的硬件,忽视了就业机会和消费群体的营造,所以,虽有"城",却没有"市"。

所谓城市,城是形式,市是实质。也就是说,小城镇建设的着眼点,应看是否有利于充分利用当地的资源优势,是否有利于促进非农产业发展和扩大市场需求,是否有利于小城镇的居民更充分地享受现代文明。

误区之二,不顾当地经济实力和自然条件,盲目攀比建设档次。常言道:有多少米,做多少饭。城市档次的高低,取决于"源头活水"的大小。缺了"源头活水","档次"维持不下去,小城镇的龙头作用也就无从发挥。三年前,编辑部收到一封群众来信,反映西部某县为建设小城镇大搞集资摊派,致使群众不堪重负。记者受命前去调查,发现:这个县两年前刚摘了贫困县的帽子,可县里却以沿海的一座小城镇为蓝本,大兴土木,集资摊派远远超过了国家规定的限度。虽然城有了模样,但群众兜中没钱,城镇如同空壳。

城镇的出现,是经济发展到一定程度的结果。经济发展滞后,单靠外力推动,这样建起的城,必然起不到城市应有的作用。现实的途径是缓建"城",先营"市"。譬如,针对乡镇企业规模小、经营分散的现状,对后劲足、科技含量高、具有较强市场竞争能力的企业予以扶持,使其扩大规模,尽可能多地吸纳劳动力,营造出一定的消费群体;再譬如,对那些具备一定规模的集贸市场,给以政策优惠,使其真正成为人流、物流、信息流的结合点……只有"市"的内容充实了,城镇才能名副其实。

目前,我国已有 2 万个建制镇和 600 多个中小城市,如果这些城镇都能充实"市容",我国经济整体水平和广大农民的生活质量肯定会有大的提高。

(2000.05.22)

52.“有机大麦”的启示

去年秋,我在江苏金坛采访时,曾对两户农民的种粮成本构成进行过调查。

姓张的农民种的是普通小麦,每亩平均成本大体如下:粮种19元,化肥、地膜、农药等农资83元,水电费26元,农机播种、收割费用34元。如果分摊进“三提五统”、教育集资、农业税、农林特产税等费用,每亩地投资不少于250元。他种的小麦平均亩产接近400公斤,按当地保护价每公斤1.14元计算,销售收入约450元。扣除成本,每亩纯收入约200元。

姓柳的那户农民种的是从国外引进的“有机大麦”。尽管大麦种子的价格比普通小麦高出两倍多,农资、水电及每亩地分摊的“三提五统”、教育集资等费用也丝毫不比张姓少,但夏收后一算账:扣除成本,柳姓农民每亩纯收入达1100多元。也就是说,同样一亩地,柳姓的收益足足比张姓的高出5倍多。

原因并不复杂:和张姓相比,柳姓侍弄的庄稼,品种更优良,品质更优化。

由于我国农业生产规模较小,劳动生产率低,加之农资价格居高不下,近10年来,我国粮食生产成本以平均每年10%的速度递增。1997年,每50公斤粮食的含税生产成本达51.93元,比加拿大高出将近5倍。小麦、玉米、大豆、棉花、油料、糖料等大宗农产品目前的国内价格已比国际市场高出20%—50%。

价格这样高,有人担心“入世”后国外农产品会冲击国内市场,就不是杞人忧天了。

怎样才能将粮食成本降下来呢?专家们为此伤透了脑筋。有规模才有效益,人均就那么一点地,反复挖刨,又能挖刨出多少东西?扩大规模吧,那么多劳动力一时往哪里转移？有人提议：农业是个弱质产业，要想降低成本，首先必须有足够的投入。不错，即使发达国家也对农业给予补贴，美国及欧盟一些国家每年对农业的补贴达上千亿、甚至几千亿美元。可我们不具备高补贴的财力……

　　因此，针对我国资源紧缺的状况，降低农产品成本的现实途径是依靠科技进步，以生物技术替代土地，以最小的投入换取最大的产出。金坛柳姓农民种"有机大麦"的事例，充分说明了这一点。以色列农业发展的历程，也展示了这个道理。以色列的水土资源都很紧缺，但全国每年竟出口 10 亿多枝花卉，人均 185 枝。以色列的花农懂得，要在花卉行业与具有悠久栽培历史的荷兰竞争，必须掌握花卉生产的先进知识和技术。因此，全国现有的 3000 多名花农全都是农业专科学院毕业或经过专业知识培训的。而现代高科技在花卉生产中的应用情况，更令世人惊羡。

　　反观我国的农业科技状况，实在令人担忧：科技在农业增长中的贡献率只有发达国家的 1/2 左右；本来数量就不多的农业科技成果，转化率仅 30%—40%，比发达国家低 20—30 个百分点；1996 年我国用于农业科研的经费相当于发达国家的 1/6，大批农技人员流失……

　　"入世"，向中国农业提出了前所未有的科技需求。如果你是一个县领导，面对着这样严峻的局面，却仍只是把重视科技停留在口头上，那即将面临的窘境就决不是一个简单的卖难了。

（2000.05.29）

53.鼓励员工说"不"

两年前到一家乡镇企业采访,那位在当地小有名气的企业家、该企业董事长正坐在办公室生闷气。原来,上午在董事会上他再次提出上果汁生产项目,又被否决了。

聊起企业的管理问题,他连连抱怨:现在的企业越来越难管了。他说:"企业刚创立的时候,虽然规模小,员工文化素质也不高,但干什么都比较顺心,我指东,没有人往西。现在倒好,规模上去了,效益也翻了几番,又招进了大批高学历的人才,按说,工作应该更得心应手了,可实际上呢,我的话现在不灵了,常常有人唱反调。就说生产果汁这件事吧,你知道,一瓶汇源或是茹梦,饭店卖十几、二十元。咱这个地方有的是果子,要是上了果汁生产线,你想想那利润! 可几个副老总就是不同意,说果汁眼下走俏,长远看是长线项目……"

今年"五一",这位董事长来北京参加全国劳模表彰会,闲聊时,我问他那个果汁加工项目后来是否上了,他长嘘一口气,说:幸亏当初没上,如果上了的话,现在可就背包袱了。邻县上了一家,老本都搭了进去。

他感慨地说,看来企业里有人说"不",并不见得是坏事。

我国的乡镇企业,从小到大发展起来,大都经过了一个艰苦的创业历程。确实,一个成功的企业背后,都有一个能人。创业伊始,这些能人凭个人的胆识和敏锐的市场洞察力,为企业赢得了市场份额。但不少人成功后,忘乎所以,有的甚至到了刚愎自用、独断专行的地步。

乡镇企业发展的初期,采取家族式管理模式很管用,因为员工来自本乡本土,有的甚至是自己的亲戚朋友。那时的市场竞争,也远没有现在激烈。

随着改革的深入,经济体制日趋完善、经营环境发生了重大变化,新知识、新技术大量应用,竞争日趋激烈,经营风险也进一步加大。现实逼迫企业向高层次转换,高层次的企业需要高层次的人才相匹配。由此,管理方式也必须进行变革,那种靠"亲情、忠心"为纽带的传统管理方式显然不行了,必须代之以"以人为本"的现代管理方式。"以人为本",就是要事事处处尊重人,调动人的积极性,强调决策的民主化、科学化。

我们知道,大部分乡镇企业家起自垄亩,知识结构和文化素养有限。要想继续驰骋"商场",靠单打独斗显然不行了。企业家首先要战胜自我、超越自我,从知识结构到经营理念进行全面更新。战胜自我的很重要的一个方面就是摒弃以自我为中心,察纳雅言,博采众长。

可以设想一下,如果上面提到的那位企业家,骄横跋扈,唯我独尊,你不同意我上项目的建议,我就先"解决"了你。那么,企业的结局会是怎样?

所以,作为老总,员工在你面前唯唯诺诺,并不一定就是好事。当有人向你说"不"时,应该高兴才对。

(2000.06.05)

54.其实你在帮自己

一次下乡采访,我问几个蹲在墙根晒太阳的农民为什么不外出打工,一位年轻农民说:"找碴儿的太多。"他告诉我,他曾在郑州一个小饭馆打过工,因为租不起房子,晚上只好四处"打游击"。夏天还好受一点:车站、屋檐哪儿都可以猫上一夜。冬天可就惨了,大家要么围着炉子坐到天亮,要么去看通宵电影。碰上"严打"或是社会治安整顿,他们这些居无定所的人就成了首选怀疑对象,动辄被拎去审查。有一个冬季,他被"请"进去了三次。

和朋友聊天,说起这件事儿,他又给我讲了一件事:去年国庆前夕,他们单位的几位民工晚上出去再没回来,这可把单位领导急坏了。派人四处寻找,踪影全无。过了好多天,才有一个民工从家乡来了封信,原来这几个民工外出看夜景碰上了巡夜的,没带身份证,给抓到一个建筑工地筛了半个月沙子,然后被遣返回原籍。

农民进了城,对城里的有关规则确实应该遵守:譬如带上证件、注意举止文明等。社会走向文明的一个标志,就是要有更强的秩序性。但是,我们也应该看到这样的现实:由于历史原因,形成了城乡分割的"二元"结构,农民在生活待遇诸方面滞后于市民,城里人在很多方面便有了优越感!不过,不知大家想过没有,这种优越感是建立在农民的无私奉献上:1954 年—1978 年间,通过工农产品价格的剪刀差,农民为支持城市和工业发展贡献了 5100 亿元的资金。1979 年—1994 年,农民又为国家贡献了 1.2 万亿元。时至今日,农民还在默默奉献着:从 1990 年到 1998 年,粮食价格上涨 1.2 倍,而工业品价格却上涨了 3.5 倍,农业生产资料价格上涨了 4 倍……一个市民的年平均收入相当于农民的 2.6 倍。

　　咱们每个人都应该感谢农民才是!

　　一、二、三产业须协调发展。这是个基本规律。农业欠账太多,势必制约工业的发展。近些年,由于工业品积压,许多工厂被迫停产、限产、下岗,让城里人眉结紧锁。为了扩大内需,有关部门想尽了办法。可我们应该明白,城里人该有的都有了,在商品消费上不须再花很多钱;农村人没有的依然没有——他们兜里没钱。

　　没有农民的小康就没有全国的小康。这是个浅显的道理! 只有农民兜中有了钱,购买力才能增强,城里人才有活儿干,也才有饭吃。

　　人多地少,劳动生产率低,光靠一亩二分地,农民增收困难重重。所以,全社会都应该形成一个帮助农民增收的氛围。帮助农民就是帮助咱们自己。经济发展的历程为我们总结出这样一条规律:解决城市的问题靠农村;解决农村的问题靠城市;解决农民的问题,就是要靠农民不是农民!

(2000.06.12)

55.外国的树比中国的高贵吗？

外国的树比中国的高贵吗？

我要是问这样一个问题，肯定会有人说："你这不是废话吗？这和问'外国的月亮比中国的圆吗'有什么区别？"

不过，我有这样的疑问，绝不是心血来潮：

去年年底，我在浙江某地开会，听当地一位同志讲，他的家乡有一家木材加工厂，从本地材质较硬的树木中精心挑出两米长、直径六七厘米粗的长木条，经抛光、脱水、防腐处理后，再涂上一种专用油漆，远销海外，赚取洋钱。

如此复杂的工艺，你猜做什么用途？

原来是某发达国家临海的城镇，为防备海风把树木折断，特地进口这些长木条，用四根木头从四个方向来支撑树。如此，自然大大提高了树的御风能力。

牺牲了自己来救异国的树。我真为中国树木的这种"奉献精神"感慨！听到这里，你的心情如何？

这类"奉献"，决非仅此一例：日本森林覆盖率超过了80%，可日本本岛没有一家生产一次性筷子的厂家，所用的筷子全是从国外进口，主要的生产国是中国、越南、印度、赞比亚等亚非国家，其中中国占57%的份额。

还有：豫西某地盛产泡桐，这种树对改造当地的盐碱地、防风固沙，起了很好的作用。可是这些年这种树越来越少，原来当地的一些木材加工厂把泡桐加工成板材，出口美国、日本和西欧等一些国家，让人家来装修房屋。我在采访中了解到，这些并没有赚多少洋钱的厂家，给当地带来的后果是，大片的土地沙化、盐碱化。

　　每当听到这样的事例，心里就堵得慌：你说，上面提到的这些国家哪个不比中国的森林覆盖率高？为什么独独我们如此急功近利？

　　记得有位作家写过这样的话：人穷的时候，把门砍破了烧来取暖，还有话说。如果已经解决了温饱，为了多赚几毛钱，疯狂地、忘情地损耗资源，把青山毁掉，把绿水弄浑，那就真正是短见、自私！是同子孙在抢食了！

　　退一步讲，即使我们还处于贫苦状态，这样做，也只能进一步加剧贫困。你想，山秃了，水流失了，人怎么生存？要知道，破坏土壤容易，生成1厘米土壤却需120年到400年。

　　建设秀美山川离不开树。如何对待咱中国的树，是该好好想一下了。

（2000.06.26）

56.别让"优惠"吓跑了客商

　　我挂职的那个县位于黄河故道,沙质地,种庄稼不行,种瓜果却得天独厚。前些年,县里调整种植业结构,仅红富士苹果就发展到50万亩,此外还种了大面积的桃、杏、梨。

　　尽管县里的果子这些年屡获各种大奖,但接踵而来的卖果难如同阴霾笼罩在果农心头。每到收获季节,那些红艳艳的果子三四毛钱也无人问津。

　　果子消化不掉,农民就不能增收。如何将果子消化掉?县领导愁肠百结。倏忽间,县里捕捉到这样一条信息:一家全国知名的乡镇企业欲投资果品加工项目,苦于找不到合适的原料基地。这不正好吗?我和县里一位领导匆匆赶到那家企业,一谈情况,对方很感兴趣,马上派人前来考察。看了果园,看了交通,看了水源……人家很是满意。县里呢,则趁热打铁迅速制定出了一系列优惠政策。可谁知,考察人员回去后再无音讯……

　　对双方都有利的事儿,为什么就夭折了呢?我百思不得其解。

　　两年过去了,今年年初,那家企业的董事长来北京参加"两会",问起那件事儿,他说:"本来我们很想干,可看了你们的优惠条件,把我们吓住了——你们优惠得离谱了,譬如规定'土地经客商选定后,无偿划拨,10年内免收土地使用费;在产品和利润分配方面,可高于投资比例的10%……'商业合作,讲究互惠互利。照你们的优惠条件,你们赚什么?要知道,你们是个国家级的贫困县,工资发放都有困难呀!再如税收方面,你们规定'来我县工作的客商,工资薪金一概免收个人收入调节税;企业从获利年度起,3年免征所得税,第四—六年减半征收所得税;企业获得利润用于县内再投资,由同级财政返还再投资部分已缴纳的所得税……'税收是件非常严肃的事,连中央的税收政策在这里都可以走样,那么又怎能保证这些优惠政策会严格执行下去呢?"

闹了半天,船弯在这里!

时下西部大开发,有些地方为了吸引投资,犯了和那个县类似的毛病。譬如在甘肃某地,我曾看到这样的优惠政策:凡来我区进行开发,无论征用土地多寡,70年内一律无偿使用。在另一个地区,条件更加优惠,不仅提出100年无偿使用上地,30年内所得税、固定资产投资方向调节税一律全免……

毋庸置疑,这些地区制定优惠政策完全出于一片诚意,可如此优惠法儿,是不是就可以把客商引来? 前一时期,浙江一个企业家来京,我把这些优惠条件告诉了他,问他为什么不去抢抓机遇? 他一脸狐疑:莫不是先把企业骗来,然后慢慢宰割?

招商引资,给客商以适当的优惠是必要的,但我们应该明白,有了优惠政策,并非万事俱备。对于一个真正想干一番事业的客商来说,他更需要的是一个公平、公正的市场竞争环境。那种一看优惠条件就上、不按规矩办事的客商,要么是缺乏经营头脑,要么就是另有图谋。如果把这样的客商招到你的社区,你仔细想想,能有什么好结果?

(2000.07.03)

57.西部"淘金",千万慎行

我作了一个统计,从4月初至今,共收到7封有关东部民工到西部打工的通讯员来稿。这里列举几篇文章的导语:

"革命老区江西省××县,抓住西部大开发的有利时机,积极组织民工赴西部'淘金',目前已输出民工12000多人……"

"山东省×县县委、县政府积极鼓励农民到西北参加建设,该县规定,凡到西部打工,免费办理'外出务工证',一律保留责任田,免征义务工,允许土地转包他人……这些措施极大地激发了群众到西部创业的积极性,今年上半年,全县共有16000多人到西部打工。"

"河南省平顶山市×县群众自发赴西部'淘金',目前全县共有8000余人奔赴新疆、甘肃……"

………

粗略算了一下,好家伙!仅手头的7封来稿中赴西部打工的人数就达11.3万人。如果这些来稿不带水分的话,那么全国各地赴西部打工的人数又是多少呢?

年初,我赴西部采访,在甘肃省张掖市看到,料峭寒风中,有很多背着铺盖卷的内地民工滞留在火车站广场。在兰州郊县的一个番茄加工厂,厂长告诉我,今年年初以来,差不多每天都有外地的民工来单位问要不要人。

这么多人都涌向西部,西部有那么多的工作机会吗?

两周前,外出采访,在郑州开往乌鲁木齐的火车上,一位列车员告诉我,去年以来,车上往西去的民工激增,不过因为找不到活儿干返回来的也很多……

　　不再囿于本乡本土,外出寻找创业机会,说明农民兄弟们的开拓精神和商品意识有了很大增强。但我们应该明白,西部地区的经济结构与广东等沿海地区差别很大,缺乏乡镇企业和私营企业群体,工业化、城市化的水平也都还很低,吸纳劳动力的能力有限。再说西部自身也有大量的农村劳动力亟待转移。

　　盲目成行,不仅自己受到损失,也给当地带来负担。西部之所以经济发展滞后,自然条件制约是一个主要因素。你想,这么多人涌到西部,西部能承载得起吗?单就水源来说,多年来随着人口激增和工农业用水量的加大,西部许多地方的地下水位急剧下降。嘉峪关市,50年代末至今,地下水位下降了60多米,张掖市则下降了近百米。祁连山的雪线在逐年后退,周围的农田因缺水大片沙漠化,许多城市已出现了用水危机。在西部采访中,不少地方的领导向记者表示,他们对蜂拥而来的民工忧心忡忡。

　　因此,各地组织民工西进时一定要作一番调研,要和输入地政府多沟通,多交流,有计划、有目的地输出劳务,千万别一哄而上。

　　民工自己也要提高警惕,不要盲目轻信一些人的花言巧语。据报载,河南汝州两位农民,以介绍打工为名,收取高额介绍费,把数百农民骗到新疆。类似这样的事情,还有很多。

　　在此,我郑重地给农民兄弟提个醒儿:西部"淘金",千万慎行!

(2000.07.17)

58.“车”和“路”,谁厉害?

我在县里挂职时,一位副县长给我讲了他村上发生的一件事儿:

村上董姓、杨姓两家比邻而居,平时为些鸡毛蒜皮的事儿,两家经常磕磕碰碰。董姓生有一男一女两个孩子。杨姓也生了两个孩子,但都是女孩。吵架时,董夫人便觉得有了“把柄”,吵到酣处,常常放言:“嗨! 也不知道谁家,缺了八辈子德了,老天爷都让他断子绝孙。你看,你看,连个儿子也生不出来!”

每每此时,杨家便觉矮了三分,说话顿时没了底气。杨家发誓一定要生个儿子。于是,顶着罚款,硬是怀了第三胎,结果还真让他碰着了,是个儿子! 杨家扬眉吐气,顿觉天地广阔,便为儿子取了个名字叫“路”,意思是,这下,有路可走了!

如此,两家不是扯平了吗? 可事情到此并没有结束。

都有了儿子,董家失去了降伏对方的利器,董氏夫妇便决计再生一胎——从数量上压倒对方。东躲西藏,挨了几千元罚款,果真又生了个男孩。并为自己的孩子取名“车”,意思是我的“车”轧着你的“路”,我还是在你上面! 你咋着?!

此后的日子里,围绕着“车”和“路”,两家的“战争”绵绵不断……

记得十几年前我在江苏工作时,曾对农村的计划生育问题做过专题调查,写过一篇《他们缘何超生?》的调查报告,文中把超生的原因归纳为这样三条:一是传统观念作祟,认为只有男孩儿才能传宗接代;二是农活繁重,家里没有男丁,许多生计问题无法解决;三是如上文所言,没有男丁常受人欺负,要靠男丁来顶门立户。

时代发展到今天,情况已经发生了很大的变化。通过这些年的大力宣传,少生、优生的好处已深入人心,"女儿也是传后人"的观念在农村已被不少人认同。此外,随着农村机械化水平提高,播种、收割等重体力活儿,已由机械替代,许多地方的群众不再为无男劳力而苦恼。

据我调查,现在"超生"之所以在有些地方屡禁不止,上面提到的第三条原因才是症结。一位超生被罚款的农民告诉我:"现在,谁不知道孩子多了负担重?生活苦一点不怕,可咱不能没有儿子遭人白眼,'不蒸馒头争口气'嘛。"

于是,围绕"争口气"便开始了生孩子大战:你有男孩,那么,我必须找齐。你家两个男孩,我也不能只生一胎。如此,你说能不超生吗?

计划生育迄今已进入一个新阶段,要想把"超生"这一顽症解决,必须针对具体情况做具体分析,对症下药。一味地靠罚款、强制,恐怕不是根本办法。政府得千方百计为群众解除后顾之忧。目前,除了继续提高机械化水平、继续加强移风易俗宣传外,更需要去为群众创造一个互敬互帮、和睦相处的邻里环境。如果大家亲如一家人,那么,谁还会彼此诟病呢?

(2000.07.24)

59.壮士断腕刀何在?

这个题目是借来的。

几年前我写了这样一篇稿子——《矿泉水做饭几时休》,讲的是由于淮河持续污染,紧傍淮河的蚌埠市的居民只好靠矿泉水做饭度日。文章在本报发表后,《南方周末》一位姓鄢的编辑据此文写了篇言论,题目就是《壮士断腕刀何在?》。鄢编辑在文章中指出:对于淮河污染,中央可谓重视矣。国务委员宋健先后两次在淮河流域主持召开环保执法现场会,号召企业家们用"壮士断腕"的精神治理污染。可污染在有些地方仍时有发生……他这样诘问:淮河污染,肇事者只在那些厂长吗? 没有地方领导撑腰他们敢! 看来,"壮士"迟迟不断腕,是找不到快刀。

几年过去了,"淮河排污2000年达标"这一蓝图,在沿淮各地一浪高过一浪的达标祝捷声中似乎已成现实! 然而今年5月份我再到淮河沿岸采访,看着河道里刺鼻的酱紫色液体,很是疑惑……在安徽省阜阳市,群众给我讲了这样一件事儿:前不久,当地一位叫杨新亮的少年在七里长沟入颍河口排污闸下提水栽山芋,突感一阵晕眩,忙对放学赶来的弟弟急呼,谁知话音未落,便一头栽到沟里。弟弟见状忙喊来父亲,父子俩下到沟底还没来得及救人,也一同晕倒,此后,在救援过程中,又有多名群众倒地身亡。据鉴定,致死村民的元凶是污水中泛出的硫化氢气体。要知道,这条排水沟最终要通向淮河。

一条排水沟,短短几分钟内竟连夺几条生命,真是令人震惊!

无独有偶。今年的世界环境日,中央电视台曾做过这样一个专题报道:河南沈丘县通往淮河的一处水闸今春开闸放水,4位开闸的农民被臭气当场熏倒，附近公园的十几只猴子也被熏得眼睛失明。记者现场做了个实验，拎来一桶清水，放进一条欢蹦乱跳的鲤鱼，然后从当地的河沟里取一小杯水倒进去，鱼儿须臾便漂了上来……

真真是触目惊心啊！

经过这些年的宣传，环保的重要性，不知道的人恐怕不多了；环保法规，迄今也出台了不少。污染问题为什么仍不能从根本上得到解决呢？

"壮士断腕刀何在？"我一直在思考这个问题。

我认为：刀，首先掌握在地方主要领导的手里。你想，他的企业污染了大片水域，你却把他当作盈利的功臣，又是奖励又是提拔，他会主动停止排污吗？不会的。相反，他搞污染，你就追究他的责任，拿掉他的乌纱，即使借给他个胆，恐怕他也不敢！

领导干部在考虑政绩时，更要考虑到子孙后代的生存！

刀，也操在排污企业手里。你是排污者，同样也是受害者。我们生活在同一片天宇下，鱼虾绝迹，疾病肆虐，你能幸免于难？

刀，更操在我们每个人手里。不要认为治理污染只是领导的事，群众同样负有责任。首先每个人要从自身做起，譬如，死了家畜家禽不要随地乱扔，当然，更不要把农药瓶丢进河塘……非但如此，碰到有人向河里排污，你有义务干涉，乡里不管，你可告到县里，县里不管，你可告到市里、省里……

赶紧操起"快刀"吧。当你像杨新亮一样一头栽到排水沟里时，再说什么也都晚了！

（2000.08.07）

60.“政绩”可别变劣迹

这些年,我曾多次随国务院农民负担检查组到基层调研。发现:许多擅自加重农民负担措施的出台,都与当地一些干部没有处理好创政绩与守政策的关系有关。

尽管中央三令五申,不准强行向农民集资摊派,可有一个乡,今年出台的第一号文件就是强行集资修路。文件规定:“按每人60元平均分配到各村,限期10天完成。否则将采取措施,停水、停电、断路……”

这个乡上年农民的人均纯收入为976元,如果扣除35%的实物形态(粮、菜、柴草),农民实际支配的现金不足700元,根据有关部门的测算,在当前的物价指数下,要维持基本的生活,每人每年的最低消费不能低于700元,也就是说这项集资大大超出了群众的承受能力。

问乡长为什么这么做,乡长理直气壮:“我在这个乡当了一年多乡长了,再不出点政绩,对不住自己的位子,也没办法向上级交代。”

乍听,这位干部似乎颇有雄心壮志,仔细一分析,不对了。不顾群众的承受能力,片面追求形式主义的所谓“政绩”,殊不知,你“出彩”了,农民倒霉了。而且,由于你的“出彩”,农民自我积累、自我发展的能力大大削弱,在一定程度上说,正是你的“政绩”,影响了农村现代化的进程,甚至损害了党群关系。

政绩者,为政之业绩也。“政绩”的内涵是什么?应该是人民群众的眼前利益和长远利益的结合。所谓的“政绩”,如果是以损害农民的利益为前提的,试想,能称之为“政绩”吗?

党的有关减轻农民负担的政策,就是从保护大多数农民利益出发的。执行好了这些政策,赢得了群众的欢迎,实际就是创政绩。违反了这些政策,哪怕数字再好看,群众恐怕并不会买账。现在在一些地方,将"创政绩"与"守政策"对立起来的认识,在干部中并非少数。

所以出现以上情况,除了一些地方片面凭"政绩"看干部,客观上造成一些干部眼睛朝上不朝下外;另一方面,与一些干部私念作祟不能说没有关系。经过多年宣传,减轻农民负担的重要性,大多数人不是不清楚,中央的有关政策也不是不明了。可因为私念挡住了双眼,在视野中农民利益也就成了盲区。

因此,减轻农民负担,首先是当地领导干部要端正思想,扔掉私念,正确处理创政绩与守政策的关系。当然,这里并不是说干部可以无所作为,当太平官。但创政绩的前提必须是量力而行。超出群众的承受能力,硬创"政绩",很可能变成劣迹。

（1997.04.09）

61.坐等优惠,不是个事儿

"你从北京来,对西部大开发,最近听没听说有新的优惠政策出台?"在西部采访,常有干部向记者打听。不时还会听到这样的抱怨:西部大开发,雷声大雨点小,中央给的优惠政策太少……

西部大开发关系我国经济的长远发展,西部干群希望上级多给些优惠,使大开发启动得快一点,这种愿望无可厚非。但记者在采访中发现,不少人对优惠政策的期望值过高,甚至以为只要中央一给优惠,西部面貌立马就会改变。

事实是这样吗?前些时记者在西北某县采访,县领导介绍的有关全县乡镇企业的发展状况,听了让人心寒:一个20多万人口的县,只有寥寥几家企业,除了一个水泥厂和一个塑料袋编织厂规模稍大外,其他企业都停留在家庭作坊形态。再回头看看东部地区的乡镇企业:通过多年的企业整合和产品的更新换代,无论企业的规模还是产品的科技含量,均非西部可比。市场经济条件下,市场形态不再是分割的一个个单元,而是一个统一的整体。供求关系也发生了根本的变化——"短缺经济"不复存在,许多产品已经过剩。卖方市场条件下,你的产品尽管糙一点,但独此一家,别无分店,不买你的买谁的?这时候,一般来讲,有投入,就有效益;而在买方市场条件下,有投入,未必就有效益。道理很简单,顾客有了挑选的余地,你的产品做不到价廉物美,就没人愿买。任什么样的优惠政策,都不可能改变这种供求关系。

所以,我们必须看到这一现实:与改革开放初期相比,优惠政策的实际效应已经大大递减。从国家产业布局来看,不可能用优惠政策支持粗放式发展,再就经济合作而论,寄希望于东部无偿支援西部,也是不现实的。前不久，浙江省一位企业家随省经贸代表团考察了西北某省后，这样对我说："不少地市都希望我们能无偿给些资金，或是帮助建个项目。东西合作，如果变成扶贫性质，肯定不会有什么好结果。市场经济条件下的经济合作，必须遵循价值规律，只有互惠互利，合作才能长久。"

与东部相比，西部缺资金、缺人才、缺技术……那么，互惠互利，西部能给东部什么呢？

前些时，采访甘肃省长宋照肃，宋省长开了一个"药方"，他说："尽管我们和东部相比，有很多不足，但我们可以通过培植市场主体的方式来弥补不足。譬如，甘肃把西部开发的着力点放在城镇建设上，努力造'市'，充分发挥城镇作为配置资源平台的作用；另一方面扩大开放力度：开放资源市场，开放资本市场，开放基础设施市场……总之，开放一切可以开放的领域。通过完善的市场体系和全方位的开放政策，换来资金、技术、项目……换来西部需要的一切。"

确实，与其坐等优惠政策，还不如扎扎实实干起来。

（2000.09.18）

62.经贸洽谈会,可别变了味儿!

今年 5 月,我应邀参加了某省举行的"第八届经贸洽谈新闻发布会"。省领导介绍情况时说:我省的洽谈会,一届比一届成功。八载春秋,签订合同总金额达 400 多亿元。

400 多亿,了不得! 对于一个经济欠发达的小省来说,这是多大一笔投资! 前不久,又到该省采访,和省计委一位熟识的处长聊天时,问起 400 多亿合同的落实情况,处长王顾左右而言他。我打破沙锅问到底,他只好露了实底儿:要是真有 400 多个亿,省里不早就厂房林立了? 实际上,全省真正到位的资金,超不过两个亿。

他说,这些年办会的花费恐怕比到位的资金还多:八届洽谈会先后建了 8 个场馆,一个比一个档次高。这还不算,每举办一届,招待、纪念品、旅游……各项费用加起来,没有一二千万元下不来。收获呢? 意向性合同倒是签了一大堆,可很少有兑现的。

令人困惑的是,类似的买卖,还有不少地方在做。近些年,各种名目的洽谈会、招商会,"你方唱罢我登场",先是省里举办,眼下市里、县里也争相举办。上个月,我就收到了 4 份洽谈会的请柬。

洽谈会上爆出的一些"花絮",简直不可理喻:某市连续举办了 6 届经贸洽谈会,年年都向所辖的县下达指标,为了不断有所突破,指标越定越高。今年规定,每个县至少要完成 3 亿元的合同任务。县里再把指标层层分解,连司法局、医院、学校也摊了任务。

有些地方为了提高洽谈会的档次,不惜花重金请外国人来装点门面。某市有位华侨旅居澳洲,市里便年年委托他组织些老外与会。这些人只要在开幕式上露个面,待电视镜头扫过,便算完成任务。另有一个市,请不来外商,就到高校请些外教、留学生充数。

　　如此招商引资,对于举办方来说,收效可想而知。客商又能从中得到哪些好处呢? 某县一位国有企业的经理向我抱怨:参加这样的交易会、经贸洽谈会,真是瞎子点灯——白费蜡。最大的好处是,县领导们游山玩水有了借口:今天是张县长南下招商引资,明天是王书记北上经贸洽谈,一年四季,县领导们走马灯似的外出。不管哪个领导出去,都要带一拨人,哪一次不花个十万八万的! 我们几家效益好点儿的企业,便成了"唐僧肉"。有些经贸活动根本和我们不搭界,县里也硬要我们参加。说白了,我们的任务就是为领导们一路上"买单"。这些年,我们企业先后参加了20多次经贸活动,钱花了几十万,什么事也没办成。

　　通过举办经贸洽谈活动,招商引资,借助外力来促进本地经济发展,本是一件好事儿。但是,如果像上述那样招商引资,除了劳民伤财,又能给当地带来什么呢!

(2000.09.25)

63.记住,你的对象是农民

　　我的同事小高,前不久写了篇言论——《梳子卖给谁?》,讲了这样一个观点:尽管农村存在一个庞大的、潜在的消费市场,如果路、电、水等基础设施缺乏,要启动农村消费就是空话。读了这篇文章,赞同之余,觉意犹未尽,在此狗尾续貂,补充几句。

　　的确,基础设施跟不上,很多家用电器就形同摆设。有关这一方面,我可以补充一个例子:几年前,我到陕西某村采访。村子很小,几爿瓦屋七零八碎地坐落在河谷的台地上。由于四周山峰遮蔽,村里收不到电视。当时正值奥运会期间,几个小青年为了看赛况,天还没黑就开始抱着电视机、拎着插线板往附近最高的那座山上爬。看完比赛,再打着手电深一脚浅一脚将机子抱回来。村干部告诉我,山峰比房子所在的位置高出200多米,那户人人家机子买回来3年了,总共也就看了十几次。

　　当时我就想,这样的地方,这样的设施,你就是把电视白送给农民,又有谁用得上?

　　不过,就全局来看,加强基础设施建设,只是启动农村市场的一个方面。产品要畅销,还必须具备整体产品观。眼下,在对待农村市场上,不少企业缺乏的恰恰就是这种整体产品观。譬如,产品生产与售后服务脱节,就也影响着农村市场的启动。我在农村挂职时,一次电视机出了毛病,寻遍整个县城,竟找不到一个维修站。最后只好拉到70公里远的市里去修。我曾做了番调查:不少知名的电器品牌,在县城都没有售后服务网点。

　　县城如此,那么乡镇一级就更不用说了。我国地域辽阔,有的村庄离县城百公里甚至数百公里之遥,如果售后服务问题不解决,农民掏钱也就不会太爽快。

　　除了上述方面,商品供给结构不合理,也是影响农村市场启动的重要因素。不少厂家以为,农村市场只是城市市场在时间和空间上的延续,只要把产品往农村一送,农民就会可着钱儿往家里搬。

　　这样理解,显然欠妥。现在,电器的功能越来越多,但大部分的功能对我们普通百姓来说,派不上什么用场。我家原有一台老式滚筒洗衣机,去年赶时髦,买了台牌子很是不软的全自动洗衣机。记得头次使用,一翻说明书,头都大了——整整42页!研究了一个上午,仍不明就里。试着注满水,可机子死活不转。找维修商一看,没问题,系自己操作不当。得,新玩意咱玩不转,还是用那台旧的吧。

　　我想,农民在使用电器时,碰到的尴尬不会比我少。

　　农民买东西,一要考虑价格因素,二要考虑是不是方便实用。因此,厂家要打开农村市场,就必须摸清农民的需求脉搏,对症下药。譬如你是电视生产厂家,能不能把那些群众压根儿用不着的功能省去,生产出一种一摁就妥的"傻瓜电视"?这样,你可以减少一些成本,农民呢,不也可以少花一笔钱?这是一举两得的好事嘛!

(2000.10.09)

64.假如一个人砍,十个人栽……

　　腾格里沙漠如同一只饥饿的老狼,虎视眈眈盯着甘肃景泰川这块贫瘠的土地。20多年前,杨正书老汉就开始向步步进逼的沙漠叫板。他用麦草将浮沙围成一个个方格,从4公里远的地方挑来水,艰难地实现着他的固沙梦。春天,一阵大风,树被流沙吞没了。他咬咬牙,又举起了镐头……终于,第一棵树成活了,接着又是一棵……20年下来,他种活了400多棵树——在沙海中,这是多么骄人的成绩啊!

　　没人发给他工资,也没人要求他种,是什么信念支撑他从事这分外的工作呢? 我在景泰采访时,他已离开了人世。当地人说,这老汉倔得很,不信人只能躲着沙走。老汉坚忍不拔的精神,终于感动了村民,大家不再刨沙棘、挖树蔸。每到春天,全村人都自觉地在沙漠的南缘种树。绵延的绿色一点一点往前推进,肆虐的沙漠一步一步向后退却。当地的领导告诉我,近些年,沙漠已后退了1公里多。

　　杨正书的行为,让我们看到了唤醒道德良知的重要意义。这些年,保护植被也好,防治污染也罢,媒介不停曝光,会议不断强调,法规制定了无数套,不是还有人在一点一点砍伐我们可怜的林木、污染我们赖以养命的河流吗?

　　说起腐败,人们无不切齿痛恨,但事情挨到自己头上又怎么样呢? 几年前,中国青少年研究中心作了一项问卷调查。其中有这样一道题:“如果行贿能解决目前急需解决的问题,您是否会行贿?”调查结果表明:只有24.79%的人回答“不会”,回答“肯定会”和“依情况而定”的则占53.61%。同年,华中师范大学社会心理研究中心在武汉作了“武汉市民对腐败问题的社会评价”的千人调查,调查中有这样一道题:“为了办成一件对单位极为重要的事,需要向某领导进贡,对此你持什么态度?"结果有 53.7%的人认为"要"。

看来,要消除社会上种种"病毒",光有法规还远远不够。因为不管多么完备的政策或法规,如果大家不是自觉去执行,而是"上有政策下有对策",变着法儿去钻漏洞,那会是一种什么状况? 一个朋友告诉我这样一件事儿:曾有一位外国朋友大惑不解地问他:"不是有红绿灯吗? 你们的十字路口为什么还站着警察?"

社会需要一种群体的默契,这种默契,就是公众的道德良知。有了这种默契,不需要刻意监督、不需要重典惩戒,大家都会自觉按同一规则行事。也许你会说:"我在栽树,可人家在挥斧猛砍,有什么用呐!"可你想过没有:假如一个人砍,十个人栽,我们的大地不仍是葱茏一片? 朋友,我们能不能都像杨正书一样——做护花的春泥呢?

(2000.10.16)

65.警惕"牛二"的背后

最近,湖北 Y 市传出这样一则新闻:该县某村一个人称"刘二爷"的村霸,横行乡里达二十多年,欺男霸女,无恶不作。尤其让人不可理解的是,并非共产党员的他,竟一人长期把持村"两委"班子,村里的所有公章都挂在他的腰上,大小事体也只有他说了算。

如果不是市委领导微服私访发现了这一情况,并迅速采取果断措施,司法部门将其绳之以法,这个"牛二"式的恶棍还不知要横行到几时!

于是,人们难免就会产生这样的疑问:在二十多年漫长的岁月里,当地的有关部门都干了些什么? 是对恶棍的暴行毫无所知呢,还是明明知道,却睁一只眼闭一只眼? 该市有关部门的调查表明,刘二爷所以能称霸一方,盖因他有后台撑腰。据说,他的儿子结婚,地方上不少很有头脸的人物争相前去祝贺。那么,这些有头脸的人物为什么又和一个泼皮无赖粘在了一起? 事情很简单:他有大把的银子做后盾——长期强行承包村里的鱼塘,在县城还有不菲的产业。

实事求是地说,稍有良知的人,都不愿助纣为虐。有些干部所以和"牛二"坐在一条板凳上,任凭"牛二"猖獗,大多是因为手脚不干净——要么有把柄在人家手里,要么花了人家大把的银子。于是,也"原则"不起来了。

大款谈根发傍上江苏省无锡市原副市长丁浩兴后,曾对人夸耀说:"我让他 15 分钟到这里,他不敢 16 分钟来。"果然,他用手机拨通了丁宅的电话,才14 分钟半,丁浩兴就匆匆赶到了他面前。浙江温州那位人称"阿太"的泼皮,竟能猖狂地插手瑞安市的人事工作,有时竟凌驾于市委之上,甚至安排副市长的人选……

你想一想，领导干部都被他们把玩于股掌之上，老百姓又安能不受欺负？单个儿的"牛二"闹事，并不可怕，这样的人往往早就被花酒掏空了身体，不用杨雄那样的梁山好汉出面，单是一个膀大腰圆的村民就可以轻松把他放翻。怕就怕"牛二"傍上了"权力"，怕就怕"权力"一摇身成了"牛二"为非作歹的通行证。

日前，湖北Y市已经以"刘二爷事件"为契机，开展了一次全市性的除村霸活动。可贵的是，Y市这次除村霸，不仅注意"台前"更注意"台后"。市委领导说得好：泼皮能横行霸道，就是因为有后台为他们撑腰，所以，我们要特别警惕"牛二"的背后，铲除村霸，首先要把他护身的"权力"揪出来。

警惕"牛二"的背后，确是一个妙招儿！不仅铲除了"牛二"孳生的土壤，也对反腐倡廉大有好处。

衡量一个地区的干部是否清正廉洁、社会风气是否端正，辖区的公民是不是有安全感，应算一个重要尺度。有篇小说的题目是《我是流氓我怕谁》，在你的社区，作为一个普通公民，如果能毫不心虚地说，我是好人我怕谁？这里的吏治大抵就算是走上轨道了。

（2000.10.30）

66.退耕之前先解忧

开门七件事,柴米油盐酱醋茶。很难想象,居家过日子缺柴少米是一种什么状况!

几年前,我到西北参加小流域综合治理考察,在甘肃定西县,正碰上几个农民在山峁上挖草根。当地一位干部走过去,厉声责问:"政府三令五申不准破坏植被,为什么就是不听? 你们知道不知道,砍树挖草是自己坑自己!"一位老年农民嘟哝了一句:"这些,我们都懂。可冬天要来了,不备下点儿柴草,做饭、煨炕烧什么? 如果我们也像你们城里人那样,一摁开关煤气就来,谁愿作这份孽?"想一想,农民说的不无道理!

其实,自70年代始,西部不少地方就曾明令禁止砍树挖草,可在那个年代,农民吃了上顿没下顿,你不让他开荒挖草,行得通吗? 甘肃省主管农业的一位副省长说得好,要使退耕还林真正落到实处,首先得解决群众的后顾之忧。这位副省长告诉记者,甘肃省在退耕还林中,坚持"退耕之前先解忧"的原则。譬如烧的,政府在退耕区的每个村都建有煤球站,一些交通不便的地方,政府每户补贴100元,帮助安装了太阳灶;吃粮问题,省里规定,退耕区,必须给农民留一至二亩的口粮田,并设法提高单产,不因土地减少而使产量降低。同时,他们还因地制宜栽植花椒、沙棘、酸巴梨等经济林木,农民的经济收入也可以稳步增长。

这些做法,收到了明显的效果。记者在康乐县采访时,一位姓马的农民说得很实在:过去肚子饿得凄惶,干部就是吵破了嗓子不让挖草砍树,咱也顾不了那么多。现在吃的烧的用的都不愁了,谁还去干那缺德事儿? 据统计,甘肃今年的退耕还林、还草任务,已经全部完成。不过,记者在采访中也发现,西部尚有部分地方在退耕还林时,对群众的后顾之忧考虑不够。某县为了在全区的退耕还林竞赛中拔得头筹,把有灌溉条件的缓坡耕地也纳入了退耕范围,致使部分农民失去了基本的口粮田。就此问题,记者曾同这个县的领导人交换了意见,县委书记说得很轻松:"有国家负责粮食供应,用不着咱县里操心。"

真是这样吗?目前我国有9100万亩坡耕地,涉及3700万人的生计问题。专家认为:如果把这些坡耕地全部退耕,完全由国家来养活这么多人是不现实的。因此,在落实国家的扶植政策的同时,西部地区也要立足于自我,广开增收门路,解决群众的后顾之忧。

为了使西部再现"秀美山川",对退耕地区,国家在钱、粮方面予以补贴。如何保证国家政策全面落实?还林还草后,林、草效益如何分配?这些都是农民关心的问题,也是地方政府解除群众后顾之忧的题中应有之意。说到底,只有给农民一种稳定的预期,退耕还林的积极性才能真正调动起来。

(2000.11.06)

67.青山也要"打个盹"

种地的知道,要保持地力,耕地需要定期休耕;打渔的知道,要想总有海鱼吃,就要定期休渔。现在新疆的农民也知道:要想羊儿肥牛儿壮,那就得让青山打个盹,让草场喘口气。

畜牧业曾经是新疆的传统优势产业。6前年我到新疆采访时,谈起畜牧业发展状况,连畜牧厅厅长胡拜都拉都有些底气不足:新疆畜牧业产值竟低于全国平均水平,每年要从青海、甘肃等省区调进大量畜产品才能满足新疆市场的需求。

更让人赧颜的是,新疆草原超载率已超过了60%。超载带来的直接后果就是草原退化:全疆85%的天然草场出现退化和沙化。每年春天,当我国东部刮起沙尘暴时,人们都用焦虑的目光盯着新疆……

怎么办? 新疆人开始谋划着突围。过去说到牧业结构调整,只在种类上调整,是短期行为。现在,新疆开始在提高土地转换效率上下功夫,是长远之计。自治区毅然对4000万亩过度放牧的草原实行禁牧或休牧;同时,建设3000万亩的高效人工草料基地来置换近2.5亿亩天然草场……

几年过去了,我再到牧区采访,看到了什么景象?

油汪汪的绿,从山脚朝山顶蔓延,一直蔓到了远远的雪线下。薅一撮肥肥的酥油草,克州副州长李革华满脸溢着孩子般的笑:"就在前几年,这里的地,还几乎全裸着呐! 草刚一露头,早被牛羊啃得精光。连草根也被山羊给刨出来了。"

斯姆哈纳村坐落在昆仑山的褶皱里。这个位于中吉边境的小村,以前完全靠天养畜。忆起往昔的岁月,村里最年长的吐尔库孜老人脸上的皱纹聚成了团："这里的雨水稀罕得很,年年夏秋全家都得赶着畜群不停地追撵水草。到了冬天,草料不够,哪一年都会有牲畜饿死。"说起现在的情景,老人顿时来了精神,执意让记者跟他到屋外看看："你瞧,你瞧,现在的草,牛娃子进去连头上的角角都看不见了。"他说,现在,公家装上了喷灌,想什么时候浇就可以什么时候浇……

由新疆牧区的变化,让我们想到了荒漠化治理问题。

我国是荒漠化最严重的国家之一。50 多年来因荒漠化减少的耕地达4000 多万亩,每年经济损失约 100 亿元。由于荒漠化,我国河流以高含沙量著称世界。江河、湖泊因泥沙淤积,降低了行洪、蓄洪和滞洪的能力,造成了小洪水、高水位、大灾害的后果。目前,黄河下游河床以平均每年约 10 厘米的速度抬升,已高出地面 3—10 米,成为地上悬河特殊景观。长江的情况也不容乐观。据不完全统计,由于淤积,全国损失的水库、山塘库容累计达 200亿立方米,相当于淤废库容 1 亿立方米的大型水库 200 座。

荒漠化的直接原因,就是过度开垦,过度使用。子午岭林区,建国以来共损失天然林 4800 平方公里,现在这一区域的南北两端都已变成了光山秃岭;六盘山林区,现在林缘线四周已后退 8—20 公里,森林面积也减少了 400 多平方公里……特别是近年来,有些地方不顾生态环境,盲目开矿、修路、建厂,致使荒漠化速度加快。如号称"金三角"的陕晋豫接壤地区,数万民工麇集于此大肆采挖金矿,在 3.3 万平方公里的面积上集中布设了 2800 多个矿点,大面积剥离地表、破坏植被……

"过度",带来的是什么? 过度与贫困互为因果。据统计,黄河中游共有306 个县(市),"八五"期间国家扶持的贫困县就有 126 个。

形成 1 厘米土壤需数百年,而流失 1 厘米表土常常只需瞬间。牺牲生态环境得到的利益,要拿出几十倍、甚至几百倍的代价去偿还。

要想土地不失"血",那就学学新疆吧,让青山也"打个盹"。

(2003.08.06)

68.顺着这条线索查下去

几年前,本报农村经济版开办了一个反映农民负担的专栏。一天,湖北一位读者给我来了封信,说有件事情他实在搞不明白:年初,针对村里不少群众不懂减负法规,不能用法律武器保护自身权益这一现象,经有关部门批准,他在村里办了个农民负担法规咨询所,将1983年以来中央颁布的有关减轻农民负担的所有文件、法规找了来,供农民咨询查问。咨询所成立后,群众每天挤破了门槛。谁知,没过几天,乡派出所找上了门,以破坏农村稳定为名,把他拘留起来,咨询所自然也被查封了。

他这样问我:"宣传党的方针政策,有什么错?说我破坏农村稳定,难道群众明白了党的方针政策,农村倒不稳定了?"

让党的政策家喻户晓,是每个党员干部应尽的职责。政策一旦被群众掌握,就会变成巨大的精神力量。确实,记者在农村采访时发现,什么地方中央的方针政策深入人心,什么地方的工作就有声有色;反之,什么地方贯彻中央精神出现"中梗阻",什么地方的工作也就被动落后。

让群众掌握政策,一方面要求我们将政策及时传达给群众,另一方面还要求各级党组织自觉接受群众监督。有了监督,我们才能随时纠正工作中的偏差。近些年,越来越多的地方逐步实行村务、政务公开,力求给群众更多的知情权。还有些地方积极采取措施,千方百计鼓励群众对自己的工作进行监督。

那么,上述那个地方的干部何以会有如此做派呢?有位哲人说过:对一个健康的人,你拧拧他的手臂、掐掐他的腿,他不会起什么激烈的反应。相反的,一个皮肤有病的——不管是蜜蜂叮咬的红肿,还是病菌感染的脓疮——

只要用手指轻轻一触就可能引起他全身的痉挛。如此害怕群众知晓政策,人们就有理由怀疑:一定是干了什么见不得人的事儿!

不过,这倒为我们的纪检工作提供了便利——哪个地方剥夺群众的知情权,就顺着这条线索查下去!

（2000.12.04）

69.把大树养好

　　两件西汉瓦当:一件是原物,岁月的风雨已将它剥蚀得斑驳陆离;另一件是景德镇新近的复制品,釉彩鲜亮,造型逼真。如果让您花同样的价钱选购其中一件,您选哪件? 不用说,大部分人都会选原物。因为,尽管它破旧,但蕴涵了太多的沧桑故事。

　　选择旅游景点,大抵也是如此。那次去海南三亚出差,闲暇想领略一番当地风情,不料却被狠劲"涮"了一把。

　　按照《导游手册》所示,我们找到了那个黎族村寨。原以为,黎寨,该是黎胞世代居住的地方,充满了浓郁的黎族风情。谁料想,踏进寨门,眼前是竹篱笆圈起的一个不大的院落,一条长不过百米的路旁,竖着几座用竹竿搭成的简易草棚,一些女子倚窗而坐,见有游客走过,呼喇一声拥将上来生拉硬拽要求合影。有五六个女子同时围住了我,有拉手的,有抱腰的,一个大胖女子无处可抓,猛伸手薅住了我的衣领,憋得我差点儿喘不过气来。交了"合影费",好不容易突出重围,又跌进了另一个陷阱。导游引领大家感受地道的黎族婚礼风情。可那是什么风情! 一个壮汉背着一个盛装女子,围着宾客转了几圈,呕哑啁哳唱了一通,婚礼便算结束。然而,没完——男女新人往门口一站,挨个向游客讨要彩礼钱,不给钱不让出门。尤其煞风景的是,男的操的是东北口音,女的分明是四川口音……得了,走人吧。

　　我实在搞不明白,为什么那么多真正的黎寨不去利用,却偏偏要建这劳什子!

　　近些年走过不少地方,类似的遭遇还真不少。河南某县,历史上先后有四个朝代在此建都,可以说,这里的每个角落都留下了先人的足迹。如果把这些遗产充分利用起来,那是多么丰厚的一笔财富啊!可惜的是,当地领导对这些遗产并不领情,夏代先民活动的遗迹在建设小城镇的声浪中化为乌有,武则天封禅宴群臣的大殿湮没在荒草中……相反,他们对洋玩意儿倒表现出极大的热情。几年间,历险宫、罗马城等纷纷登场,钱没少花,游人却兴味索然。

据有关部门统计,近 10 年来,在一些仿古建筑、仿洋建筑呈几何级数增长的同时,古村古镇却在以几何级数消失。1999 年 10 月,国际社会通过了《关于乡土建筑遗产的宪章》,强调:古建筑物及附着在它们身上的传统文化是人类不可再生的宝贵资源,任何人都必须呵护它。

受过中国文化浸润的人,恐怕少有不喜欢聆听那些来自远古的足音的。作为一个文明古国,大江南北,先人给我们留下了数不尽的名村古镇。这些村镇,尽管韶华已逝,但在岁月的淘沥下,像存封已久的佳酿,历久弥香。

随着假日的增多,旅游业空前火爆。这为农村提供了新的经济增长点。游过了名山大川,住腻了都市高楼,人们会把目光投向广袤的乡村原野。乡村旅游确有其独特的优势:莺飞草长时节,秋水长天之际,在星罗棋布的名村古镇中徜徉,或把酒话桑麻,或发思古之幽情,那份超拔,那份闲适,恐怕花多少钱也买不到!

与其花大量的人力财力去装饰永远长不大的假树,还不如下点功夫把前人栽下的大树养护好。这,才是明智之举!

(2000.12.11)

70.如此分流，当戒！

　　"上有政策，下有对策。"如今，又翻出了新花样。

　　精简机构，裁撤冗员，对于提高工作效率，减轻财政负担，意义自不待言。然而，记者日前在基层采访时发现，县、乡机构改革大幕尚未开启，有些地方已开始暗度陈仓，将行政人员换个名头，塞进各类吃"皇粮"的事业单位和社会中介组织。如此，冗员依旧，财政照紧……

　　某县一位副书记兴冲冲地告诉我："精简机构，我们走在了前面，目前，我县已减去了将近一半的行政人员。不信，你可以去调查一番。"

　　那么，这些行政人员都分流到了哪里呢？县林业局原有64人，留下34人，为安置其他30人，专门成立了园艺局、林科所、苗木站、绿化办等4家事业单位；城建局也分流了将近一半职工，为此，专设了城管大队、城市监察大队、市容监察大队、环卫监测站等机构。所有分流人员依然吃"财政饭"。有位老干部私下告诉记者，县里的这次机构改革，表面看，减了3个行政单位，可县里的事业单位呢，从过去的64个一下子膨胀到103个。吃"财政"的人数不但没有减少，反而比原先增加了将近1/10。

　　除了多设事业单位，县里还想方设法将部分政府职能转移给律师事务所、审计事务所、会计事务所等一些社会中介组织。分流到这些中介组织的干部，其职权、待遇与原先并无二致。记者在这个县发现，教育、卫生、城管、社会保障等旱涝保收的事业单位，短期内人员急剧膨胀：某乡小小一个卫生院，门卫多达6人；另一贫困乡中心小学原有十几名教师，一下子接收乡政府分流人员6人，炊事员、电工摇身一变，都成了教师。

　　还有一些乡镇做得更绝，将现有工作人员简单分分类：你属分流人员，他属在编人员。领导殷殷相嘱:如此分类,只是对付将来的检查,即使是分流人员,待遇诸方面与在职时绝没有任何区别……

机构改革,如此敷衍塞责,有意义吗?因此,要使机构改革真正落到实处,仅把"分流指标"派下去不够,各地还要完善法规,制定出相应的监督机制,使弄虚作假者无机可乘!

其实,比单个的"事件"本身更耐人寻味的是:长期以来,为什么我们一直跳不出"上有政策,下有对策"的怪圈?譬如:你要求四菜一汤,他排出四个硕大的拼盘;你强调农民负担不能超过上年人均纯收入的5%,他那里"三提五统"外层层加码;你规定淮河2000年排污达标,可他呢,检查时小造纸小化工统统关停,你一转身,机器轰鸣、马达飞转……如果我们只是一次次地哀矜过去,而不能从灵魂深处审视反省,就永远难有大的进步!

(2000.12.18)

71.杨本伦的困惑

　　杨本伦是个新闻人物。1992 年 10 月,这个中国人民大学国政系的硕士研究生、国家人事部的主任科员,突然做出一个惊世骇俗的选择,从权力和知识的高处,一脚迈进权力和知识的洼地,把自己的前程搬迁到了他人生的起点——山东省沂源县石桥乡东北庄村。

　　1995 年春,我到东北庄村采访时,他的事迹深深打动了我:这个热情似火却又脚踏实地的年轻人,三年村支书,东北庄村迈了三大步。他,聚拢了涣散的人心,使一直"烟雾腾腾"的村级班子空前和谐;他,建起了山乡第一个集贸市场,使十里八乡的货物在这里聚散;他,率先进行种植业结构调整,不仅粮食产量比原先提高了一倍,村民的人均收入也翻了几番……记得分别时,这位面孔黧黑的壮汉雄心勃勃地向我描绘了一幅幅振兴家乡的宏伟蓝图。

　　不料,三年后的一天,我忽然收到了一封读者来信。这位署名刘杰的读者告诉我,由于来自上下左右种种掣肘,杨本伦已满怀遗憾地离开了东北庄村。因为,随着名气的增大,他的施政反而越来越困难,别的村报的支农项目能批下来,东北庄村的却不行,解释是:"你能耐多大呀,还需要向我们要项目?"不断有人指责他哗众取宠,还有人说他思维古怪……更令他不能接受的是,县里硬让他兼了一大堆行政性的职务。理由是:"你是名人。如果不用你,舆论会说我们压制你,也不好向上面交代……"

　　杨本伦"缴械"了,去了深圳。据说他走时十分困惑:农村迫切需要知识青年,知识青年又愿意为农村奉献,彼此情投意合,为什么却成分飞劳燕?

　　其实,知识分子下乡,困惑如杨本伦者,并非少数。河南十位应届大学毕业生,结伴落户河南荥阳一个村,与当地签订了为期十二年的土地综合开发承包合同。这种"带着知识下乡来"的举动，曾一度传为佳话。一年后，记者再次来到这个村，却得知他们早已铩羽而归。某省曾制订种种措施鼓励大中专毕业生走向农村，媒体一片叫好。可前不久，这个省人事部门的一位领导告诉我，这些毕业生十之八九返城了。

中国的第一国情是农民问题。作为一个农业大国，没有现代化的农村，就没有现代化的中国。而建设现代化农村的前提是提高农民的素质。随着知识经济的到来和加入 WTO 的临近，提高农民素质，较以往任何时候都显得更为迫切。由于种种条件的限制，在农村社区内部，幻想短期内崛起一代高素质的农民，是不现实的。知识分子走向农村，撒播知识火种，用先进的思想去武装农民，确实是提高农民素质的一条捷径。

为知识青年搭建一个在农村实现抱负的平台，探索新形势下知识分子与工农契合之路，应该、而且必须摆上各级政府的议事日程。

如果杨本伦来到你的乡里，你打算怎样对待他？

（2000.12.25）

72.建些水果"绿色通道"

　　说到卖果难,现今,无论北方还是南方,都不是新鲜话题。的确:红艳艳的苹果在北方产地,两三元1公斤,鲜有人问津;同样,一度是果品宠儿的荔枝、龙眼,广东、福建六七元1公斤,就很难找到买主。

　　于是,有人得出这样的结论,水果供过于求了。

　　不过,留意一下市场又会发现:在北方烂了市的苹果,运到广州,5元钱一个,仍很抢手;荔枝、龙眼,北京市场上,二三十元1公斤,照样卖得脱。有关部门曾经作过一项统计:热带水果,北京与产地的差价约为30—50倍。

　　看来,说水果供过于求,只是相对于产地而言,放眼全国,真就未必了。前年在新疆巴州采访,吃过一种叫木纳格的葡萄,绿翡翠一般,往嘴里一放,只觉得甜味往心里沁。这么好的东西,在当地,5元钱一筐还没人买。如果放到北京,还不知身价高出多少倍了。可惜的是,在京城,至今不曾看到它的踪影。

　　再从人均水果拥有量看,中国是德国的1/24、美国的1/26、瑞士的1/32。

　　"抓流通抓流通",尽管我们喊了很多年,事实告诉我们:流通不畅,仍是造成水果卖难的重要原因。

　　流通不畅,问题到底出在哪里?

　　前不久,我走访了一位姓王的运输个体户。他同我算了一笔账:1公斤龙眼广州的批发价在8元左右,北京16元左右。也就是说,每公斤龙眼两地的差价是8元。若用解放牌卡车从广州往北京贩运,一车按5吨计,那么,每车两地的差价是40000元。广州到北京运距2300公里,解放牌卡车耗油一般是100公里30升,每升70#柴油大约3元,2300公里大约2000元。加上司乘人员的吃饭住宿,单程 5000 元足可以打住了。

　　既然如此,为什么大部分运输户不愿干呢?

　　他说:一是路上关卡太多。过桥费、过路费,一茬接一茬交。有的地方,短短几十公里,要交三四次费。各种名目的罚款,更是接连不断:超高、超重、超宽要罚款,大灯、转向灯不亮要罚款,车容不干净要罚款……这些费用林林总总算下来,没有三四千块打不住。这些还不算,最令人头疼的是,货到目的地后,有时,十天半月逮不出去。前年,他运过一次荔枝,整整压了 11 天,大半全烂了……

　　老王感慨道:如果路上少一些关卡,货一运到就能出手,回程还可以拉些顺手货,那该多好!

　　写到这里,我忽然产生了这样一个想法:前些年,不是有些地方建设了"蔬菜绿色通道"吗? 那么,我们也在水果产区与中心城市之间建设一些"水果绿色通道"如何? 在这个通道内,不该有的关卡、收费一律取消;在这个通道内,产、供、销联成一条龙,社会化服务体系得到强化。这样,买难卖难问题就会有效解决。

(2001.02.19)

73.愿我们有更多的"绿色"

去年夏天,一位大学同学来京,闲聊中说起北京的桃子,赞不绝口。她说小时候随父亲来北京时曾吃过大名鼎鼎的"北京桃",按她的说法,真是甜得赛蜜,香得沁脾,多少年了,仍念念不忘。隔日,我专门上街挑大个儿的买了一兜,请她品尝。谁知,她只咬了一口,便停了下来,满脸诧异地望着我。我拿起一个尝了尝,也呆住了:木渣渣的,实在难以下咽。

过了不久,我在京城一家报纸上看到这样一则消息,说经有关部门抽查,京郊部分果农为了桃子丰产,在桃子即将成熟时,大量喷洒黄醌酮溶液,致使桃子在短期内迅速膨胀。这样的桃子,不仅口感差,对人体还有害……

类似的尴尬事儿,生活中还有很多。不是常听人们这样念叨嘛:如今的水果没有原来的甜了,如今的肉没有过去的香了,如今的菜没有从前的鲜了……其实,口感还在其次,说到饮食安全问题,更是让人担心:什么吃韭菜引起中毒了,什么吃鸡导致淋巴肿大了,吃螃蟹得了甲肝了等等令人吃惊的新闻,不时见诸报端,弄得家庭主妇买菜时要专挑有虫眼的,买鱼买虾要先问一问是不是野生的。

这些年,现代科技成果在农业上运用得越来越广泛,这对农产品产量的提高起了很大的作用!但是,科技又是一柄双刃剑,如果不能科学地运用它,带来的副作用也是显而易见的:譬如,膨大素、生长素能提高农作物产量,但过量使用,残留药物会影响健康;譬如,化肥可提高地力,但长期使用不仅造成土壤板结,还会影响农作物质量……而前几年香港的禽流感,去岁荷兰的二噁英,最近英国出现的疯牛病,更是明证。尽管这些"怪胎"在大陆还没有发现,但它们一遍又一遍地在为我们敲着警钟。

　　我们已经告别了短缺经济,衡量生活质量是不是有了提高,量是一个标准,质更是一个标准。与一些发达国家相比,我们在食品的生产和安全管理方面,还有一定差距:拿畜产品来说,目前我们大多还是一家一户散养,从生产到餐桌的各个流程,基本脱节,这样,肉产品的质量就很难保证。此外,动植物的检疫标准,食品安全的有关法规,也亟待完善……

　　可喜的是,上述这些问题已经引起了国人的重视。近两年的结构调整中,很多地方把发展"绿色"食品作为调整的方向;很多科研部门也开始着手研究绿色农药、绿色化肥、绿色饲料;在最近召开的"两会"上,生态环境及食品安全问题,更是代表、委员们谈论的热门话题。我们期望:"十五"期间,我们的餐桌上,不仅有更加丰盈的食物,还会有更多的"绿色"。

(2001.03.19)

74.跳出来后脚踩在哪里

　　农民希望干部别当甩手掌柜;干部呢,则为怎么管发愁。管也不是,不管也不是。真是个难题!

　　谁要是说基层干部很清闲,不是事实!我在县里挂职时深有体会:干部从早到晚,可以说忙得脚不沾地。

　　不过,忙些什么呢?去年我曾写过这样一篇文章《一年开会二百多》。谁知文章见报后,一位退居二线的县委书记给我来了封信,说,若论参加会议的次数,他更胜一筹——有一年他参加会议的次数超过了300个。有些会议确实没必要开,但大家都在开,似乎不这样就不是抓工作。

　　他感慨道:沉溺于形式主义,是干部工作错位的一个突出表现。

　　此外,"干部就是领导,领导就是命令"这一观念,在一些干部头脑中根深蒂固。不是曾流传这样的顺口溜吗:"工作就是开会,协调就是喝醉,管理就是收费。"最要命的是后面抖的那个包袱:"领导说的都对。"

　　搞形式主义可怕,如果形式主义和强迫命令结合在一起就更可怕了。你想,醉心于搞形式,能不使决策脱离实际吗?而错了也必须听又会带来什么后果呢?

　　因此,干部要适应市场经济要求,首先,必须从形式主义和强迫命令这一窠臼中跳出来。

　　跳出来后脚踩在哪里?

　　从大的方面讲,完善社会化服务和管理职能,整顿市场经济秩序,规范各类竞争主体的市场行为,都是干部不可推卸的责任。就具体工作而论,该干部干的事儿就更多了。譬如安徽农民在来信中提到的那些有关农业产业化的问题,不就是干部应该考虑的吗? 再如登封一个叫王国卿的读者来信中提到的有关假种子、假农药的困扰……引导农民科学种田,干部责无旁贷,而让科学种田落到实处,为科学种田"保驾护航",更应该是干部分内的事儿。

"领导就是服务"这句话喊了很多年,怎样才能真正落到实处呢? 最近在河南民权采访,这里的做法值得借鉴:民权县委、县政府组织干部深入农村了解农民所思所想,然后归纳出"农民20盼",将"20盼"印成材料下发到乡村各级,要求干部对照农民的"盼"去开展工作。此举一出,群众好评如潮。

一句话,只有从群众的要求出发,把群众的利益作为我们工作的出发点,才能深得民心,我们的工作也才能有成效。

（2001.09.10）

75.种树别成了种"数"

如果哪位有心统计一下今年"植树节"期间全国植树的总面积,数字肯定大得惊人!

这不,手头有张"植树节"次日的某大报,头版"信息集纳"栏目报道了4个省的植树面积:最少的300万亩,最多的达2000多万亩。

说实在的,看完这些报道,我却兴奋不起来,心里老犯嘀咕:到底植活的有多少呢?

那年到山东采访平原绿化工作,一个老农说得很形象:"要是把这些年俺村种树的数字摞起来,恐怕连俺家的锅台上都是树了。"有人做过一项统计,如果把1979年到1989年10年间各地上报的植树面积加起来,全国没有一寸裸露的土地。

事实是这样吗?显然不是!

这些年,我们的经济工作已从数量型向质量效益型转轨,可植树的观念呢?并没有太大的改观。年年栽,年年成绩斐然,可成活率如何,很少有人问津。

80年代初我在西北某地念大学时,每年"植树节",学校都要组织大家上山种树。种的是那种树冠硕大的马尾松。听绿化处的同志讲,这些树苗从江西千里迢迢运来,一棵的成本要60多元呢。"橘生淮南为橘,生于淮北则为枳。"那么,江南的树苗到了塞北能成活吗?只要稍有常识的人,恐怕都会有这个疑问。可我们硬是栽了4年,等大学毕业想去拍张留念照时,漫山遍野鲜有存活的。

其实,这样的例子还有不少……

种树并不难,难的是成材,难的是绿树成荫。

这些年爱林护林的法规颁布了不少,可光有法规还远远不够。因为不管多么完备的政策或法规,如果化不成大家的自觉行动,难免"上有政策,下有对策"。你看,就在"植树节"捷报频传时,我看到这样两则消息,一则来自《北京晚报》:京郊有些旅游景点打着"植树游"的招牌,早早地低价进了一些便宜树苗,先种在土里,等游人来了再刨出来。这样的树苗成活率很低。另一则来自《西安晚报》,该报记者"植树节"那天在骊山南麓看到:"岩石和黄土大面积裸露着,山沟两边的绿色植被几近绝迹。正在这里挖石头的一个农民告诉记者,他们拉一车石头能挣四五元钱……"

的确,如果爱林护林不能化成大家的自觉行动,那么,就难免把种树变成"种数",那么即使爱林护林的口号喊得山响,终逃不脱"栽了伐,伐了栽"的怪圈。

如何使爱林护林化成大家的自觉行动呢? 最重要的是把树"种"进心田,让绿在我们的心中延伸,让维护环境成为公众的道德良知。有了这种良知,不需要刻意监督,大家都会自觉按同一规则行事。前些天和一个朋友聊天,他夸自己5岁的闺女如何懂事云云。他举了这么个例子,说别的小朋友经常到小区的草坪里玩耍,而他的闺女从来不进去。从孩提时代他就教育孩子:"小草是有生命的,它是人类的朋友。"他把爱护环境的这种理念根植进了孩子心田。

我坚信,他的闺女,不仅是现在,即使长大也不会践踏草坪!

(2002.03.25)

76.您会照着做吗?

　　小时候看梁斌的《红旗谱》,对书中主人公朱老忠的那句口头禅印象颇深:"出水再看两腿泥。"这个在滹沱河上讨生计的汉子,水之于他,无疑成了生命的一部分。

　　不过,朱老忠如果活到今天,他可能不得不修改他的口头禅了——滹沱河从80年代中期开始已全然干涸。朱老忠再踏进滹沱河,想有两腿泥,只能是奢望了。

　　以前听人说,华北地区"有河皆干,有水皆污"。记者很不以为然,认为是夸大之辞。这次随水利部门实地勘察,才有了切身感受。50年代,从保定坐船沿府河可以一直开到天津,而现在的府河,河床里长着绿油油的庄稼;滹沱河因为河床长期裸露,车在河床里行驶,沙尘飞扬,据说春天它是华北地区的又一个沙尘暴源……

　　河北省水利厅的老厅长李志强告诉记者,不光地表缺水,地下水也在减少。这位老水利说,50年代至今,河北已经更新了5代取水工具了:先是水车,接着是离心泵、简易深水泵、工业深水泵,现在要用潜水电泵。随着工具的更新,地下水水位也从几米、几十米、几百米、上千米,层层向下推进。许多地方即使打到二三千米深都见不到水……

　　缺水,不但影响了工农业生产(仅河北每年因缺水造成的经济损失就达上百亿元),人们的生存也日益受到威胁!请看看专家提供的这组数据:河北怀来的沙漠距北京已不足100公里;因为缺水,河北940万人不得不饮用高氟水。专家在泊头市抽查了一所中学,47个学生,患氟斑牙的有45个。

　　无节制地开采地下水,还把后患留给了子孙。深层地下水和煤炭一样属不可再生资源,抽去多少就会留下多大的窟窿。北京周围已形成了1000平方公里的漏斗区,沧州则达到5万平方公里。漏斗,会导致地面下沉(50年来,天津市区地面已下沉了3米),海水倒灌,还会诱发地震。

这些年生活在北方的人有这样一个感受:"天怎么越来越热?"缺水,是罪魁祸首!

空气和地表水交换充分,气候才能凉爽,地表无水,就无法交换,气候自然就变热了。据有关部门统计,进入90年代中期后,北方的郑州、石家庄、济南、北京,夏季积温已经高于原来南方的"四大火炉"。

其实,更让人担忧的是节水意识在人们头脑中的淡薄:记者在采访时看到,一边是旱得龟裂的土地,一边仍在采用大水漫灌。据悉,我们的灌溉亩均用水量是美国的4倍,以色列的17倍……难怪有人说,如果不增强节水意识,即使实施了南水北调,问题仍难从根本上得到解决。要知道,我国水资源的人均拥有量,仅相当于世界人均拥有量的1/4。

写到这里,记者想说说日前在美国访问时看到的美国人的节水情况。美国人均拥有的水资源量是我们的十几倍,但是美国人节水却到了至纤至细的地步。任何一个宾馆的桌上都会放着这样一张卡片:"珍惜水就是珍惜我们的生命! 您能减少床单的洗涤次数吗? 如果您愿意,请将卡片放在床头。"走进浴池,你又会看到这样的警示:"如果不是特别脏的话,您能否用毛巾擦拭一下身体而不是拧开水龙头?"

在美国,不论你参观哪个水利设施,工作人员都会送给你一个贴在水龙头、冰箱或是壁柜上的节水工艺品。我把这些工艺品上介绍的节水常识抄录给您:"滴水,一小时会浪费3.6公斤的水,一个月就是2.6吨;连成线的小水流,每小时浪费17公斤,每月就是12吨。"

"养鱼的水千万别倒掉,用来浇花,花会更艳。""淘米水或是煮过面条的水用来洗碗筷,去油又节水。"

……

看了这些常识你有什么感想? 您会照着做吗?

(2002.08.19)

77."福利水"还能喝吗?

　　写完这篇节水文章,觉得言犹未尽,想接着再唠一唠。

　　节水意识淡薄,除了观念问题,与我们长期喝"福利水"也有关系。

　　一瓶矿泉水可以买 100 吨灌溉水,这是奇谈吗? 不是!

　　世界上,没有任何一个国家像我们这样悠然自得地喝着"福利水",哪怕是瑞士这样的高福利国家,水价也都远远高于成本。而我们呢:目前,中央水利工程干渠渠首供水价格平均每吨只有 1.5 分,每吨亏损 1.8 分;地方水利工程斗渠出口供水价格平均每吨也只有 3 分,每吨亏损 1.7 分。

　　就是这样的价格,收起水费来依然非常艰难。河南方城县一位副县长给我讲过这样一个故事:一次,一位农村妇女拒交水费,干部问她原因,她理直气壮地说:"水是天上下的,渠是俺爹参加修的,凭啥让俺交钱?"

　　可以说,时至今日,仍有不少人把水的自然属性和商品属性分辨不清。不错,雨水不是商品,但雨水经过人类的开发利用,如水利工程的控制、拦蓄,已改变了时空分布。这样的水,不仅具有使用价值,同时具有交换价值。你能说它不是商品?

　　据有关部门统计,每年因收水费引起的水管人员与农民的冲突事件就达数百起,有的地方甚至发生了水管人员被打伤致残的恶性事件。

　　做生意,没人愿意亏本,但就供水而论,建国以来,我们确实一直做着亏本买卖。

　　水价偏离价值,于是便出现这样一种奇怪的现象,一方面是水资源严重短缺,另一方面又存在着水资源的惊人浪费。1995 年初冬,我到宁蒙灌区采访,映入眼帘的竟是无边无际的泽国,很难相信这是在大西北! 当地水利部门的同志用棍子探了一下，积水足有 1 米深。

因为水价低，尽管我们喊破嗓子要求节约用水，但许多农民惦记着把家中的电灯关掉，却记不住把灌溉渠的闸门关上。“先浇沟，后浇路，最后流到地里头”，成了许多地区农田灌溉的真实写照。目前我国农业水的利用率不及 50%啊。

因为水价低，水利工程在创造巨大财富的同时，也在创造着自身的贫困。管理单位亏损运行，每年只能靠国家补助的资金勉强保工程、养人员，渐渐陷入了工程老化失修、供水不稳、人员流失的被动局面。以江都水利枢纽为例，建成至今，共引水 1000 多亿立方米，对改变苏北地区“旱涝交呈”面貌，起了决定作用。按规定，机电设备的安全运转期是 15 到 20 年，但 40 年过去了，江都水利枢纽的设备却没有大的更新。原因呢，只有两个字：缺钱！

有关部门的调查表明，因为缺钱，80%以上的水管单位生产经营难以为继。供水越多，亏损越大。可以设想一下，一个企业只有投入而没有产出，能维持下去吗？

现在一提到水涨价，很多人会跳起来。看了我这篇文章，不知道您会不会帮着劝劝？

（2002.8.26）

78.明天还有海鱼吃吗？

写下这个题目，肯定会有人一哂：海捕业产量年年上升，能无鱼吃？

不错，仅看产量，我国海捕业每年以近百万吨的速度递增。不过，您可能不知道，我国渔业资源正面临枯竭之虞：1991 年中日渔业调查船对东黄海 79 个渔区作大面积调查时，只捕获了 24 尾大黄鱼。而东海渔政局沈家门渔政站的观测船，去年至今，竟未见到一条大黄鱼。

在舟山普陀区采访时，一位船老大无限伤感："五六十年代，每到大黄鱼渔汛，在岸上就能听到嗷嗷鱼叫。哪一网下去不捞它几百公斤？现在，唉……"

大黄鱼、小黄鱼、墨鱼、带鱼曾是我国传统的四大经济鱼类，时至今日，除了带鱼，其它三种鱼已基本形不成渔汛。即使带鱼，前景也不乐观，科研部门的检测表明：带鱼资源结构已趋于一年生一年捕的单世代种类，去年夏汛各渔区捕获的带鱼中，不足一龄的晚生带鱼的比例超过了 90%，平均体重从以前的 250 克下降到 100 克。这种小型化、低龄化的倾向告诉人们这样一个不容争辩的事实：我国带鱼的种群结构正在严重恶化！有人预测，这样下去，不出 10 年，带鱼将步其他三种鱼的后尘。

资源枯竭，与我们过度捕捞有关。1985 年，我国水产品市场率先放开。开放的市场为渔业生产注入了极大的活力。低投入、高产出的捕捞业唤起了人们的生产积极性。不仅沿海，甚至江西、安徽、湖南等内陆省份的农民也加入了捕捞行列。1985 年，我国海洋机动渔船不足 10 万艘，1995 年猛增至 30 余万艘，马力数也由原来的 500 万增加到 1600 万。

渔业作为再生资源，有其生态系统性。如此强度的捕捞，必然超出渔业资源的再生能力,资源减少将不可避免。舟山市沈家门渔政监督站近年的跟踪调查表明:舟山渔场的资源密度在急剧下降,80 年代初,1 马力年平均捕捞 1.05 吨,现在不足 0.35 吨。

如此,便陷入这样一个怪圈:资源减少,人们为了尽可能多地捕捞,拼命增加船的马力、吨位,而马力、吨位的加大,将使资源密度愈来愈小,最终将不可避免地导致渔业资源的枯竭。

那么为什么就不管一管呢? 目前我们的渔业管理体制的实质是"分级管理"。所谓分级管理,是指各地的渔业生产和渔政管理由所在省市的水产部门负责,干部的任免由当地领导决定。产量是衡量干部政绩的硬指标。这就必然导致水产部门想方设法提高捕捞产量。

由于缺乏宏观管理,加之海洋所独有的资源开放性和共享性,还容易使人产生这样一种攀比心理:我不捞,不能保证别人不捞。我在保护资源,别人却在捕捞,那我不就吃亏了吗? 1983 年,舟山市的 13 名船老大联名上书市政府要求休渔。于是,市政府痛下决心,全市 7、8、9 三个月休渔。谁知左邻右舍却趁机大肆捕捞。舟山市无奈于 8 月下旬开禁……

从渔民自身看,这些年船越造越大,成本越来越高,为了早日收回成本,只有增加捕捞强度。在沈家门渔港,一位姓余的船老大告诉我,去年他们兄弟三人借了 80 多万元造了一条 270 马力的船,一个月仅利息就得 2 万多元,不拼命捕捞如何还债?

强大的捕捞力量,有限的作业渔场,疲软的执法力度,如此,渔业资源能不趋于枯竭吗?

资源枯竭了,你还想吃海鱼?

(1997.09.10)

79.这样开荒,不是个事儿

没有水浇灌,地里能长庄稼吗? 这个问题,恐怕稚童都答得上来。

然而,在生产实践中,并非时时都给出了正确答案。日前,记者在西北地区采访时发现,滥垦之风在一些地方再度兴起。个中,有个人行为,有的甚至系政府行为。有个贫困县,仅今年春天开荒就达7万亩。还有个县,目标更加宏伟,提出的口号是"5年开荒50万亩"。

有个乡的领导因为组织开荒受到了有关部门的处理,县里一位管农业的领导很为他抱不平:"国家粮食紧张,开荒是在为国家作贡献。难道为了生态,就不吃饭了?"

记者在采访中发现,持这种观点的人,并非少数。

对于一个人口大国来说,粮食问题,确实须臾不能放松。但是,我们在利用土地时,一定要本着实事求是的科学态度。水土条件都很好,却让土地抛荒,这是一种不负责任的行为,甚至可以说是犯罪。如果不具备这样的条件,盲目开荒,也同样是在犯罪。

塔里木河流域生态的兴衰,可以说是给了我们很好的警示。塔里木河是新疆各族人民的母亲河。历史上,这里"胡杨翳野,芦荻、红柳密如丛帘",前些年,由于对水土资源的不合理开发,塔里木河源流进入干流的水量不断减少,生态不断恶化。1972年以来,塔河下游363公里长的河道长期断流,尾闾台特玛湖干涸。无水,导致两岸胡杨大片死亡。失去了植被围护,土地便迅速沙化,下游塔克拉玛干沙漠和库姆塔格沙漠逐步合拢,生活在下游的数十万各族群众面临着被风沙逐出家园的危险。

干旱少雨是西部地区的共同特征。在这样的地方发展生产,首先必须考虑到水的承载能力,量入为出,有多少水开多少地,适合生长什么就种植什么。无视这一点,无论你的主观愿望多美好,结果只能是被大自然结结实实给一嘴巴。西北某县位于沙漠边缘,1967 年至 2002 年,这个县共营造人工绿洲 27 万亩,与此同时,这个县的天然绿洲也有 20 多万亩严重沙化。最让人痛心的是,好不容易营造起来的人工绿洲,随着天然绿洲的丧失,也在一步步缩小。究其原因,是人工绿洲占用了天然绿洲过多的水量。有人称这种现象为"生态搬家"。

天然绿洲是经过大自然多少年的磨砺保留下来的,对抵御沙漠侵袭具有不可替代的作用。如果作为人工绿洲和沙漠之间的天然绿洲不能保持适当的面积,那么,人工绿洲也将不能保持,这是一个不可违抗的自然规律。丝绸古道上许多古城成为遗迹,就是人工绿洲消失的见证。

顾此失彼,或是头痛医头,脚痛医脚,这样的亏我们可不能再吃了!

(2004.07.12)

80.千万不要一窝蜂

今年,有关农村消费的话题热了起来,先是有关部委出台了"万村千乡"工程,旋即各省闻风而动,有的提出"用3年时间将连锁店普及到70%乡镇、50%自然村";有的出台文件规定"连锁店一定要规模化、标准化、现代化";还有的省,为了加快连锁店建设进度,将目标责任进行分解,层层签订目标责任制。

确实,开拓农村消费市场,对提高农民生活水平、构建和谐社会意义重大。改革开放已进行了20多年,凭什么我们的农民兄弟买东西只能是:"油盐酱醋在村里、服装百货赶大集、大件商品进城里"呢?

有关部门下大力气改善农村消费环境,应该说是抓住了当前农村问题的症结,是顺应民意之举。

不过,这一好事,怎样才能办好,还有值得商榷的地方。常言说得好:"赔本的买卖没人做",一个简单的道理是,你店里的商品,只有卖得出去,你的店才能开得下去。连锁店生存的前提,是必须拥有一定的消费群体。前些年,某报曾刊登这样一篇文章:《农村消费者,要大胆消费哟》。当时,我在一个贫困县挂职,住对门的一位基层干部谈起这篇文章很不高兴:"这个作者,完全脱离实际。兜里有钱,谁不知道消费?"

眼下,像"长三角"或"珠三角"这样富庶的地方,毕竟是少数,大部分中西部地区的农民口袋还紧张得很呢。如果不顾这一事实,即使你把北京的东安市场或是王府井百货大楼搬到农民家门口,也未必真能解决农民的买难问题。

所以,改善农村消费环境,推行商业连锁经营还要遵循实事求是的原则,量力而行。对富裕起来的地区,可以适当扩大连锁经营范围——"苏果超市"模式就是成功的例子。但对于大部分中西部农村地区来说,要循序渐进,量力而行。如果不分具体情况一哄而上,或者采取行政措施强行推广,其结果是既方便不了农民,商业经营单位也会大亏其本。到头来,只能落个花钱赚吆喝。这些年,也有不少地方大打商贸牌,建了一座座商贸城,结果是有城无市,最后呢,只好关门大吉。

当然,中西部地区在推广农村商业连锁经营方面,并不是说可以无所作为,稳妥的办法是,依托当地业已形成的集贸市场稳步推广,成熟一个建设一个,而不必强调"村村普及",更不要设什么时间表。商业运行有其内在规律,不是有这么一句话嘛:"强行建市不是市!"

(2005.04.18)

81.投入也有咱的份儿

　　去年以来,先是浙江等沿海发达地区宣布取消农业税,随后内地不少地区积极跟进。截至目前,全国已有 27 个省区市免征或者决定免征农业税。今年 1—4 月,全国农业税、牧业税比去年同期减收 10.36 亿元,减收幅度达 77.3%。专家认为,今年全国农业税收入将由 2004 年的 232 亿元减少到 15 亿元左右,减幅达 93%。

　　交"皇粮国税",对农民来说,千百年来是不变的法理。而今,国家下大力气"减负",足可见国家对"三农"问题的重视,也体现了政府的拳拳爱民之心。目前我国的农业基础整体还很薄弱,农民手里的积累也很有限。只有"多予少取"让农民休养生息,他们才有能力进行生产投入,我国农业的整体水平才能提高。令人欣喜的是,不少地区取消农业税之后,农民生活有了一定的改善,生产热情也空前高涨。

　　但也有一些地方,国家的这项惠民政策在"跑冒滴漏"中蒸发了。西北某省一个贫困地区农调队的最新调查显示:国家减免农业税后,农民用于生产方面的投入,比以前提高了 3 个百分点,而建房和婚丧嫁娶两项的花费却比以前提高了 11 个和 14 个百分点。

　　与建房、婚丧嫁娶一起"水涨船高"的,还有耍钱。我熟识的一位乡党委书记告诉我,他们乡里的农民农闲时节喜欢推牌九,以前一盘下来,输赢是三五毛钱,现在涨到了一块多。有一户农民,家里积攒了一笔钱,准备夏收后交农业税。后来听说政府取消了农业税,男主人大喜过望,拿这笔钱去推牌九,谁知一个晚上 200 多块钱输了个精光。女主人气不过,喝了农药……

　　长期以来,我们对农业欠账太多。目前许多地方的水利设施,都是"一大二公"时期所修,受当时经济条件和技术条件限制,有些设施质量水平不高,运转到今天,早已是"伤痕"累累。水利部门的一项调查显示,我们还有40%的大中型水库亟待加固;而中小型水库的"病"、"险"程度在日益加剧。不久前,南方某省因水灾造成人员伤亡,罪魁祸首就是当地的一个"大跃进"年代修的小水库垮坝……

除了水利设施,我们还有大量的中低产田需要改造,牲畜、粮种需要改良换代,农业机械化水平需要提高……此外,随着科技日新月异,农民也亟需充电。凡此种种,都需要大量的投入!

今年中央1号文件的主题是加强农村工作,提高农业综合生产能力。而要提高农业综合生产能力,前提就是要加大投入力度。投入,不能把目光只盯着政府。"众人拾柴火焰高",每个农民也都需要贡献自己的一份力量。常言说得好:"好钢用在刀刃上",把手头的钱花光用净,等于是"杀鸡取卵";而把钱用于农业生产投入,等于是"养鸡生蛋"。这个账,农民兄弟一定算得明白。

(2005.06.13)

82.巴旦木告诉我们什么

如果你到新疆,当地朋友一定会劝你带些巴旦木回去。

巴旦木是世界四大著名干果之一,果仁类若杏仁,入口香味盈喉沁心。巴旦木不但好吃,营养价值也很不一般,比同重量的牛肉高出 6 倍。国际市场上,1 公斤巴旦木果仁可卖到 8 美元。在我国,只有新疆南部一些地区出产巴旦木。可惜的是,这么好的东西,产量低得可怜,一亩地也就三四公斤。由于产量低,农民很少有种巴旦木富起来的。

巴旦木为什么产量如此低?千百年来,大家只埋头种植、采摘,很少有人去探个究竟。两年前,自治区农科院一位科研人员开始关注这个问题。他研究发现:巴旦木虽然与杏、桃、梨一样,同为"虫媒花",但巴旦木花远远不如杏花、桃花、梨花香气浓郁,如此,春天百花盛开时,来采蜜的蜂群大多都被其它的花吸引去了。

要提高巴旦木的坐果率,必须在花期把蜜蜂吸引过来。这位研究人员尝试着往树上喷洒蜂蜜水。这一简单办法,带来惊人的效果:蜜蜂纷至沓来。秋季一盘点,巴旦木的亩产一下子提高到了 80 公斤左右。从三四公斤到 80 公斤,这是多么大的跨越!产量上去了,巴旦木种植户的腰包自然噌噌鼓了起来,巴旦木种植面积迅速扩大。巴旦木的"壮大史",使我们再次领略到了科技对于农民增收的重要意义。

这些年,扶持农民增收,一直是各级政府的工作重点。尽管增收的方式多种多样,但农业内部的挖潜丝毫不能放松。有时候,也许就是耕作方式的小小变更,会带来意想不到的效果。

在新疆种瓜这个行当里,提起刘三海,不知道的人恐怕不多。这个小个子四川人,10多年前才到新疆种瓜。他种瓜的方法,当地瓜农很是不解:别人一穴种一把;而他一穴只种一粒,且每一粒种子都要经过紫外线杀菌消毒。别人施肥,往瓜的根部一撒了事;他呢,要求埋成圆锥形,说这样肥力才能被有效吸收。浇水时,何时浇,浇几公分,所有的地块整齐划一。藤蔓上第几个叶片处坐瓜,甚至瓜蔓的长短,叶片的多少,棵棵瓜都被修整得完全一样。别人,一根藤蔓上留2—3个瓜;他只留一个瓜,说只有这样,营养才能集中供应。而且,他每周都要给瓜翻身转体,说要让瓜全身日光浴。瓜收摘前,别人总是可着劲浇水,这样可以增加分量呀;而刘三海,却尽量少浇水。一个同样大小的瓜,他的瓜要比别人的轻半公斤左右。

收获季节,当三海甜瓜卖出了比别人高出十几倍的价钱时,人们才明白了:刘三海并不傻。

其实,这样的例子不胜枚举。都知道西瓜是圆的,可山东农民培育出了方形西瓜,由此使西瓜的仓储和运输成本大大降低,这里的农民自然是挣得盆满钵满;农药残留让果农伤透了脑筋,河南虞城的农民尝试着给苹果套上纸袋,产品一举销到了海外……凡此等等,传递给我们这样一个信息:增收,农业内部挖潜的空间还很大很大,只要开动脑筋用科技翅膀去"孵化",一只只增收的小鸟就会扑扑楞楞飞起来。

大包干以来,许多地方的农技人员抱怨无事可干,有不少地方"七所八站"甚至濒临解散。看了这些事例,不知这些同志是不是有所触动。要知道,目前我国科技在农业增长中的贡献率,尚不足发达国家的1/2!

(2005.06.27)

83.扩大规模先造"腿"

乌鲁木齐北园春批发市场的果瓜商,眼下是悲喜两重天:

经营木纳格葡萄的,入冬以来,就没有露过笑脸:8公斤一箱的上好葡萄,批发价只要10元。来自南疆的肖开提心疼得直掉泪:从阿图什运了10吨木纳格过来,已经半个多月了,还有一半没卖掉。积压时间一长,葡萄开始霉变,拣出去的烂葡萄足有五六箱。

而经营干果的,可就偷着乐了:酥皮巴旦木一公斤至少55元,纸皮核桃最便宜的一公斤也要25元。这些干果每公斤的价格,均比去年贵了10多块。

由于独特的地理位置和气候条件,新疆瓜果的质量独步天下。所以说,瓜果应该是新疆的特色产品。近几年,新疆大力发展林果业,全区林果面积每年以百万亩以上的速度扩张,目前全区林果总面积已突破1100万亩,新疆人均瓜果面积超过了半亩。

但问题也随之而来,同样是特色产品,就质量而论,也难分轩轾,有的让农民挣得盆满钵满,有的却实笃笃砸在了手里。木纳格葡萄与巴旦木、纸皮核桃泾渭分明的遭遇就是明证!

那么,问题出在哪里?原来,木纳格葡萄尽管质量没得挑,但不耐储存,受不得颠簸碰撞,新疆运距又远,往往是葡萄还没有运到内地市场,质量已经出现问题,到头来丰收果成了"窝心果"。

看来,特色产品作为一个地区的资源优势,要转化成经济优势光靠扩大种植面积、形成一定规模还远远不够。有了特色的东西,并不等于就可以乐呵呵傻等着天上掉票子,还必须充分考虑产品与市场的对接问题。不能和市场有效对接,不管产品的特色多浓郁,想使荷包鼓起来,难!

在这方面，其实不少地方都曾有过惨痛教训，前些年广东的荔枝、海南的香蕉"烂市"不就是如此吗？

这就引出了又一个问题：一些特色产品，由于市场适应性差，比如，不耐储存、经不得碰撞等，是不是即使质量再好，也"永远长不大"呢？

并不是这样。政府可以创造使其与市场对接的条件。如今在内地市场"遍地开花"的哈密瓜，其实，以前的储藏期并不长。是吴明珠等科研人员积数十年之功，对哈密瓜不断地进行栽培改良，才使哈密瓜可以储藏一个冬天。同样，库尔勒香梨能够香飘海外，也与科技人员的努力分不开。过去库尔勒香梨不单产量低，储藏期也就个把月，后来在科研人员的努力下，不但香梨的产量提高了 10 多倍，储藏期也延长到了几个月。

从某种意义上说，农产品在市场上能走多远，关键要看科技这条"腿"有多长。

这就告诉我们，在对接条件不具备的前提下，盲目扩大规模，不如先去打造对接的这条"腿"。只有"腿脚"便利，闯起市场才更轻捷。

（2005.12.11）

84.从乡土文化入手

日前,中共中央办公厅和国务院办公厅联合下发了"关于进一步加强农村文化建设的意见",强调加强农村文化建设是构建社会主义和谐社会的内在要求,还对农村文化建设的目标、任务作出具体部署。这个"意见"的出台,对丰富农村群众文化生活,促进农村经济社会协调发展,无疑具有重要意义。

有人形容现在有的地方的农村文化生活是:"街头摆个案子(台球),桌上放个框子(电视机),逢集(集市)赶个场子。"还有人说得更形象:"治安基本靠狗,交通基本靠走,通讯基本靠吼,娱乐基本靠酒。"确实,与日益丰富的物质生活相比,农村的文化生活还不尽如人意。有些偏远山乡,乡亲们至今仍日复一日重复着"三饱一倒"的生活。

一家研究机构对河南、山东、安徽农民的抽样调查表明,去年,农民一年中用于田里的劳作时间平均为57天。随着农村各项制度的完善和农业机械化水平的提高,农民自由支配的时间越来越多了。也就是说,有部分农民的大部分时间处于可以休整的状态。

另一个事实是,目前相当一部分基层干部除了计划生育、征粮收税和农民打个照面外,对村里的文化生活少有问津。健康的文化生活不去占领农村文化阵地,难免就给封建迷信等不良现象在乡村蔓延以可乘之机。如果"脑袋空荡荡",任凭"口袋鼓囊囊",建设新农村也是一句空话!

文化氛围的形成,个体素养的提升,是个长期的、系统的"浸润"过程。农村文化建设要收到实效,须扎实推进,稳步提高,想"一抓就灵"或"一口吃个胖子",到头来恐怕事与愿违。不久前,记者在西部农村采访,一位乡领导告诉记者他们正在大力推行"信息化农村"建设——让农民通过计算机享受现代文明。尽管这位领导讲得头头是道,出发点非常之好,听了却让人心里打鼓:别说是在经济落后的西北,就是在经济发达的沿海地区,又有多少农民经常上网?

　　农村文化建设,还需要充分考虑农民现实的经济状况和文化水平。眼下,除了按照中央精神,切实加强乡村文化设施建设、推动服务"三农"的出版物出版发行、大力推进广播电视进村入户之外,大力弘扬乡土文化,无疑是当前农村文化建设现实可行的抓手。

　　我国各地民风迥异,不同的地域形成了不同的乡土文化。这些乡土文化,经过千百年的积淀,有着丰富的内涵。因乡土文化发轫于民间,群众参与广泛,故而深受群众喜爱。高亢苍劲的秦腔,同油泼辣子一样,是关中农民生活中不可或缺的"食粮";东北农村,大秧歌锣鼓一响,男女老少都会情不自禁扭将起来;青海农民唱起"花儿",村里的张秀英、王富贵们就会泪水涟涟;而在新疆牧区,一有阿肯弹唱会,牧民便会从上百公里外策马而来……乡土文化,拉近了群众间的距离,唱出了人与人之间的和谐。

　　不用费太大的力气,不用更多的投入,就能带给群众更多的乐子。这样的乡土文化我们还不该大力提倡吗? 当然,乡土文化也要与时俱进,不断充实其时代内涵,该摒弃的也须摒弃。

(2005.12.14)

85.盼保障一路同行

　　随着公共财政阳光普照,这几年农民享受的各种社会保障越来越多!

　　拿就医来说,以前农民生了病,基本的状况是:大病无钱治,小病自己抗。在农村流行这么一句顺口溜:"生一场大病,一辈子家底赔净。"从2003年下半年开始,国家启动新型农村合作医疗试点,据统计,截至2005年9月底,全国开展新型农村合作医疗试点的县(市、区)达到671个,占全国县(市、区)总数的23.5%;覆盖农业人口2.33亿人,占全国农业人口的26.3%。今明两年,国家还要将试点县(市、区)覆盖面进一步扩大。

　　新型农村合作医疗制度的推行,确实在一定程度上缓解了农民看不起病、因病返贫的状况,受到了农民的欢迎。

　　然而这一政策在具体实施中,也存在着一些问题。比如,不少地方规定,农民只能在家乡"参合",只能在当地指定医院就医才能报销医药费。这意味着,农民进城务工后,在城里有了病住了院,医药费就不能报销。也有的地方规定略为松动,规定农民进城务工,在城里确因急重病而无法返乡就医的,可以凭务工地医疗机构出具的证明和病历,适当报销一部分医药费用——报销的比例在20%左右,大大低于在当地就医报销比例。

　　这样一来,进城务工的农民虽然在家乡参加了新型农村合作医疗,却难享受到这一制度的保障。你想一想,感冒发烧之类的小病,在当地看门诊也就是花几十元,总不能为了报销这点医药费,就辞掉工作掏几百元路费专门赶回家乡去看门诊吧?即使得了大病,也要先到当地医院就医检查确诊。俗话说"病急如山倒",等病情确定了,再千里迢迢往家赶,能来得及吗?

　　因管理和服务跟不上而使好政策打折扣的,其实不止农村合作医疗制度一项。再譬如企业养老保险。国家规定,农民工也可以参加企业职工养老保险。这一政策的好处自不待言,但在有些地方,好政策一用到农民身上就"水土不服"了。根据有关规定,农民工必须始终在同一城市工作,才能享受养老保险保障,中间回乡务农,或是转战到别的城市打工,这养老保险就"不算数"了。

大家知道农民工打工的特性,如同候鸟,哪里"温暖"哪里去,哪里有食哪里飞。换言之,流动性强、就业稳定性差。如果按照上述规定去执行,保险,能保得了险吗?

因此,我们在制定有关农民的社会保障制度时,应当充分考虑到农民、农村的特点,针对其特点搞好管理和服务。譬如,推行农村合作医疗制度时,能否引进现代化网络技术?建立全国联网的"参合"农民档案,农民走到哪里,档案信息跟到哪里,通过网上信息查询,解决他们在异地看病就医的报销问题。这样,无论在天涯海角,就医不就能像在家乡一样方便了吗?

(2006.03.20)

86.新农村建设"三忌"

今年,新农村建设,成为各地"三农"工作的重中之重。鼙鼓劲擂,万众一心,中国农村正健步迈向新的历程。不过,记者在采访中也发现,在新农村建设中,也还存在着一些新问题。

如何克服这些问题?记者归之为"三忌":

一忌只要"面子"不要"里子"。

这是一片漂亮的欧式小别墅,齐刷刷有200多栋。米色的墙面,红色的尖顶。二楼有晒台,楼下有车库。每栋别墅门前还有一大片绿茵茵的草坪。

这是西部某地的新农村样板示范区。当地干部介绍,每栋别墅的造价大概20多万元。

20多万元!当下的农村有多少农民住得起?即使刨光了家底搬进了这样的豪宅,今后还要不要过日子?为了让农民搬进别墅,由当地政府出面替农民担保贷款。可贷款终究是要还的呀!

现在有些地方,把新农村建设简单理解为盖房子修路。似乎房子漂亮了,路硬化了,基础设施上去了,就是新农村了。这种理解谬矣!尽管我们把公共基础设施建设作为新农村建设的着手点,但这只是新农村建设的一个方面。新农村建设还要包括乡村制度的建设、农业产业的良性发展和医疗卫生等公共服务体系的完善。

可以这么说,村容村貌是新农村建设的外在表现形式,是"面子";而上述其它几个方面,是"里子"。"里子"结实了,"面子"才能真正挺括起来。只有"面子",新农村便只是个壳,没有魂!

二忌只重硬件忽视软件。

这里说的软件,是指农民素质的培养。

什么是新农村建设要达到的目标?除了农民物质生活的极大改善,还包括农民自身素质的提高。有些地方在新农村建设中,只注意农民物质生活的改善,但对农民文化素质的提高,往往重视不够。

只注重物质生活的改善,而不注重农民素质培养,新农村就犹如无本之木,想长成参天大树,难!两年前,记者曾采访过西部一个著名的小康村,靠着得天独厚的区位和资源优势,这个村富甲一方,被有关部门树为典型。前不久再到该地采访,吃惊地发现,这个村成了远近闻名的吸毒村。因为吸毒许多家庭家破人亡。连村支书也成了瘾君子。有关部门总结教训时,有一句话说得很到位:如果"脑袋空荡荡",即使"口袋鼓囊囊",好日子也不会长!

正反两方面的事实一再证明,只有农民素质提高,新农村建设才有不竭的动力。在新农村建设中,我们既要重视硬件,也决不能忽视软件。抓软件,需要我们付出更多的心力,因为个体素养的提升,是个长期的、系统的"浸润"过程。

三忌只盯上面不靠下面。

在农村采访,曾听农民这样抱怨:"新农村建设都搞了一年了,可政府一件家电也没给我们配,建房子也还得我们自己掏钱。"

现在,有不少农民(甚至基层干部)抱有这样一种错误认识:建设新农村是国家的事。因而,坐等天上掉馅饼。

天上会掉馅饼吗?不会。因为,农民是新农村建设的受益者,新农村建设的主体也理应是农民。为了加快新农村建设,国家在财力和物力上,已经付出了很多。我们农民兄弟,理应借这股东风,发挥自己的主观能动性,积极投身新农村建设的洪流。常言道:"众人拾柴火焰高。"等靠要,只能延缓新农村建设的进程。

有首歌唱得好:"幸福不会从天降,社会主义等不来。"新农村同样坐等不来。

(2006.11.26)

87.当农民工有了自己的节日

　　11月4日。相信这一天,对于重庆乃至全国的农民工兄弟来说,都将是一个值得纪念的日子——因为这一天,重庆农民工拥有了自己的节日。

　　如果时光倒退20年,这条新闻,肯定被视为天方夜谭。作为记者,我从上世纪80年代末开始跑"农口",亲历了国家越来越重视农民工、社会越来越认可农民工的历程,也感受了农民工走出家门的种种艰辛……

　　提起"盲流"这个词,稍微上点年纪的人,都不会陌生。当年,那些衣服破旧,蓬头垢面,承担着城市最苦、最累、最险工作的人,常常会被冠以这样的称号。尽管他们为城市的繁荣作出了重大贡献,然而,却受到种种不公正的对待。记得有次采访,一位农民工说,和他一起打工的几位同乡晚上出去吃夜宵后就再也没回来。过了好多天,才有一个农民工从家乡来了封信,原来这几个农民工外出看夜景碰上了巡夜的,没带身份证,给送到一个建筑工地筛了半个月沙子,然后被遣返回原籍……

　　不过,这一页已经成为过去。尊重农民工,帮助农民工,正成为越来越多的人的共识。国家也从法律上肯定了农民工的地位:1995年执行的《中华人民共和国劳动法》规定,只要是企业用工,统称为"职工",打破了区域、身份和户口二元结构的限制。2006年3月,国务院颁布的《关于解决农民工问题的若干意见》,要求各级政府"逐步解决深层次问题,形成从根本上保障农民工权益的体制和制度"。刚刚闭幕的十七大更是从精神文化生活等方面,细致入微地提出要保障农民工的各种权益。

　　从视农民工为"盲流"到允许农民工外出务工,从歧视农民工到社会各界纷纷为农民工"开绿灯",从举步维艰的"异乡人"到"咱也是主人了"……农民工待遇的不断变化,实际上也是我们的社会走向文明进步的一种标志。

　　尽管如此,正像改革需要深化一样,农民工的许多问题,仍需要进一步解决。"就业难、维权难、子女入学难、社会保障难",这些现象在一些地方不是还不同程度地存在吗?

　　确实,由于历史原因形成的城乡分割的二元结构,要想彻底根除,尚需时日。农业的欠账也不是一朝一夕可以还上的。但我们要谨记,一、二、三产业须协调发展,是个基本规律。农业欠账太多,势必制约工业的发展。只有农民兜中有了钱,购买力才能增强,城里人才有活儿干,也才有饭吃。没有农民的小康就没有全国的小康,帮助农民就是帮助自己。这个道理应该植根于每个人的心中。

　　重庆市为农民工设置节日,这是维护农民权益、提升农民工地位的又一举措。11 月 4 日,值得人们用心铭记!

(2007.11.05)

88.下乡的不应只是家电

财政部、商务部等部委正式启动"家电下乡"工作:山东、河南和四川等试点省份的农民购买彩电、冰箱、手机三类家电,将获得13%的财政补贴。

这则消息,肯定会让广大农民额手称庆!

家电下乡,是继国家对农民实行粮食直补、农资综合直补后,首次对农民在消费领域进行的直补,这一政策的出台,无论对提高农民生活水平,还是撬动农村消费市场,都会有深远的意义。如果在试点的基础上,逐步向全国推开,无疑又将是一项惠及农民兄弟,也影响中国经济发展的"良策"。

不过,我们也要看到,家电下乡是个系统工程。在对待农村市场上,必须有一个整体产品观。目前,商品供给结构不合理,也是影响农村市场启动的重要因素。不少人认为,农村市场只是城市市场在时间和空间上的延续,只要把产品往农村一送,农民就会可着钱儿往家里搬。

这样理解,肯定不对。农村有农村的情况,下乡的家电,首先必须是适应农村的产品。比如,农村电网波动大,农村住房大多是平房,老鼠咬断电线、钻进家电的情况时有发生,所以,适合农村使用的家电,不但要能防电压不稳,还要能防鼠。适销对路的,是企业针对农村消费特点,进行设计和改进的产品。

现在,电器的功能越来越多,但大部分的功能对普通百姓来说,派不上什么用场。农民买东西,一要考虑价格因素,二要考虑是不是方便实用。因此,下乡的家电,也需对症下药,比如,能否专门设计与农民的消费习惯、文化水平相适应的实用电器?

还有,销售网点建设和售后服务要跟上。据有关部门统计,不少知名的电器品牌,在县城都没有售后服务网点。乡镇一级就更不用说了。我国地域辽阔,有的村庄离县城百公里甚至数百公里之遥,如果售后服务问题不解决,农民买的家电一旦出故障就会抓瞎。这样,不但没有提高农民的生活质量,反倒生生害了农民。

此外,其它职能部门的配合也必不可少。以电力企业为例,目前很多地方的农村电网,没有预告的停电仍是"家常便饭",电价却比城里还贵。如果农村电网的可靠性提不上去,电价降不下来,农民买家电虽然便宜了,但用家电却比城里还贵,农民还能放开手脚消费吗?

当然,更为重要的是基础设施要跟上。我曾不厌其烦地讲过这样一个例子:几年前,到西部某地采访过这样一个村子,由于四周山峰遮蔽,屋里收不到电视信号。当时正值奥运会期间,村里的小青年们为了看赛况,天还没黑就开始抱着电视机、拎着插线板往附近最高的那座山上爬。看完比赛,再深一脚浅一脚将机子抱回来。主人说,机子买回来3年,总共也就看了十几次。

农村类似这样的地方,还有不少。虽然这些年各地的基础设施都有了很大的改观,而这次试点也选择了条件相对好的地方,但考虑到试点后的"铺开",考虑到要让"家电下乡"惠及更广大的农村、更多的农民兄弟,我们还是要把基础设施这一要素充分考虑足,并且提前做好准备。

确实,家电下乡是环环相扣的系统工程。哪个环节掉链子,都不成。

(2007.12.26)

89.让农村文化土壤肥沃起来

连日来,有关图书馆"火爆"的报道接连不断:春节期间,深圳图书馆接待读者18万人次;浙江图书馆日办证数量是过去的6倍……

长期并不"热门"的图书馆一下子"火爆"了起来,背后的推力是什么?"免费",是主要原因。

春节前,不少地方推出这样的举措:博物馆、纪念馆等公共文化场所向全社会免费开放。为推进免费开放的顺利实施,中央财政设立专项资金,重点补助地方博物馆、纪念馆免费开放所需资金。对于实行低票价和自行免费开放成绩突出的省份,中央财政还将给予奖励。

"火爆",表达了广大群众对精神食粮求之若渴的急迫心情,也印证了公共文化场所实行免费开放的必要性。这种"免费",将使城里人的文化生活更加丰富多彩,也给我们提出这样一个问题:农村文化生活该怎样提高?

与城里人相比,农村的文化生活更加贫乏!不少农村,除了年尾的"三下乡"时过过"文化瘾",平时打麻将是农民的主要娱乐。农村文化生活单调,就会为"黄毒赌"肆虐打开方便之门。

农村文化建设滞后,一个重要原因是投入不够。日前公布的《中国公共文化服务发展报告(2007)》显示,由于农村公共文化总体投入规模不足,文化服务机构数量呈逐年减少趋势,全国乡镇文化站6年减少近5000个。即使尚存的乡镇文化站,也面临着经费紧张、发展困难的窘境,甚至成为无人员、无阵地、无经费、无活动的"四无"文化站。

加强文化基础设施建设和文化队伍建设,是丰富群众文化活动的前提。欲让农村文化土壤肥沃起来,加大政府财政支持力度恐怕势在必行。城市公共文化场所"免费"带来的"火爆"现象就是明证。

通过这些年的积累,不少农村的经济实力都有了很大的增强。拿出钱扶持一下农村文化设施和文化队伍,应该是有这个能力的。那么,能否把一些"面子"工程的投入省下来放在文化上呢？对于中西部财力困难的农村,能否像城里的"免费"那样,由财政对这里的文化建设也来个"免费"呢？文化大发展、大繁荣是全体国民的事情。没有农村的文化大发展、大繁荣恐怕就没有全国的文化大发展、大繁荣。

当然,农村文化市场建设是个系统工程,在以政府为主导的前提下,采取其它各种辅助方式也是必不可少的。譬如:吸纳非文化企业向农村文化产业投资、建立社会相关文化资源向农村倾斜机制、建立城市对农村的文化援助机制、鼓励农民自建文化设施等等。

如果不久也能看到农村文化建设"免费"和"火爆"的新闻,我想,"怎样让农村文化土壤肥沃起来"这个疑问,就会有很好的答案。

(2008.02.27)

90.补齐"短板"的好办法

对于财政部日前出台的"出疆棉移库费用补贴政策",相信新疆所有的棉农,都会有一种久旱逢甘霖的喜悦。

此项政策指出:为帮助解决新疆棉花远离内地销区移库成本较高问题,中央财政决定对运往内地销区的新疆棉花的移库费用给予适当补贴。凡符合国家标准的出疆棉,不分品级和长度,中央财政每吨定额补贴400元。

如果说棉花是新疆的优势资源,估计没有多少人有异议。论植棉的条件,新疆得天独厚:降雨少,日照时间长,昼夜温差大,这些因素使新疆出产的棉花,无论是衣分率、成熟度还是纤维长度都位居全国前列。也正因为如此,新疆的棉花在国内外市场上大受欢迎。棉花,理所当然成了新疆的支柱产业。连续多年新疆的棉花产量占到了全国的1/3。

然而,多少年了,新疆棉农一直觉得委屈!因为尽管守着国内最好的棉花资源,棉农种棉的比较效益并不十分理想。原因出在哪里?远距离运输的"瓶颈"制约!

以首府乌鲁木齐为起点,新疆距离内地中心城市,平均运距在3500公里以上,每吨棉花平均铁路运费约500元。如此,无形中便降低了新疆棉的市场竞争力。和内地棉花的收购价格相比,尽管新疆棉花的质量远远优于内地的棉花,但在正常年份每公斤的价格却比内地便宜0.4元左右。如此,渴望资源优势转化成经济优势,难免力不从心。

基于上述原因,新疆人对"出疆棉移库费用补贴政策"欢欣鼓舞,也就不难理解了。可以说,此项政策出台,能有效补齐新疆棉花产业的"木桶短板",对新疆棉花产业的发展善莫大焉!

　　这些年,有人这么认为:现在搞市场经济,一切商品流通,均应由市场这只无形的手去操控,政府没必要"多管闲事"。其实,适当的政策调控,更利于市场的健康平稳发展。尤其是关乎国计民生的商品,国家在政策层面上予以扶持,很有必要。

　　我国地大物博,各地都有最具优势的特色农产品。让这些特色产品发挥出最佳的效能,就等于我们最有效地利用了资源。相反,如果让这些特色产品日渐萎缩,也就等于浪费资源。浪费资源,岂不与我们建设资源节约型社会的宗旨相悖?

　　当然,作为新疆,也不能一味躺在政策的温床上,还必须设法提高单位产值。乘着政策东风,再在提高单位面积的产出上下些功夫,才能获得更大的收益! 这个道理,我想农民兄弟应该明白。

(2008.07.11)

91.管好乡村的"钱袋子"

随着社会各界对"三农"问题的重视,这些年,国家对农业的投入越来越多:农村基础设施建设、农业综合开发、甚至连村里的土地平整、改水、建沼气等,都能从国家和地方财政争取到一些项目和资金。

按理说,得到这么多的实惠,农民心气会更高,可记者在基层采访中了解到,不少地方的农民仍有怨气!原因呢?账目不清惹的祸。

由于监督机制不健全,有不少地方,存在着乡村财务管理混乱现象:上级因何种缘由给了多少钱,这些钱又花在了什么地方,干部们很少给群众一个交代。账目"糊涂"了,一些决策的民主性、科学性便难免受到质疑。同时,还给一些干部违规使用资金开了方便之门。

比如,有的乡镇领导为了彰显政绩,超出政府现实财力而大搞形象工程和政绩工程,"没钱靠借贷,还钱等下届",给有些乡镇留下了巨大的债务"窟窿",政府换届几次都还没还清。我曾经采访过这样一个乡镇——这是个远近闻名的瓜果之乡,这两年上新生产线、建大型冷库、搞林果深加工政府拨了不少钱。可镇干部却乐不起来:"除了政府的拨款,前些年镇里还借了一屁股债,到现在还有 1000 多万没还上……"

还有的村干部一个人说了算,把上面给的钱和村里的集体收入全"揣"到兜里自己掌管。等到年底钱花得差不多了,再把攒的一大堆财务票据交给会计做账。这样"做"出来的账,农民能满意吗?

这些年,农村出现的上访案件,都与农村财务"糊涂"有关!如何管好乡村的"钱袋子",确实是当前农村迫切需要解决的问题!

也有不少地方探索出许多好的做法。比如,近年来很多地方在对乡镇领导干部进行经济责任审计的基础上,对村干部也实行审计,加强对乡村干部参与农村经济活动的监督与约束。审计的重点,一是各类专项资金的管理、使用及效益情况,比如国土资金、扶贫资金、农业综合开发资金、水土保持资金等是否合理使用,发挥应有的效益;二是围绕村级财务管理制度的建立、健全及执行情况,检查"乡官"、"村官"本人的廉政情况,是否制定了各项财务制度并严格按照制度办事,是否违反党风廉政建设有关规定,是否存在严重违法违规问题等。对他们的评价不光要看"政绩",还要看政绩背后的"负债"。对于那些敢花、敢借、敢不还的"败家子",实行责任追究,从源头上保证乡村"钱袋子"的安全性。目前,广东、辽宁等10多个省市已对50%的村级干部实行了经济责任审计,进一步规范了乡村财务制度,有效化解了农村干群矛盾,取得了较好效果。

对于乡村干部,人们常常用"上面千条线,下面一根针"来形容。确实,乡村干部不但是党的各项政策的具体执行者,同时也是各项支农资金的具体支出者——财政投入的这么多钱,大部分钱是从村镇干部手里花出去的。管好乡村的"钱袋子",对促进农村经济健康发展、维护农村稳定的重要性由此可见一斑。如何形成一套规范的农村管理体制?有关部门很有必要下大力气去探讨。

近日,审计署公布了2008年至2012年审计工作发展规划,提出要深化地厅级以下党政领导干部经济责任审计。能一竿子插到农村吗?恐怕许多农民都在这么期盼着!

(2008.07.28)

92.让惠农政策硬起来

作为世界第一人口大国,恐怕没有什么物资比粮食更加重要了! 在刚刚结束的政协十一届全国委员会常务委员会第三次会议上,贾庆林同志强调:"要重视国家粮食安全问题。把发展粮食生产放在现代农业建设的首位。"

我国粮食生产形势,的确令人忧心:1996 年,我们的耕地总面积为 19.51 亿亩,2006 年底降为 18.27 亿亩。也就是说,短短 10 年间,耕地减少了 1.24 亿亩。随着工业化、城镇化进程的加快,这种趋势还在加剧!

在耕地锐减的同时,粮食需求却呈刚性增长:人口增加需要扩大粮食供应;养殖业快速发展需要扩大粮食供应;工业发展也需要扩大粮食供应。2006 年,仅全国的工业用粮,就达到 1240 亿斤,比上一年增加 134 亿斤。

耕地在减少,粮食需求在增加,这一减一增,粮食可不就显得捉襟见肘?! 2004 年—2006 年 3 年间,我国净进口粮食 1450 亿斤。

手中有粮,才能心中不慌。没有充足的粮食供应,城乡一体化也好,建设小康社会也罢,恐怕都很难落到实处。

那么,怎样才能有效增加粮食供应?

农业是弱质产业,而粮食生产,又是弱质产业中的弱质产品:粮食与林果的效益比是 1∶7,粮食与棉花的效益比为 1∶5,与蔬菜的效益比为 1∶4。

因此,要提高农民种粮的积极性,没有政策扶持不行!

应该说,这些年国家出台的惠农政策不算少:2004 年中央出台"一号文件",实施"两减免、三补贴"政策——减免农业税,取消除烟草以外的农业特产税,对种粮农民实行直接补贴,包括良种补贴、农机具购置补贴和粮食保护价收购等。2006 年中央再次出台了一系列支农惠农政策,加大了对粮食生产和种粮农民的补贴力度,进一步完善最低收购价政策……

但令人惋惜的是,这些惠农政策带来的好处,时常被农资价格上涨所销蚀。今年春耕时节,记者曾对西北某县农资上涨情况进行了调查,今年3月与上年12月相比,全县农业生产资料价格总水平上涨8.0%,与5年前相比,则翻了一倍。

据有关部门统计,近5年来,全国农民种粮的每亩实际收益(含补贴)没有超过400元。

如此收益,农民能踏踏实实种粮吗?

其实,不独是粮食直补政策,这些年,还有不少涉农政策在执行中也没有完全落实:三令五申不让占用耕地,但高楼大厦仍在农田中蔓延;要大力扶持农业科技,但农业科技推广部门经费被挤占的情况时常可见。

所以,出台惠农政策很重要,但增强惠农政策的刚性、让惠农政策不"跑、冒、滴、漏",更为重要!

如何让惠农政策硬起来?

"坚持最严格的耕地保护制度,建立起科学、合理、有效的制度保障。"政协会议的这个要求,可谓切中要害。

(2008.10.20)

93.农产品安全,纳入村规民约如何?

　　由三聚氰胺引发的食品安全波澜,至今涟漪未平!

　　民以食为天!现在,"天",偏偏就出了问题,你说能不让人担心?那些在手机、网络上广泛流传的有关食品安全的"段子",尽管有失偏颇、片面,甚至极端,但也从一个侧面反映了眼下民众对于食品安全的忧虑!

　　有人说:保证食品安全,要先从市场管理环节抓起。也有人说:保证食品安全,立法是关键。还有人说:保证食品安全,就必须对那些生产三聚氰胺类的人课以重刑……

　　这些观点,都有道理。不过,还有一个环节恐怕更加不能忽视:食品安全,必须从源头抓起!

　　你想,如果每一个食品生产者都能以生产安全食品为荣、以生产有害食品为耻,都能自觉地把好食品生产的个个关卡,吃东西时,我们还用得着那样担心吗?

　　说实话,无论多么完备的制度,如果有人硬是要钻空子,恐怕都能找到漏洞。这些年,有关食品安全的管理办法我们出台的还少吗?可往往是摁下葫芦浮起瓢!我们才解决了大米里的石蜡问题,又从咸鸭蛋里检测出了苏丹红,刚解决了苏丹红的危害,又发现了新问题……

　　如果食品生产者不能自觉从心灵上筑起一道堵截有害食品的防线,我敢说:明天食品生产中,保不准还会有新的"幺蛾子"冒出!

　　那么,怎样才能让食品生产者自觉从心灵上筑起一道防线呢?

　　窃以为:将维护食品安全纳入村规民约,不失为一个好办法。

　　我们知道,村规民约是广大群众自己制定的自我教育、自我管理、自我监督的一种行为规范。在我国广袤的农村——无论是岭南还是塞北,每个村寨,都有自己的村规民约。这些被群众广泛认可、约定俗成的村规民约会营造出一种群体意识:什么可以做,什么不可以。如果谁违背了这种规则,大伙儿可就不客气了。譬如,村里承诺了要种有机瓜果,如果王老三趁着天黑偷偷往地里上化肥,村头的马老四看见了便会马上前去指责;客商下的是绿色水产品订单,如果有人偷偷往饲料里加违禁药,恐怕连小学生看见了都会去羞他的脸皮。一旦这种人人监督、人人喊打的氛围形成,任谁脸皮再厚,恐怕也不敢随便再搞"小动作"了。要知道,在熟人社会里,人们可是更在乎脸面呐!

写到这里,我郑重地给农村基层组织提个建议:把自觉维护食品安全纳入村规民约——让它也成为新农村建设的一项内容。你想,国家进一步完善了各项食品安全法规,咱又形成了自觉维护食品安全的群体意识,那么,"吃嘛嘛香"可就不是一句广告词了。

(2008.11.23)

94.农村信贷盼"长大"

　　这些年,由于缺乏启动资金,农民想搞点种田外的经营活动,总是力不从心。所以,前几年当国家推出小额信贷时,不少农民额手称庆。

　　不过,日前到农村采访谈起小额信贷,农民的反映并不热烈。"你认为信用贷款谁都能拿到? 信用社说了,只有具有资格的人才能拿到。我没有资格。"乌鲁木齐县水西沟镇农民马占海一脸沮丧。

　　马占海说的资格,就是还款能力。老马说,邻村的方家庄靠搞"农家乐"发了财,自己的家紧挨着南山风景区,也想把房子拾掇拾掇搞个"农家乐"。可到信用社申请信用贷款,愣是没门儿。

　　老马也坦陈,凭自己的家底儿,目前还款是有难度。不过,老马问了这样一个问题:"国家推广信用贷款的目的不就是为了让农民脱贫致富嘛! 只扶持那些有还款能力的人,我们这些贫困户就只能眼巴巴受穷?"

　　安宁渠镇安宁渠村农民田伟的境遇要比马占海强了许多,他上了"资格榜"。不过他的信用等级比较低,最多只能贷3000元。"我一直想搞个塑料大棚,可3000元,连买材料都不够;村子不远有个乳品厂,需要大量的牛奶,我也思谋着买头奶牛,可一头'黑白花'得一万三四千块,3000元,恐怕只够买条牛腿……"

　　张雪源是乌鲁木齐县信用社信贷科科长,天天和农户碰头打脸。对于农户提出的这些问题,张科长没有回避。他说:农户提出的这些问题,确实都存在。目前,信用社处于两难的境地:作为农民的合作信贷组织,确实有责任帮助农民脱贫致富;但作为一个商业经营机构,它又不得不考虑信贷安全问题。款贷得出去,还得收得回来。现在乡镇的信贷员一般是按收款率的百分比来兑现工资的。收回的多,工资也高;如果出现呆账,只好自己担着了。这也促使信贷员在放贷时,首先要考虑贷款对象的还款能力。

至于额度,他告诉记者:他们也没办法。目前的放贷水平是 2000 年制订的,优秀等级的最高贷款限额是 7000 元,较好是 5000 元,一般是 3000 元。

小额信贷这一好的政策,如何才能收到好的效果? 是该好好思谋思谋了。

农民之所以殷切期盼小额信贷,正是源于手中没有钱。所以,信用社放贷时,如果只是一味考虑收款率,那些贫困的农户就只能永远被推拒在政策的大门之外。难怪农民连声抱怨! 但话又说回来了,如果信用社的笔笔贷款都收不回来,信用社还不就得关门?

有没有一个既能让贫困户贷到款,又能让信用社收回款的办法呢?

我想应该有。贷款农民中间,恶意赖账者毕竟只是少数。大部分的农民只要手头稍有腾挪的余地,都会把"欠债还钱"当作天经地义的责任。怎样才能让农民"稍有腾挪"? 信用社(包括政府部门)不应只是把钱往农民手里一塞了事,还应该帮着农民理理发展思路,为他们闯市场提供更多的服务。"授人以鱼不如授人以渔。"农民闯出了天下,你的贷款回收还用发愁?

信用社只有几千元的授信权,确实难解农民需求之渴。先不说物价指数的增长,这些年来,农村形势发生了很大的变化,随着农业结构调整、高效农业推广和农业产业链条延伸,农户对资金的需求量也在增加,仍守着 2000 年的放贷水准,那是肯定不行的。与时俱进这个道理,大家应该都懂!

信用社的业务,专业性极强。我是门外汉,本不该多加评点。但有一点怎么都看不明白:信贷员的工资与收款率捆在一起。这不是公开鼓励"嫌贫爱富"吗? 这与信用社的工作宗旨有没有违背?

如此看来,信用社的工作机制、工作内容和工作作风,恐怕都还有很大的改进空间。

(2008.11.27)

95.蒜价猛涨，农民能笑出声吗？

去年，山东等多个地区的大蒜1斤仅卖两毛钱；而今，每斤卖到4块多钱。

短短一年间，大蒜价格猛涨了20多倍！有人说，这下蒜农捞着了，一定会笑出声来。我却并不这么乐观。相反，我为农产品价格的这种异常波动，异常担心。

蒜价猛涨，除游资炒作外，最根本的原因与"丰产低价，欠产高价"这一近年来时常作祟的怪圈大有关系。前两年大蒜市场低迷，蒜价走低，影响了农民种植积极性，从而导致大蒜种植面积大规模缩减。而大蒜种植面积下降、产量锐减，才使今年大蒜"物以稀为贵"。

贵了之后，会不会一窝蜂种植，而来年又为价格暴跌叫苦不迭呢？

这些年，这样的事情还少吗？从早年的"苍山蒜薹事件"、"费县山楂事件"、"湖南暴砍苎麻风波"到前不久广西再次发生的"香蕉事件"，农民一直在"贵，一拥而上种；贱，不由分说砍"这个怪圈中徘徊。徘徊的结果是，农民辛辛苦苦积攒下的家底，会因一次暴跌而损失殆尽。

市场经济已经搞了这么多年，可农民仍走不出怪圈，能不让人担忧嘛！

"谁能告诉我明年种什么？"这样的呼声，从上世纪80年代末一直喊到了现在。农民对种植的困惑，全由农产品价格波动引起。

这些年，为了解决农产品价格波动问题，应该说，各地均做了大量探索：有的设法提高农产品质量；有的设法调整种植业结构，改种特色农产品；还有的设法延长产业链条，促使产品就地转化……这些措施都取得了一定成效。

不过，今年大蒜涨价、香蕉跌价这两件看似不关联的事件，传递给我们这样一个重要信息：仅靠上述措施，还远远不够！有些地方尽管种出了质量很好的农产品,该卖不出去还是卖不出去;有的地方,刚调整了产业结构,可新产品又烂市了⋯⋯

农产品价格波动,说到底是因为"产、供、销"衔接不畅。这些年,农产品生产问题已基本解决了,而供销环节,却一直是个"老大难"。以广西"烂蕉"为例,尽管香蕉价格在广西产区曾一度跌至4毛钱1公斤,可在我国北方广大地区,有多少机会能吃到价格低于2块钱1公斤的香蕉?

如何做到货畅其流,这是解决农产品市场波动的一个最关键环节。这个问题不解决,农村结构调整、农民增收等等,也就落不到实处。

当前,要解决这个问题,绝对不是单凭农村一力所能为的,牵涉到商品流通的各个环节。有人算过一笔账,从陕西运10公斤重的一箱苹果到北京,批发价可以卖到14元,但这箱苹果的包装费和运费就要10元。也就是说,由于中间环节繁多,农产品的终端价格已与在农民手里时的初始价格,关系不大。而中间环节,不仅仅是经销商的问题,还牵涉到交通、油价、管理等方方面面。这些环节不理顺,就不可能货畅其流。

再回到开头的话题,如果不理顺流通环节,即使蒜价猛涨,农民能笑出声吗? 不会的。

(2009.12.13)

96.都来补补这一课

　　"攥有大把订单,却没那么多人干!""在劳动力市场忙活了 10 多天,用工缺口还差 1/3……"最近,记者在浙江一些企业采访时,这样的呼声不绝于耳。

　　面对今次的"用工荒",恐怕有不少企业都会为去年的行为后悔不迭。一遇危机,首先裁员!真真是搬起石头砸了自己的脚。企业的竞争,归根结底是人才的竞争。手头没了人才,企业想发展,难呐!

　　市场经济波谲云诡,如何在经济起伏中处理好劳资关系,这场金融危机,给中国的乡土企业家们可谓是上了生动的一课。

　　有反面就会有正面,在这场博弈中,也有人尝到了甜头:去年,浙江"模范企业"万向集团也遇到了从未有过的危机,订单从每月 50 亿减少到 35 亿。然而,董事局主席鲁冠球斩钉截铁地表示:"无论如何,我们不裁员、不减薪!只要企业还在运转,就绝不抛弃一名员工。"所有员工的年终奖金照发,福利照发,还利用这段"闲暇"组织员工旅游、开运动会……

　　万向的做法,换来的回报是,企业向心力的提升。"春节快到了,是外地员工的返乡高峰期。听说企业订单多、生产形势紧张,员工纷纷要求节日留下加班。有的原本订了回乡的票,专门退了票留了下来。"万向集团的领导这样告诉记者。而一位湖南籍员工的话道出了加班的内因:"人心都是肉长的,企业这么厚待我们,我们也应该为企业解忧。"

　　"留住员工,也就留住了明天!我们的企业理念中有这么一条——让员工快乐是企业最大的社会责任!"万向集团鲁冠球的这番话,确实应引起所有的企业家们去深思。

　　其实,补课的不应该只是企业家们,我们的管理模式也应该有根本改变。

　　市场供求的不确定性必然导致用工的不确定性。特别是在我国，劳动力供给主要集中在农村、集中在中西部地区，而劳动力需求则主要集中在城市、集中在东部地区。

　　因此，当经济下滑、企业裁员，农民工失去生活保障，能不"打道回府"嘛！而一旦经济复苏，企业有大量的用工需要时，出现"用工荒"也就成为必然。

　　应对之策，记者在采访时听到了不少。有企业家建议：在企业不得不裁员时，由当地政府给"放假"的工人发放基本生活补助，对他们进行技能培训，或者提供过渡性住房，保障他们在无工可打时也愿留在当地。也有企业家建议，成立派遣公司作为第三方，借助"劳务派遣"解决"用工荒"：员工与派遣公司为法定劳动关系，和用人企业是劳务关系，用人企业因此具有更大灵活性，员工权益也能得到保障。

　　如何避免用工忽多忽少带来的社会震荡？如何有序地引导农民工流动？如何使劳动力资源得到更好的配置？政府部门确实也应该补补课。

（2010.01.25）

97.这样"抢",太可贵！

如果时光倒流 10 年,恐怕没有人会相信这则新闻:"中西部高薪争抢农民工。"

一家权威媒体的调查表明:进入 4 月份以来,全国内陆许多省市纷纷上调最低工资,上调幅度大大超出了沿海等发达地区。这使得沿海和内地的最低工资标准的差距大幅缩小。宁夏与北京最低工资仅差 160。文章还指出:有些内陆省份农民工在省内的收入,逼近、甚至超过了在沿海地区的打工收入。

这一报道,得到了国家统计局最新公布的数字的佐证:今年一季度,湖南农村外出务工人员在省内从业的人均月收入 2110 元,高于在省外从业的人均月收入 1896 元。

争抢农民工,内陆一些省份除了上调薪资,还打起了感情牌:安徽黄山呼吁"打工还是家乡好";而湖南浏阳则高分贝喊出"孔雀何必东南飞"。

曾几何时,大量农村劳动力剩余,一直困扰着各级政府。为了促使农民工走出家门,干部们真是绞尽了脑汁。10 多年前我在河南一个贫困县挂职时,就曾多次和县委书记带着有关部门到沿海地区推销我们的农民工。

那时候,在沿海发达城市的劳务市场上,从早到晚都会看到那些满脸尘土、穿着单薄的农民工。他们或坐或蹲在马路牙子上,面前大多放着一个纸牌子,上面用歪歪扭扭的字迹写着拥有何种何种技能,一看到有雇主模样的人走过,便忙不迭地走上前去搓着骨节粗大的手殷勤地询问:"要人吗？价格好商量。"

这些农民工,大多来自中西部地区。

　　真是沧海桑田！这些游走在城市和乡村边缘的人，而今，成了香饽饽——年年春节前后，有关沿海地区出现"用工荒"的报道都会挤上媒体的重要位置。为了解决"用工荒"，沿海地区从省委书记到工厂的老板，都一再放低身段、绽出更真诚的笑脸。许多地方，甚至春节还没过完，"一把手"便纷纷带队到中西部地区去联络情感。

　　即使如此，问题似乎依然存在。我在杭州居所的楼下是个餐馆，因招不到服务员，有一层只好空着。杭州梅家坞的茶农们也一再抱怨："以前一天50元，许多人抢着干；现在给到100元，还是没人愿意来……"

　　从为劳动力转移发愁到抢农民工，这是个历史性的跨越。在我国经济发展史上具有非凡的意义！说明我们的经济有了充足的进步，发展更趋平衡——不再是沿海地区单兵突进，连中西部地区也迎头赶了上来。说明广大的农民兄弟们有了更多的就业空间！

　　萧山一个老板告诉我，现在很多80后、90后打工者，跟他们的父辈已有了很大的不同，打工已不再是单纯为了钱，出现了"旅游打工"的新现象——很多小年轻对自己的未来有个安排，今年在浙江打工，游遍浙江；明年到广东打工，再游遍广东；后年也许又到海南了。有的年轻人还发誓，结婚前游遍全中国！

　　我们真该为农民兄弟高兴！

　　透过"抢"，我们看到"城乡二元结构"正在被一点点打破。过去对农民工，老板可动辄拖欠工资，或同劳不同酬；现在呢，欠薪不行，低薪也不行。再戴有色眼镜去看"乡下人"已行不通了。浙江率先提出了"新浙江人"的概念，本地人、外地人的藩篱正在被拆除，众多非本地户籍建设者持有了居住证，享有了与户籍居民同等的待遇和福利。

　　这种"抢"，还带来另外的好处：逼迫老板们去转型升级，由"劳动密集型"转向"技术密集型"，由"低小散"转向"高精尖"。同时，也逼迫老板们去密切劳动关系，要想留住员工，就必须改善福利待遇，就必须把他们当兄弟。

　　如此，我们的社会不就更和谐了吗？

（2012.05.31）

98.无私才有真出路

用"村务公开"来印证"阳光是最好的防腐剂"这句话,是再恰切不过的了!困扰农村多年的财务管理混乱、干群矛盾尖锐等问题,一个"村务公开",一切便都迎刃而解。

确实,公开是公平、公正的前提。你想一想,平价化肥分配,抗旱资金补贴,所有的细额标准都明晃晃贴在了村委会的墙上,即使你贵为村长,想再做点手脚,能做到吗? 不能!

"村务公开",好! 那么"乡务"、"县务"、"市务"是不是都能够做到公开呢? 肯定有不少农民兄弟和我拥有一样的想法。

其实,已经有地方开始进行探索了:报载,从今年年初开始,浙江富阳从财政改革入手,力推"市务公开"——全市所有涉农资金、项目全部向农民公开,譬如,涉农项目都有哪些,每个项目有多少钱可以补助,怎样申报才能得到,都一五一十向农民交了底。

富阳市委书记徐文光这样解释市里的初衷:这样做,一方面利于农民去申报项目、实施项目;另一方面也是为了让农民去监督政府的钱怎么花。

他分析:过去市里涉农投入哪些钱,怎么投,财政部门说了算,农民两眼一抹黑。一切都在暗处,权利寻租者便有了可乘之机,涉农资金的带动作用也就大打折扣——那些门槛精、会跑的村呢,一年到头项目不断。而那些只会埋头干、不会跑的村呢,即使村里急需项目支持,却往往求告无门。

富阳这样做,等于是将权利运作从暗处搬到明处。过去,很多市、县的涉农资金都乌乌涂涂装在市财政这个大筐子里,怎么去分配,弹性很大。给谁不给谁,一个或几个领导说了算。所以,瞄准领导去跑,成了很多基层干部获得项目的不二法门。现在富阳将资金定向分配给了被细化的项目，而这些项目又通过公开渠道向全市所有的农民公开，等于是将以前深藏在筐子里的东西摆在了透明的玻璃橱窗里供全市农民去挑选、去监督。

这么一摆，效果是不言而喻的。富阳大源镇一位村支书说："原来村里想搞项目，只能一趟趟往部门跑，牵扯大量的人力、物力不说，即使项目报上去，能不能拿到手，心里没谱。干部'跑事'花费的精力比干事花费的精力还多。现在，只要根据年初市里公布的项目表逐项填报即可。人不出村，项目就利利索索拨下来，省时又省事。"

其实，这么一摆的好处，何止是这些！从浅层次看，实现了涉农资金使用的"三向"监督——财政部门监督村里，村里监督乡里，乡里监督财政部门——可促进政府财政资金的公平、公正与透明。从深层次看，借此，政府不但可以节约大量的行政成本，还可以有效调控行政资源去促进区域平衡、协调、可持续发展。

一句话，这么一摆，最终使每一笔涉农资金都发挥了最佳效能。这不正是我们发放涉农资金的初衷嘛！

当然，能这么去摆，也不是那么轻易的——他要跳出部门利益，他要摒弃"把权利当作肥肉"这样的私欲。现在我们的社会管理体制改革步履维艰，很多不是因为私欲作祟吗？

无私才有真出路！富阳"市务公开"的做法值得借鉴，更值得借鉴的是他们拿自己开刀的风范！

（2011.07.04）

99.走进"村监会"

近些年,各地普遍开始实施村民自治。就实践效果看,村民自治的"两个轮子",一个转得快,一个转得慢。民主选举制度相对成熟,而民主监督制度呢,则仍然比较滞后。

普遍存在的问题是:重选举,轻监督;重形式、轻实效……由此形成了所谓的"半拉子"民主。有些村民干脆直言:"村民自治,实际上是村官自治。"

如何解决这一问题? 浙江的探索很有借鉴价值。浙江的办法是:在每个村庄建立"村监会"。

"村监会"滥觞于后陈村。这个隶属于浙江省武义县白洋街道办事处的小村,不足 1000 口人,却在当地闹出了不小动静。

同许多村庄一样,近些年,随着农村改革深入,村级监督制约机制缺失与村民民主意识、维权需求日益增强之间的矛盾愈显突出。村支书何荣伟告诉我这么一件事:2004 年以前,村里一应事务,村支书、村委会主任两人一鼓捣就行了。请谁吃饭了? 吃了什么? 在什么地方吃的? 除了天知地知,就只有村支书和村主任知了。后陈村一年光招待费用就要二三十万元。村里有块沙地,承包出去 40 亩,可沙厂违规挖了 50 多亩。明明侵犯了集体利益,村干部竟没人过问。后来得知,村干部得了人家的好处。村民为沙厂的事情闹起来,街道干部赶过来调停。车刚到门口,就被村民掀了。矛盾愈演愈烈,由口水战发展到群体上访。上访人数越来越多,层级越来越高,状子最后递到了北京。后陈村成了武义名副其实的"上访第一村"。

为从根本上解决后陈村存在的问题,县政府派出了工作组。经过协商,决定成立一个既能促进村干部工作又能维护村民利益的中立组织。由这个组织对村里的集体事务、特别是财务，实行监督。这个组织就是"村务监督委员会"的雏形。

成员由 5 人组成：3 名村民代表，村支部和村财务各出一人。制度规定，村里的财务支出不仅要村支书、村主任签字，还要财务小组审核签字才能入账。同时规定，财务账单要定期向村民张榜公布。

"村监会"成立后，村里的招待费锐减，从每年二三十万元减到只有几千元。按照新规定，村里接待上级来人，每人伙食标准 20 元，买烟、喝酒自费。花超了，就得自己兜着——每张发票需要"村监会"3 名成员审核并签字后才生效。

也就是这么一个创举，困扰后陈村的一系列问题迎刃而解："村监会"成立 6 年多来，后陈村实现了 4 个"零"：群众零上访，干部零违纪，群众零投诉，违规收入零入账。给群众一个明白，也还了干部一个清白。何荣伟说，过去，无论你做什么，群众总在后面指指点点，总怀疑你在中间捞了好处。现在，一切都在阳光下了，干部腰板挺直了，可以甩开膀子大干了。

从 2008 年开始，浙江把后陈村的经验在全省进行了推广。效果同样明显：两年时间，信访事件下降了近一半。

"村监会"所以有这样的奇效，究其实质，是它弥补了半拉子民主的缺陷，将"监督"放在了重中之重的位置。譬如规定："村监会"必须由村民会议选举产生，"村监会"发现的问题上级部门必须及时予以处理，"村监会"成员任职实行回避制度，等等。这样就使监督变得切实可行。正因为监督落到了实处，村两委不再既当"运动员"又当"裁判员"，从源头遏制了腐败现象发生，从而确保了村级公共权力的正确履行。

全国各地在推行村民自治过程中，"两个轮子"如果都能像浙江这样转起来，会给农村发展带来怎样的活力？浙江农民纯收入连年位居全国前列，"村监会"功不可没。

（2011.04.08）

100.龙井问茶

我这个人,喜欢喝茶。其实,中国人又有几个不喜欢喝茶呐！茶为国饮嘛。开门七件事,便是"柴米油盐酱醋茶"。

作为茶的故乡,中国茶文化可谓源远流长。茶圣陆羽在《茶经》中称:"茶之为饮,发乎神农氏,闻于鲁国公。"可见,早在五千多年前中国已开始以茶为饮。

不过,前不久一篇有关茶的新闻,却使茶的故乡人羞赧:作为全球第一的茶叶生产和消费大国,目前,中国共有7万多家茶企业,每年产值为300亿元人民币。然而,国际茶业巨头立顿一家企业的年产值约230亿元人民币,相当于中国茶产值的2/3强。

汤姆斯·立顿1890年正式在英国推出立顿红茶至今,屈指算来,也不过100来年时间。为什么我们这个拥有几千年种茶历史的泱泱产茶大国会在"后生小子"面前如此尴尬?

说起浙江的茶,人们首先会想到"西湖龙井"。

作为中国十大名茶之首,"西湖龙井"素以色绿、香郁、味甘、形美"四绝"而著称,被誉为绿茶中的极品。毛泽东同志当年在杭州饱啖龙井茶后曾感慨:"龙井茶,虎跑水,天下一绝。"

但是,在茶叶销售旺季,如果你想在杭州购买龙井,恐怕都会遇到这样的困惑:到底哪个是正宗的西湖龙井?

但见通往龙井村的山路两边,兜售茶叶的商贩如过江之鲫。除了流动商贩,沿途卖茶叶的小店也是鳞次栉比,人人都会声称:卖的是正宗的西湖龙井。

如果说龙井村卖"龙井"的是漫山遍野，那么杭州城卖"龙井"的则是"铺天盖地"。杭州市大大小小的茶叶店有近500家，几乎家家打出了出售"正宗西湖龙井"的招牌。为了拉住顾客，很多茶叶店向顾客标榜只有自己卖的西湖龙井是正宗的，别家卖的是假"龙井"。店家的互相指责、拆台，更是让顾客真假难辨，不知该听谁的。

西湖龙井茶是取自于西子湖和"龙泓井"的圣水而得名。从历史上看，只有西湖地区的狮峰、梅家坞、云溪、虎跑等地产的茶叫"龙井"。杭州周边其他地区产的茶叫"旗枪"。而今，浙江许多地方的茶均打起了"龙井"旗号，有媒体报道，浙江目前至少有40多个县市仿照西湖龙井的加工工艺生产龙井茶，年产量据说近万吨……虽然有关部门规定，西湖以外地区产的"龙井"，只能统称"浙江龙井"，但对于大多数不是很懂茶经的消费者来说，又怎能一下子就辨别出谁是李逵、李鬼呢？

李鬼横行，对于西湖龙井的打击，也许比老字号茶园的减少更加具有毁灭性。一个不争的事实是，市场上便宜的假冒"龙井"越来越多，正宗的"龙井"却被挤出门外，年年都要积压数万公斤……如此，难免形成一种恶性的攀比——为了眼前利益，都急功近利呗。

譬如，以前只有春芽才做"龙井"，采摘期从清明前到谷雨，5月1日就结束了。而今，有的地方过了5月份还在采制。以前"明前"龙井通常是在清明节前几天才有可能面市，现在许多地方刚进3月就满大街吆喝"明前"龙井了。

这样下去，能不影响茶的质量？而丢了质量，龙井的声誉和效益还能保证吗？

（2009.06.13）

101.有名茶缘何无名牌？

调到浙江工作后，有机会对浙江的茶叶种植进行了系统调研。

作为全国产茶大省，浙江除了享誉盛名的西湖龙井外，还拥有许多响当当的其它名茶。比如，新昌县的大佛龙井茶，高香甘醇，经久耐泡，具典型高山茶风味；开化县的开化龙顶茶，外形紧直挺秀，银绿披毫，内质香高持久鲜醇甘爽；产于天目山山麓的安吉白茶，外形紧细，色如玉霜，香气清高馥郁，滋味清爽甘醇。还有武阳春雨、松阳银猴、望海茶、绿剑茶、径山茶、金奖惠明茶……这些茶质地上乘，韵味独特，有不少在古代就是皇家贡品。

尽管浙江拥有如此丰富的茶资源，但资源禀赋与经济效益相比，似乎不太相称。换言之，资源优势没能完全转化成经济强势。

原因出在哪里？与鲜有做成大品牌很有关系。

虽然经过多年的扶持与培育，浙江也出现了一些有一定影响的茶企业与品牌，如浙江省茶叶公司的"骆驼"牌眉茶和珠茶、西湖乡的"贡"字牌西湖龙井、新昌县的"玉龙"牌大佛龙井等，但在国际、国内的知名度仍然不高。

名茶多、名牌少，出口茶叶"贴牌多"、自主品牌少，一直是浙江茶产业存在的突出问题。

浙江的茶叶企业小而散，还处于"茶农经济"阶段。一家一户的生产模式，几十年不变，难以形成生产规模，更无法形成品牌，这是导致有名茶而没有品牌的主要原因。

直至今日，众多名茶的采摘、炒制过程仍以手工为主，而且各家都有各家不肯外传的"绝招"。这样生产出来的茶，是一家企业一个样，一位师傅一个样。再把这些茶卖到市场上，消费者喝到的自然是"一杯一个样"。

没有统一的品牌,就不可能有统一的产品标准。而没有统一的产品标准,想把市场做大,似乎很难!

据浙江省农业部门统计,2008 年浙江省茶叶总产量为 16.23 万吨,全省茶园总面积 174.09 千公顷,茶叶种植面积、产量和出口在全国首屈一指。然而,大面积种植并没有产生出规模效益。

我们知道,无论何种农产品的生产,惟有实现产业化,效益才能大幅提高。茶,自然也不例外! 目前,浙江现有大小茶厂 8200 余家,以全省年产茶总量 16 万吨计算,平均每家茶厂每年加工不到 20 吨。千家万户的小规模生产,势必造成茶厂效率低,成本高,产品不规范。同时,也造成了茶叶生产技术推广困难,机械化水平低,茶叶质量难以稳定,市场竞争力弱。

反观英国立顿公司,所有的原料茶都是从其他国家进口,却能以高出原料茶十几倍的价格挺进全球市场,靠的就是品牌和规模化经营这一市场利器。如果浙江的茶产业一直保持目前的态势,就只能沦为世界原料茶的供应地。在俄罗斯的超市里,浙江绿茶都被挤在货柜的最上层或最下层,而且价格都很便宜,平均每公斤只卖 2 美元,比印度茶低四成,比斯里兰卡茶低六成多,甚至比肯尼亚的茶叶价格还要低 20%。

我们替浙江的茶惋惜!

(2009.06.20)

102.安吉白茶是怎么"红"起来的?

前面两篇文章谈茶,都是揭浙江的短。今天,咱们来扬个长的!

时下,提起安吉白茶,那些喜欢喝茶的人往往会这样评价:绿茶中的上品啊!

不过,如果时间倒流 30 年,再做个调查:"知道安吉白茶吗?"相信所有的人都会茫然地摇摇头。

因为那时候茶行里,还没有这个"小家伙"。

安吉,是浙江西北部的一个山区县。这个县的地形得天独厚:天目山和龙王山将安吉团拱成一个畚箕状的盆地。沿畚箕口扶摇而上的气流在爬坡过程中往往遇冷凝霜,如此,便赋予了安吉独特的小气候:无霜期短,空气湿度大,冬季低温时间长,直射的蓝紫光较少。这种独特的气候,不但有利于植物中氨基酸等氮化合物的形成和积累,还形成了植物独有的返白过程和物质代谢的遗传特性。

无独有偶,造物主对这里的土壤也特别垂青:无论是山坡还是洼地,土壤中均富含植物生长所需的钾、镁等微量元素。

两种因素叠加,安吉生长的植物便有了与异地迥然不同的特点:汁液丰沛,香味浓郁,清幽沁心。

1982 年,安吉县林科所几位科研人员在进行茶树资源普查时,从天荒坪一位百岁老人口中得知,村旁高山上有一棵野生茶树甚是奇特,芽叶呈玉白色。相传树龄已有千岁。

科研人员设法在榛莽中找到了这棵奇树,并采下叶片回去化验。化验结果让大家大吃一惊:这种茶,氨基酸含量是普通绿茶的 3—5 倍。而氨基酸含量中茶氨酸又占了 50% 以上。这种罕见的高氨低酚特性，不仅使茶叶香浓味鲜，还将茶叶的降血压、护肝等功效数倍放大。

喜出望外的科研人员尝试着无性繁殖。经过 4 年攻关，一批幼苗终于扦插存活了。因为这些茶树叶片银白，专家便名之为"安吉白茶"。

不过，这种"宝贝茶"在推广初期并不顺利——尽管科研人员磨破了嘴皮子不厌其烦地宣传白茶的诸多优点，但习惯于老品种种植、注重于眼前利益的茶农们却不买账。一直到 1993 年，安吉白茶推广面积也只有 30 来亩。

如何才能让特色农产品真正变成农民增收的"利器"？

这个乡的女乡长叶海珍很有点子，认为市场经济并不是放任经济，对于农民的经营活动，政府的助推和引导是必需的。在"大包干"的今天，经营自主权掌握在农民手里，靠行政命令显然行不通。怎么办？她决定调整策略——通过提供服务、出台扶持政策，去加以引导。

农民没钱买茶苗，乡政府便予以补贴：农民种白茶 3 亩以上，每亩给 150 元补贴；农民不懂白茶栽培技术，乡政府便从中国茶科所、浙江大学请来技术人员对农民进行培训，还给参加培训的农民每人每天 10 元补贴……

这些措施还真管用：当年便发展了 1000 亩茶园。到 2010 年，安吉白茶面积接近 10 万亩。

按：安吉白茶发展的实践表明，如果没有政府的正确引导，尽管安吉白茶"天生丽质"，终难免"胎死腹中"。这就给我们提出了这样一个问题：市场经济条件下，政府工作究竟该怎样定位？过多干预农民的经营活动，固然不对；但完全撒手不管，显然也不正确。管与不管，关键看是否把群众的利益作为我们工作的出发点。一句话，只要真心为群众考虑，我们的工作就能深得民心，就能抓出成效。

要想让白茶真正带动农民致富，仅靠面积和产量是远远不够的，打造品牌至关重要。而要打造出好的品牌，前提是，产品必须具备过硬的品质。

尽管安吉白茶"天生丽质"，安吉人在保证白茶品种方面，依然一丝不苟。县里规定，只有具备丰富营养元素的土壤、具备一定海拔的山坡才能种植。

对茶田四周的树种也作了严格的规定：茶田周围必须种植桂树或香樟——这两种嘉木能渗发出幽香，对提高茶叶品质，大有裨益。

而对于茶叶制作工艺，政府的要求更是苛刻：加工厂必须建在地势高、远离居民区的所在;盛放鲜叶和干茶的器具必须是毛竹;理条机、烘干机必须使用不锈钢器具;杀青叶时,必须达到手捏成团,略卷成条,折梗不断;初烘叶时,必须茶条不粘连,紧攥不成团,松手即散……

这样严苛的要求,能不生产出上好的茶叶?!

"酒香也怕巷子深。"县里成立了白茶开发推介领导小组,组织茶农参加各种名茶的评选。2004年4月,安吉在上海豫园商城举行的安吉白茶拍卖会上,50克安吉白茶极品拍出了5万元高价——这是当时国内绿茶拍出的最高价。

默默无闻的白茶,终于展露峥嵘:先后获得400多项国内外大奖,成为浙江农产品首个被行政认定的中国驰名商标。

按:特色产品作为一个地区的资源优势,要转化成经济优势光靠扩大种植面积、形成一定规模还远远不够。有了特色的东西,并不等于就可以乐呵呵等着天上掉票子。不能和市场有效对接,不管产品的特色多浓郁,想使荷包鼓起来,难!正确的方法呢?催化特色产品成为知名品牌。创出了名牌,便实现了产品与市场的对接,最终也就实现了效益的最大化。

创出了品牌,并不意味着一劳永逸。创牌难,保住品牌更难。

一亩白茶的收益,是其他绿茶的2—3倍。白茶的效益引得众多农民跃跃欲试。政府适时做出规定:不盲目扩张,全县白茶面积严格控制在10万亩之内。

一系列配套措施随之出台:不允许毁林种茶;不允许挤占耕地种茶;不适合白茶生长的区域一律不许种茶……一位村支书的侄子,趁着夜色偷偷毁林种了半亩白茶,有关部门马上法办了他。

安吉在让广大白茶农户共享"安吉白茶"品牌效应的同时,积极培育子商标,对每个茶园进行分区编号管理,使市场上每盒安吉白茶都能追溯到单一生产者。想以次充好?想搞假冒伪劣?马上就会把你揪出来。这样,逼着每个茶农都去护牌。

按:产品没有特色,形不成品牌,要想行销市场,只能是一句空话。可以这么说:急功近利,毁掉的不仅是产品的特色,也毁掉了你的财路。有了品牌,并非就拥有了市场。最终赢得市场的,还得靠产品的内在品质。内在品质越好,牌子就会越亮,你拥有的市场份额也就越大。创牌难,护牌更难,让品牌不倒并熠熠闪光难上难!

(2011.08.21)

103.旅游三勘

并非什么都可做景点

"五一"期间,我到西北某县参加了一个旅游景区推介会。从县里寄来的邀请函看,这该是个山水俱佳的好去处。因为函上言之凿凿:景点有"西北桂林"之称。

结果呢?看后大失所望:两座几近裸露的石山间夹着一弯浅浅的小溪。山体风化破碎,丝毫谈不上雄奇;水也谈不上秀丽——有些河段甚至干涸。

可以说,这样的景观在全国随处可见。要命的是,景区离县城还有120多公里,且大部分是土路。这样的景点会有人来吗? 当下,我心里便犯了嘀咕。

据悉,为了开发这个景点,这个国家级贫困县可没少下工夫:组织两个乡的群众奋战了三个冬春,先后投入了近600万元。县里还准备贷款2000多万元修一条贯通上下的缆车。

说起发展旅游业的前景,县长的热情很高:县里要大抓"旅游经济"这个机遇,准备3年内在全县开发十大旅游景区,使旅游成为脱贫致富的助推剂!

真能成为助推剂? 我并不乐观! 尽管旅游业是一个市场准入较为宽松的行业,但并不是逮着什么地儿都可以搞旅游呀? 景点要想吸引人,它必须具备别处所没有的特色:或山奇或水秀,或林幽或草碧,总之,能激起人们访名探胜的好奇心理。你想想,如果你开发的景区随处都可看到,又有谁会花着大把的银子大老远跑到你这儿?

要想让旅游业火起来,还必须具备"行、游、住、食、购、娱"6大要素,让游客来得顺畅走得轻松,吃得惬意玩得尽兴。如果游客还没到景点就已气喘如牛,或是饥肠辘辘还找不到打尖处,你就是再好的风景,恐怕他也难有游兴!

一哄而上,其结果,肯定是劳民伤财! 这样的亏我们吃得还少吗?

"造景"害莫大焉

去年到山西某县采访,县领导陪我看了一处名胜——关公墓。我莫名惊诧:关公不是葬在洛阳吗? 这一点,史书上早有定论。

我把疑问诉诸领导,谁知这位领导很坦然:县里打旅游牌,苦于没有景点,便组织人马造了一批。他得意地给我报了一组数字:有刘备歇马亭,有张飞磨刀处,有赵云射箭场……

这是一种凭空"造景"法,还有一种偷梁换柱"造景"法:苏南某市历史上人文荟萃,旧城区分布着赵翼、洪亮吉、黄仲则等多名文学巨匠的故居。那年到该市采访,说起旅游问题,市里一位领导说:为了便于集中管理,要把这些故居全搬迁到一个地方。

这样造出来的景观还能有原先的韵味吗? 黄仲则的故居两当轩我曾拜谒过,那是一个残破的小小庭院,朱漆斑驳的大门正对着白云溪。"全家都在西风里,九月衣裳未剪裁",只有看着觅渡桥塬磨损的栏杆,听着溪中汩汩的流水声,他的《都门秋思》中的苍凉意境才能引起你感情的共鸣。试想一下,如果两当轩面对的是高楼大厦和闪烁的霓虹灯,那么又会是一种什么情况?

几年过去了,这些故居搬迁了吗? 我真有些担心。

上述两种"造景"法,不仅使旅游价值大打折扣,"假做真时真亦假",谬种流传,还会误导游客,贻误子孙。其后果,比制造假冒伪劣产品危害更大!

特色还要做"特"

旅游资源具备了特色,这只是发展旅游业的前提。要想使旅游火起来,还要设法把特色做"特"。

现在城郊不少农村都在搞"农家乐"旅游,生活在"水泥森林"中的城市人渴盼返朴归真,"农家乐"可以说为大家找到了一个支撑点。但现在不少地方的"农家乐"旅游还停留在提供餐饮和住宿的低层次上,在挖掘民俗和"农家乐"的参与性方面做得远远不够。去年"十一"黄金周我到京郊参加了个类似的活动,除了一天三顿的玉米贴饼子,就是倒头睡觉,呆了三天,实在受不了了,只好早早打道回府。

怎样把特色做"特"呢?

楼上老张10岁的女儿从没到过农村,"五一"随父亲到广西梧州乡下玩了一趟,回来几天了,孩子还是乐得不行。昨天她给我讲了她的乡下见闻:如何骑水牛,如何踏水车,如何摇风箱……孩子绘声绘色的描绘,连我这个成人也十分神往。下个"黄金周"我也去趟广西。

(2002.05.13)

104.张越康的烦心事

　　坐在记者对面的张越康,模样斯文、朴实。这位浙江百炼集团的董事长,在当地也算是有头有脸的人物,但说起去年以来的贷款经历,他竟抽抽搭搭哭起来:

　　我靠做袜子起家,一直做得不错,日子也算平稳。就是心气高,觉得这是传统产业,想提升提升。2005 年就投了 1.5 亿元,转型生产新型制冷剂。

　　与银行打交道,就从那时开始。新产业上马,银行看这个项目好,纷纷上门来拉业务,要给我放贷。我这人耳朵根子软,经不住软磨硬泡,就贷吧,每家一两千万元,共贷了 12 家银行!

　　起初,企业运转良好,产量从 500 吨做到了 5000 吨。谁知去年 5、6 月份,国际金融危机来了,我的企业也受到很大影响。但我响应国家号召,坚持不裁员——你想一想,1000 多名员工呢,一家伙裁掉,那是啥影响! 可银行跟咱想的不一样,先是一家外省的商业银行来催贷。我好话说了几大箩,希望能缓一缓,可人家丝毫不为所动,说是要对国家资产负责。一下子收走了 2000万元!

　　我就不明白了,借钱给你时,就说你是高科技企业,要支持。不借时,又有词儿了,说你的企业跨行业投资,风险太高!

　　一家银行收贷,其他银行蜂拥而至,又收走了 2000 万元贷款。没办法,我只好卖掉了一家老厂子,筹了 4000 万元,总算是勉强撑过了春节。可最近麻烦又来了:谣传我的企业要黄,多家银行找上门,横眉冷眼要收贷,又收了3000 万元。一年多被收走 7000 万元贷款,哪家企业能受得了? 说真的,我快要崩溃了!

张越康越说越气："都讲应对金融危机要'抱团取暖',抱团需要大家互相支撑啊。不能雪中送炭,起码不该釜底抽薪吧?! 银行也是企业,为什么就不能承受一点风险?"

张越康的话,发人深思:解决企业贷款难,中央和各地都在积极采取措施。然从实施情况看,迄今,这一问题仍没有从根本上得到解决。尤其是那些中小企业,在紧绷的资金链中度日,在沉重的"喊渴"声中挣扎。至于"破产了"、"跑路了"这样的新闻,时不时叩击着耳鼓。而反观那些银行呢? 屡屡被网民贴上"暴利"、"高薪"、"垄断"这样的标签。我们知道,垄断企业所以能"牛气冲天",凭借的是国家赋予的特殊优势。国家给了你"特殊",关键时你却不为国分忧,这算什么?

张越康的话听起来真是苦涩:借钱给你时,有理由;不借钱给你时,又有理由。银行如此"嫌贫爱富",还敢奢谈什么抱团却暖? 这是连基本的商业诚信都不讲! 至于很多银行考核要求"无风险"。更简直是荒唐透顶!

张越康问得好:"银行也是企业,为什么就不能承受一点风险?"

我们再追问一句:你们凭什么?

(2009.05.18)

105.狼,羊,怎么取舍?

　　乌鲁木齐县板房沟乡板房沟村4队的金志明至今心有余悸:那日凌晨,在田头看护庄稼的他突然被一阵"哼哼"声惊醒。朦胧的月光下他发现5头野猪正贪婪地吃着他家田里的大豆。

　　金志明操起一把钢叉向野猪群冲去。谁知,野猪并不惊慌,协力向金志明发起反攻。混战中金志明的右小腿被野猪獠牙刺中,撕开了一道七八厘米长的口子。看抵挡不过,金志明不敢恋战,落荒而逃……

　　说起野猪,金志明气得牙根痒痒:"几年前,村里家家种青豆——青豆收入高嘛! 后来发现,野猪喜欢吃青豆,青豆田老是遭到破坏,于是大家伙儿开始改种大豆。谁知野猪也与时俱进、改变口味喜欢上了大豆。因为野猪糟蹋,村里哪家每年损失都是好几千元。"

　　这几年政府提倡"退草还牧",植被空前好起来。让新疆农牧民哭笑不得的是:生态好了,野兽也跟着多起来,搅得人不得安生。

　　伊犁哈萨克自治州是新疆生态条件最好的地州,这里的野猪数量也最多。伊宁县每年被野猪破坏的草场都在1500亩以上,巩留县仅今夏就有400多头(只)牛犊和羊被咬死……

　　除了野猪,最让人头疼的是狼。温泉县牧民江格尔家从年初到现在先后有9只羊被狼咬死。牧民居玛汗更惨:一个晚上70只羊被狼咬断了脖子、喝光了血,还有4只小羊羔被叼走。

　　连距离乌鲁木齐市区只有几十公里的南山也发现了狼群。当地牧民反映,近年来三五成群的狼往往趁着黑夜潜入牧民牲畜圈棚,将羊的喉咙咬断吸血,然后扬长而去。有些狡猾的狼甚至能用爪子将羊圈门栓拨开,咬住头羊的尾巴,将一群羊全部赶走。

发现的最大的一群狼在乌苏市境内的赛力克提牧场,估计有数百只。这些狼体型健硕,成年狼有牛犊般大,奔跑起来疾如闪电,时速超过五六十公里。最可怕的是它们的利爪和尖牙,用爪轻轻一划,能透过厚厚的牛皮深入内脏,一口下去能将牛羊的喉骨生生咬断。

狼数目激增,除了生态条件改善这一因素外,与对狼的保护力度加大也很有关系。十几年前牧民家里都有猎枪,即使打不到狼,也会把狼吓走。自从狼被列入国家保护动物之后,没人打狼了,狼们骄气日盛。

野猪、狼群肆虐,让牧区干群伤透了脑筋:随着法律普及,农牧民都知道,谁打野生动物谁犯法。可大家闹不明白:猛兽糟蹋牛羊、伤了人又有谁来负责?

我在牧区采访时,一位当地干部无奈地告诉我:对于这些猛兽,现在只能采取被动防御政策。比如狼来了,打不得,大家只好敲锣呐喊,起初管些用,后来就不灵了。又有人想起了用鞭炮赶,也是起初有用,到后来,你放你的鞭炮它照样咬你的牲畜。于是,有的住在深山区的牧户,只好搬迁——惹不起,只好躲呀。

有群众发出这样的疑问:保护野生动物是为了寻求生态平衡。可是现在野猪、狼肆虐,这种平衡已经被打破,又该保持一种怎样的平衡?野生动物要保护,其它动物就不需要保护吗?动物也有高低贵贱之分吗?

无论是野猪还是狼,均是繁衍极为迅速的动物。怎样才能既保护了生态平衡又保护了农牧民利益?这一课题真得有人好好研究研究了!

(2008.12.21)

106.怎样才能幸福一辈子

无论是沿海还是内地,这几年,要说最幸运的,当属生活在城郊结合部的农民:拆迁补偿,让他们一夜暴富。

不过,"暴富"之后日子该咋过? 有些人却有些弄不清爽了。

我同事的邻居老刘便是一个例子。他所在的杭州江干区某镇,原是钱塘江北岸的一个农业镇。2003 年以来,随着杭州东进步伐加快,迎来了拆迁高潮。这里的农民除了得到上百万元的房屋拆迁补偿款之外,每户至少分到了两套以上的安置房。

老刘以前做豆腐生意,日子虽紧巴,倒也安安稳稳。可自从手里攥了上百万拆迁补偿款和三套房子后,忽然骚动不安起来:劳碌了大半辈子,还做什么小生意呀,享受去喽。从此,他吃喝嫖赌、醉生梦死。一年时间不到,手里的资产糟蹋殆尽。要命的是,尝试了富日子甜头的老徐,从此不愿再过清贫的日子了,东挪西借也要过"上档次"的日子。结果债越欠越多。面对上门要债的债主,老刘寻了短见。

老刘的发小王先生同样荒唐。补偿款到手的第二天,他便给自己和老婆各买了一辆 30 来万的奥迪。有人问他:"你两口子还没有学会开车,这是干嘛呀?!"他回答得很豪爽:"这才多少钱? 会不会开,咱先放着。"他抽的烟也从十几元一包的"利群"换成了四五十元一包的"中华"。前不久还染上了毒瘾。

有位镇干部告诉我:镇上的吸毒人员比以前翻了一倍还多。拆迁户一夜暴富后,因为赌博、吸毒等原因而返贫者,保守估计也有 10%。

至于"一夜暴富"后引发的财产纠纷、家庭纠纷更是大幅度增长。以前,农村的婚姻相对比较稳定。面对拆迁带来的巨额利益,不少拆迁村出现了

"闪婚"、"闪离"、"闪孕"等怪现象。有人到外村入赘,离婚后回到村里,分走钱再立即复婚;还有的人正好相反,拆迁前结婚,拆迁后又立即离了婚……

"有了钱,日子本该更惬意!这是怎么了?"有位镇干部很是疑惑。有关部门在拆迁户中做过调查:有超过 1/3 的人认为幸福感比以前下降。

为什么会出现这样的情况?

拆迁农民问题频出,反映出的是传统价值观受到冲击、新的价值观亟待重建过程中出现的阵痛。长期以来,我国城乡之间横亘着一道鸿沟,农民和市民的身份差异,判若云泥。而今,一夜之间完成了身份转变,手中呢,又攥着大把的钞票,该怎样去生活?不少拆迁农民确实感到迷茫。因为尽管他们身份变了,但他们的角色意识、思想观念、行为模式并没有发生大的变化。

此外,拆迁,让他们的生产方式也发生了巨大变化——祖祖辈辈奔波于垄亩稼穑耕耘,而今,曾经长满了禾苗的土地上长出的是水泥森林、是超市和工厂。怎么去讨生活?他们一时不知所措。拆迁农民受教育程度一般不高,政府只能为他们提供清洁员、保安之类的服务型岗位。"一夜暴富"后农民心态变了,许多人宁愿失业也不愿干这类活。有农民这样说:"难道开着好车扫大街去?丢不起人呐!"

种种不适应,加之没有固定的职业,这个群体便难免精神空虚。而精神空虚,便给不法分子以可乘之机。那些放高利贷的人知道你是拆迁户,手里有钱,便开始打你的主意,引诱你去赌博、引诱你去吸毒……杭州城郊一所小学的家庭情况调查表上,父母职业一栏,有的孩子竟写:"打麻将。"

客观上讲,拆迁农民问题频出,与我们的干部引导不力也有关系。有不少干部,对新时期自己的角色定位存在模糊认识。有群众抱怨:"这几年社区的干部只做两件事,一是催促我们要配合拆迁,二是防止我们为补偿上访。"

征地补偿,大多是"一锤子买卖"、"一次性买断",普遍缺乏对征地农民的长远安排。一旦拆迁农民花完手中的钱而返贫,许多问题就会重新转嫁到政府和社会身上。

我们知道,农民市民化不仅仅是农民社会身份和职业的一种转变(非农化),而是农民角色群体向市民角色群体的整体转型。怎样才能使他们不是"富裕一阵子",而是"幸福一辈子"呢?

(2012.07.15)

107.工企双赢才是真

如果时光倒退几年,就是借给吴春锋一个胆,他也不敢跟老板吱扭一声——端着人家的饭碗,还敢讨价还价,想不想混了?! 而现在,这位在浙江平湖依爱夫纺织有限公司打工的民工,会理直气壮地争取自己的应得利益。

来城里打工,农民兄弟最害怕的是什么? 不是出力流汗,不是颠沛流离,是怕拿不到血汗钱。你是弱势群体呀,在不良老板那里,找个针尖大的理由就可以扣掉你的工资。你辛辛苦苦干了一年,年底甚至还不给发薪。

每年一到年关,各级政府就会为农民工的讨薪问题着急上火。

现在,浙江找到了解决的办法:在浙江很多地方,企业职工工资不再由老板一个人说了算,形成了"企业协商谈增长、行业协商谈标准、区域协商谈底线"的工资协商机制。

温岭新河镇是浙江著名的羊毛衫生产基地。近几年,年年都由羊毛衫行业工会与业主委员会分别代表职工方和企业方,对整个行业的职工工资进行协商谈判。在认真测算的基础上,协商制定当年统一的工时、工价标准,相关企业的工人工资不得低于这一标准。

这个办法真是不错。老家在湖北的陈绪凤,来新河镇打工快 10 年了。这几年,她的工资每年都在上涨:2003 年月工资是 800 多元,现在已经涨到了2500 多元。"有了一个透明、公正的工价表,职工工资和企业效益挂钩,我们工作起来劲头更足了。"陈绪凤开心地说。

其实,"工资共决"不是什么新话题。早在几年前国家就大力提倡。可执行起来并非易事:明明知道不少企业一线工人的工资被固化在最低工资标准上,很不合理,可谁来同老板谈、怎么谈? 让职工代表去谈? 你端着人家的碗,触怒了老板转身找个茬就把你开了。由企业工会出面谈?工会在经济上不独立于雇主,在劳动关系中不独立于资方,作为群团组织又没有执法权,腰杆也硬不起来!

浙江省总工会党组书记金长征认为:"无法谈,表象看是因为劳资力量强弱悬殊,深层次反映出来的是共决机制不完善及配套措施的缺失。"

浙江呢,就从完善配套措施上狠下功夫,先后出台了一系列法规,对以劳动报酬、保险福利等为主要内容的集体合同,以及区域性、行业性集体合同作出明确规定,对企业工资支付行为进行了明确规范,为工资集体协商提供了法律支撑。

企业的情况千差万别,怎样才能使"工资共决"真正收到实效?浙江也做了探索。譬如,对中小企业比较集中的村镇,实行区域性工资协商,由村镇联合工会与经营者代表签约;对较大的产业群或块状经济区域企业,由行业工会与行业协会协商签约。对效益好的企业,重点就工资水平、奖金分配、福利补贴进行协商;对困难企业,重点就工资支付办法进行协商……

"工资共决"带来的好处是明摆着的。一位安徽籍民工告诉我:"'工资共决'后,企业发展好坏与我们的待遇高低连在了一起,我们只有和企业拧成一股绳去拼搏,才有出路。"

企业老板怎么看?浙江企业界的"常青树"、万向集团董事长鲁冠球的话透着哲理:"赠人玫瑰,手留余香。企业发展最终靠的是员工。如果工资永远只听资方的,企业的永动力就消失了。'工资共决'虽然让我们多付出了些钱,但员工安心了,企业更加稳定了,从长远看是合算的。"

"工资共决"机制,确实让劳资双方从中大大受益,实现了员工和企业的共赢。去年初的"裁员潮"和今年初的"民工荒"在浙江都没有明显显现。

他山之石可以攻玉。浙江的实践,很值得借鉴!

（2010.05.31）

108.记住,没有夕阳产业

对于席卷全球的金融危机带来的冲击波,我国的中小企业应该感受最深。这些起自"草根"的经济实体,自发轫始,便被人同"低、小、散"连在了一起。

不管这种评价中肯与否,有一点是没有异议的:要想从"草根"长成"参天大树",就必须从"低、小、散"向"高、精、尖"转化。也就是我们提倡的转型升级。

不过,和农民企业家们聊转型升级,许多人会连连摇头:那是大企业的事!咱生产的是针头线脑、拉链箱包,哪有那个能力!

我认为,这是对转型升级的片面理解。

现在一提转型升级,很多人认为:就是放弃现在的产业,转向科技含量更高的产业。长期以来,我们形成这么一个观念:生产飞机、导弹远比生产袜子、拉链要高尚得多。我们不是经常听到这样的说教嘛,一架波音飞机可以买多少多少件衬衫。似乎生产衬衫不值一提。

单从科技含量来讲,二者当然不可同日而语。但从商品流通、利润获取来说,还真就未必。

我采访过一个生产西装的农民企业家。前年,意大利一个知名西装生产厂家濒临倒闭,他获悉后马上接洽并盘下了这个厂。不久前见面,问起经营情况,他嘿嘿一乐,悄悄说:"很不错!很不错!"由于是知名品牌,每套净利润近千欧元,他去年一共销售了3000套。对于一个不足百人的小厂来说,利润率是相当可观了。

业界有句行话:只有夕阳产品,没有夕阳产业。也就说,世界上没有哪个行业是绝顶的好。商品只要具有使用价值,就有利润空间。任何产品,只要做到顶尖,都可以大把挣钱。无论多小的商品,一旦成为名牌身价就会倍增。拿生产豆腐来说,王致和豆腐就比其它豆腐贵;同样是生产剪刀,张小泉剪刀就比其它剪刀卖得更俏。

现在,我们的乡镇企业、民营企业所以底气不足,是因为我们没有创出品牌,更没有拥有名牌,只靠贴牌生产、收些低廉的加工费用。一条 ykk 拉链可以卖到 8 美金;而我们温州乐清生产的拉链,一元钱能买一堆。

因此,我们提倡转型升级,绝不是抛弃现有的产业。前几天到绍兴采访,很多原本做纺织生意的企业家纷纷表示,要响应政府转型升级号召,向"高、精、尖"进军,改行去生产光伏电池。我很忧虑:你想一想,每个人都一窝蜂地转型去生产波音飞机,波音飞机不也面临着"烂市"的下场?

通过这些年市场这双无形的手的拨弄,世界商品生产的格局已基本形成。日常生活用品的生产,是我们的优势。金融危机袭来,兜里钱少了,奢侈的玩意儿你可以免掉,譬如,以前外出坐飞机,现在可以改乘火车。但是,袜子你要穿,餐具你要用,吃喝拉撒的物件,你一样也不能少。金融危机最严重期间义乌小商品市场营业额逆势上扬,就是明证。

所以,我们现有的优势千万可别丢掉了。在此基础上,有能力的话,再去开拓更广阔的空间。如果条件不具备,一味地贪大求洋去强行转型升级,无异于拔苗助长,不但竞争不过世界上的"老巨头"们,还会把我们目前的优势失掉。沿海地区一些服装类企业转到成本更低的东南亚去发展,不就很说明问题嘛!

在目前情况下,推动转型升级时,更稳妥、更合理的办法是力求做到"人无我有,人有我优,人优我更优"。不扎堆,不大呼隆。

做到"优",就是千方百计提高产品的内在质量。今天"优",明天"更优",后天"再优",久而久之就创出自己的品牌。

诸暨大唐镇是"中国袜业之乡",每秒生产 365 双袜子。前些年,这种手摇袜机式的家庭作坊,尽管生产出了全球 1/3 的袜子,但由于没有知名品牌,没有独领风骚的技术,市场竞争只能靠拼价格。这几年他们大抓品牌建设,"大唐袜业"旗下共拥有中国驰名商标 17 个、省名牌产品 20 个、省著名商标 17 个。有的品牌风靡欧美市场。有的还完成了由行业标准受限者向行业标准制定者的转变。

　　如此一转变。产品价格后面多出了一个零。

　　如果我们的民族工业都能创出品牌,都能在价格后面加个零,那会是一种什么状况?!

(2011.12.20)

109.欲说"创牌"好困惑

　　我在《记住，没有夕阳产业》一文中，提出民族工业要想走出困境，必须加大"创牌"力度。

　　谁知，"一石激起千层浪"。文章发表后，收到了数十封来信，赞同者有之，反对者有之，还有不少乡镇干部和企业家向我大叹苦经："创牌，谈何容易！"

　　浙江桐庐分水镇的一位干部劝我到该镇走走。他在信中说："不到分水不知道创牌难。"果真如此吗？我决计前往。

　　分水蜷缩在分水河畔，是个典型的山区小镇。这个镇因生产圆珠笔而出名，有"中国制笔之乡"之称。全镇年产圆珠笔 60 多亿支，全世界人均一支。

　　不过，说到效益，实在不敢恭维：生产一支笔利润只有几分钱，甚至几厘钱。产业发展了 30 多年，仍然不温不火……

　　问起原因，镇领导坦言：确实与没有品牌有关。长期以来，分水的制笔企业走的是"低成本竞争"的贴牌生产之路，处于产业链"微笑曲线"的最底端。丹霞笔业有限公司的老板算了一笔账：公司多年贴牌生产的一款笔，如果有自主品牌的话，利润能增加十几倍。

　　说到创牌，他眉头紧皱：要创出品牌，必须掌握核心技术。但制笔的关键设备、关键部件、基础材料特别是精密制笔机械等都依赖进口。比如，开发在国内市场占主导的中性笔，笔头要用到一种特殊材质的不锈钢，这在国内尚没有生产。

　　"创品牌，离不开资金和人才的支撑。而这两点，我们恰恰都不具备。"华明制笔有限公司的王老板讲了自己的尴尬："先说人才。前年，我到桐庐去召人,只有 15 个人投了简历,最后呢,一个都不愿来!请不来佛,咱就自己干。我联合分水另一家笔业公司注册了'华奇'商标,试图'强强联合'打品牌。经过 3 年努力,资金几乎消耗殆尽,'华奇'终于成为分水第一家浙江省著名商标。但与国外同业'大佬'一比,我彻底灰心了:单从报废率一项来看,我们的报废率为 3%,人家的是万分之三。整整差了 100 倍呀。"

一系列的失败,把坚定"打品牌"的王老板终于击垮了,他很伤感:"打品牌,钱砸下去了,精力也没少花,可都打了水漂……看来只能重回到'代加工'的老路上去。"

"即使创出了品牌,目前的市场环境,也让我们很难有所作为。"光华文具的丁老板道出了另一番心酸:前些年,光华文具投入大量精力研发出一款笔,外形酷似曼妙的美人体,取名为"美人笔",并申请了专利。由于外观独特,"美人笔"一投入市场便受到消费者青睐。可好景不长,众多制笔企业纷纷仿造,"美人笔"的利润一下子由原来的 6 毛多一支减到了 3 毛一支,光华文具本来很有市场竞争力的一款笔就这样被拖垮了。"在制笔行业,侵犯知识产权是常见的事。在这样的市场氛围里,你创出了品牌又有什么用?"丁老板寒透了心。

不听不知道,一听吓一跳!没想到创牌如此之难!我也有些懵了。

(2012.04.22)

110.走，到农村去

宁波某区，农技员编制330人，但实际在编仅242人，缺编率超过26%；浙西某县今年农业部门计划招聘4名大学生，结果，因报名人数不到5∶1的招考比例，只好作罢。另一个县的一个乡今年招聘了7个农技员，竟有5个专业不对口。

一位县领导连连摇头："唉！县里农经、农技、农机、茶叶、畜牧'五大员'普遍缺人手。由于农技人才缺乏，县里正常的农业科研无法正常进行。譬如，动物卫生检测室引进的一些先进仪器设备，至今尚未充分利用……"

学农大学生难觅，其实，不独在浙江，恐怕在全国都是如此！

我们知道，农业要想长足发展，一靠政策，二靠科技。这些年，随着改革的深入，阻碍农业发展的政策因素，应该说已经越来越少。而科技滞后对农业的影响则越来越明显。浙江台州一家现代化养殖场的老板告诉记者，由于几个科技环节的制约，自己的养殖场一直不能壮大。而湖州一个从事石斛种植的老板说，因为苗期成活率得不到保证，增收成为一句空话。

学农大学生难觅，就表象看，与大专院校涉农学科锐减、招生不足有很大关系。现在，一方面是大学可着劲儿扩招，热门专业人满为患；另一方面，涉农专业却在不断萎缩。浙江一所农业院校的教授告诉记者，1998年以前，该校农学系有4个班，而现在，只剩下一个班，且年年还得为生源发愁……

而从深层次看，则与我们的用人机制、价值观引导，都大有关系。

不久前，我曾对某县大学生村官任用情况进行过专题调查，结论很让人吃惊。许多大学生反映，我们闲得发慌！平时也就是在村委会收发一下报纸，接接电话；如果上面来检查工作，让我们陪同一下，权当个摆设。

如果一方面我们感慨缺乏人才,另一方面又在浪费人才、无效地使用人才,那么,农村科技滞后这块短板,恐怕就很难补齐。

由此看来,改革用人机制,给大学生搭建一个充分施展才干的平台,是我们各级组织必须重视的工作。

舍此,我们的青年学子,也必须树立正确的人生观、价值观。现在,先不说报考志愿时大家争相往热门专业挤,还有不少大学毕业生,宁可"漂"在都市、放弃专业,也不愿到基层去。

我在新疆工作时,曾采访过新疆"哈密瓜之母"吴明珠,这个出生在南国的弱女子为了"做大哈密瓜",从大都市自愿来到新疆的瀚海沙漠,一干就是54年。

我问她:"你后悔吗?"

她说了句感人至深的话:"一个社会,如果忽视了个人的责任,或者做事的目的就是个人利益的最大化,这个社会就很难进步。讲理想,讲奉献,讲艰苦奋斗,讲为人民服务,哪个时代都需要!"

吴明珠的话,我们每个人恐怕都该好好想一想!

(2009.11.22)

结束语:多扪心问问自己,好吗?

　　这个夜晚很平常。这些年来,经常是这样的夜晚,在《下乡手记》里,我与读者娓娓交谈。今夜,坐在桌前,我心绪如潮。因为写完这篇文章,《下乡手记》就要和读者告别了……

　　多少次,深夜,家里的电话会突然响起来。一次一个底气很足的男中音吼道:"你是王慧敏吗? 你写的《退耕更要节耕》,是不是在影射我们县?"

　　自从写下乡手记以来,不时接到这样的电话。

　　写《增收关卡知多少》,有三个县先后对号入座。其中有位县委书记电话打到办公室,劈头就问,"谁向你提供的线索? 肯定是××。"我想好言解释一番,他丝毫不容我插话,话语连珠炮一般:"他早盯着我的位子! 你怎么能偏听偏信? 你这样写,影响我县的安定团结。"另一位县委书记说:"你文章中说我们县有 7 道关卡? 实际上根本没那么多。县里的有些收费,是经上级批准的。合理合法!"

　　而实际情况是,我文中所指的那个县,不是 3 个县中的任何一个。

　　我写某市选举过程中拉选票、搞幕后交易,市纪委派人来找我。不是反馈当地如何解决文章中提出的问题,而是不厌其烦地追问我文中的细节是谁反映的,说他们一定要查个水落石出。

　　一位基层干部来信说,《这样的文凭,值几何?》刊出后,他马上被顶头上司叫到了办公室:"那件事儿知道的人不多。肯定是你透出去的。好啊你,竟敢背后卖我的赖! 你还想干不想干?"吓得这位干部一天到晚提心吊胆。

　　我写《还要"救救"什么》,说某些企业为了自身利益,往牲畜饲料中添加赖氨酸、蛋氨酸、喹乙醇等化学药品,致使饲料中药物成分过高,危害人体健康。某部门一位领导郑重其事给我来了封信,说:"记者同志,要注意你的舆论导向。饲料卖不出去影响了企业的效益,影响了一个地方经济的发展,这个责任谁负?"

我确实负不起! 不过,我也想问问这位领导:不法商贩恣意妄行,这个责任谁负? 大众健康屡受荼毒,这个责任谁负?

某市主管宣教的市委副书记对我熟识的宣传部的一位负责同志说:"今后这个人来采访时,要注意一点,他常写批评报道。"

这个市的领导不知明白不明白,报纸除了介绍党的方针政策,报道好的典型、经验外,它还担负有舆论监督的职能。只想听赞歌、听表扬,书记,你错了!

作为一名党报记者,我会用良知去恪守客观公正这一原则。作为公仆,你是否也该扪心问问自己该怎样做?

一位学者说过这样的话:试图粉饰才是没有信心的表现。如果有自信,就不怕大声承认:是的,我错了!

当然,我收到的更多的是这样的来信:

一个叫王尔顺的河北读者来信说:"无论多忙,'下乡手记'每期我都要看,每看一篇都有新的感触和收获。它是一面镜子,又是一篇好教材。对基层工作非常有益。"

陕西礼泉县委通讯组一位叫张思鸿的读者来信说:"'下乡手记'每期读罢我都剪贴珍藏。读您的文章,总的印象,两个字:解馋! 每每读罢,有久旱逢甘霖的惬意与快感。掩卷深思,竟自忖道:噢,文章原来可以这样写!"

河南一位叫王玉峰的读者来信说:"你写出了我们想说又不能说的话。人民需要你这样的记者,喜欢你这样的记者。人民是你的后盾。"

……

记不清在哪一张报纸上看过这样一篇文章,题目是《有一种力量叫感动》。在写《下乡手记》的这些日子里,我深切地感受到了这句话的涵义。可以说,正是因为读者的信任与支持感动了我,才使我将《下乡手记》写到了今天。这种感动,无论过去、现在还是将来,都激励我坚持这样一个原则:伐恶效狮吼,逢善魂相就,图一个天地无垢心无垢!

附:读者来信摘编

王慧敏同志:

您的"下乡手记"已刊登 70 多期了,无论多忙基本上每期我都要看,每看一篇都有新的感触和收获。当前,新闻界像"下乡手记"这样的好文章还不多见。每一篇都带有普遍性,短小而又意丰。它是一面镜子,又是一篇好教材。每篇里面的哲理,对基层工作都非常有益。

现在我们有些单位,只喜欢听好话。自己得了病,不请医生治;医生主动为他救死扶伤,却说医生是害他的。像《多问问自己好吗》文中提到的几例就是如此。

我们应该清楚地认识到,想干好工作,想为人民谋幸福,就要接受人民群众的监督,其中包括新闻舆论的监督。希望"下乡手记"继续写下去,众多的读者在等着看下一期呢。

河北读者　王尔顺

慧敏同志:

你的"下乡手记"写的很好。我认为你在手记中反映的问题代表性很强。绝不仅仅是你所到过的地方有这种现象,你没有到过的地方这种现象其实也多得是。譬如,假文凭一事,在我们这里就有多少,单从到处可见的"代办各种文凭证件"的广告来看,就可以估计到假证件泛滥的程度。

老百姓有这么一句话:"中央的政策都是好的,都让一些歪嘴和尚把经给念歪了",我作为一个基层副县级单位的一把手,也同样有这样的感受。中央的各项方针政策可以说完全合民意得民心,但如果真正按照原则不折不扣的去办事,不能说一事无成,但可以说是困难重重。我的一位同学,也是一名县级干部,他没有和其它官员一样上下班车接车送,而是常年累月骑自行车上下班,骑自行车深入工作一线。像这样的干部本应受到鼓励,但他的上级领导竟挖苦他是"想当廉政模范"。我在想,现在没有开展评选廉政模范的活动,如果组织上开展这项活动,他想当廉政模范又有什么错?

慧敏同志,我是"下乡手记"的忠实读者,看到你写出我们想说又不能说的话,实在是从心眼里感到高兴,感到解气。我也曾想打电话鼓励你,但不知电话号码。你写的好,要继续写,要多写,人民需要你这样的记者,喜欢你这样的记者。让那些责难你的"官"们难受去吧,因为他们毕竟只是少数。放心努力地工作吧,人民是你的后盾。

你的河南读者　王玉峰

尊敬的王老师:

我是陕西省礼泉县县委通讯组的一名通讯干事。通过"下乡手记",我"认识"了您。该栏目,我每期必读。读罢,即剪贴珍藏。读多了,便由"下乡手记"注意到您的其他作品。于是,每打开《人民日报》,便先看有无您的作品。

读您的文章,我获益不浅。总的印象,两个字:解馋!每每读罢,有久旱逢甘霖的惬意与快感。您的作品,不论是选择角度,还是开掘深度;不论是气势如虹的文气,还是精美如诗的语言,让我篇篇有心得,篇篇有惊喜。每每读罢,掩卷深思,竟自忖道:噢,文章原来可以这样写!

今夜,秋风秋雨拍打着窗外的青松。夜阑人静,风雨声中,我重新打开今天的《人民日报》,又一次静静地,静静地悉心研读您的《养命塘终于回来了……》一文,禁不住思绪联翩。明知您忙,按捺不住,竟冒然提笔给您写信,吐吐一名处身基层的普通读者的心里话。

您的《下乡手记》是否结集出版?我多想拥有一本!果能如愿,阅读和欣赏将更方便。您是否有别的文集行世?若有,敬请告知,我真想拥有。我唯有一个心愿:多读您的文章,汲取更多的营养。

祝:工作顺利!

中共陕西礼泉县委　张思鸿

王老师:

当旧的一年将要过去的时候,我照旧像读着老师、朋友来信般地读着您的"下乡手记"。今天,出乎意外地读到了沉甸甸的告别辞,顿时不知所措。

作为《人民日报》最忠实的读者,觉得深深的失落。《人民日报》千万不要丢失人民味! 我们喜爱下乡手记这样深入浅出、平易近人、一针见血、有骨有肉的文章,我们喜爱"王慧敏式"的贴近生活、贴近人民、贴近时代的记者或编辑。手记停了,乡可不要不下。乡亲们等着您的新作!

山西大同市政府读者　丁锐

王老师:

我是下乡挂职锻炼的大学生,现任沟泉乡副乡长。很喜欢看"下乡手记",因为是写我们"生活"的栏目。看了您的文章,我也想谈谈我的想法:

乡镇干部多,如何分流? 对有能力自谋职业的分流人员,可实行一年时间发放生活费制度;对无能力自谋职业的分流人员,可组成服务公司,开展多种经营。分流的关键,是决策者的决心和力度。只要下定决心,力度加大,措施又得力,分流工作一定会做好。

"给村民自主权",是加快中国农村民主化进程的积极措施,但是村民选举还必须在上级政府的指导下有序进行,让村民逐渐认识到手中民主权利的重要意义。至于如何保证选举不被坏人操纵,可以从选举制度和措施上着手。当前,给"村民自主权"的关键不是选举上的问题,而是相不相信村民的问题。"没有落后的群众,只有落后的干部",干部的思想认识上去了,中国农村的民主化进程也就加快了。

基层的工作特点就是什么都要管,没有麻利的手就别当外科医生,没有敏捷的思维就别当侦探,没有"鹰眼、兔子腿、草包肚子、画眉嘴"就别当乡镇干部。难,干什么不难? 要想服务好群众,就要克服这些难。

学生　金宇

王慧敏同志:

你写的"下乡手记",我是篇篇必读的,而且不少被我剪裁下来存在我的《剪报集》里了。如《选举的"水分"从何来?》、《这样的文凭,值几何?》、《来一次文凭打假如何?》等等。

对当今社会上存在的一些不正之风,人民深恶痛绝! 目睹腐败现象屡禁不止且愈演愈烈,作为一名有良知的国家公民、国家工作人员,无不深感忧虑。本人亦多次撰文披露腐败现象,并进行无情地鞭挞。然而我们的报刊、杂志能够给予刊登的实在寥寥。

因此,我就想,我们不是一直提倡舆论监督吗? 为什么我们的报纸、杂志却只能刊载溢美文章而忌讳批评文字呢?

我真诚地希望你的"下乡手记"不停地写下去。广大的人民群众是会支持你的。

贵州省台江县委统战部　潘昌基

慧敏老师:

读完《杨本伦的困惑》,很不是滋味。像杨本伦这样的知识青年凭着一腔热血来到农村、想为改变农村落后面貌作出贡献,却因种种原因无功而返。不是农村不需要他们——农村要想发展,必须要有这样的人才。到底是谁浇灭了他的热情? 杨本伦们的出走,是他们自身的悲哀,也是中国农村的悲哀。

发展是历史的必然趋势。肯定还会有杨本伦回到农村。当后来的杨本伦们真正在农村扎下根,成为推动农村发展的支柱时,他们肯定不会忘记前辈杨本伦们的贡献的。

安徽省淮北市杜集区委　程容华

王记者:

看了你写的《执法检查怎么走了过场》一文后,对你秉笔替老百姓说话的勇气叫好!!

现在各种检查组名目繁多,大部分情况是,每到一处,坐着豪华轿车招摇过市,前面有开道车清道,后面有地方官员车辆相陪,好不威风啊。在这种场合下,群众有问题谁敢讲? 无论调查组问什么,群众都要装傻。大家知道,这些陪同的官员说是配合检查,实际上是在监督群众说了些什么,日后好找你算账。

目前,国家制定的政策的确好。可往往很难落实。你文章中所提到的现象,我们基层的百姓司空见惯……今天冒昧给你去信,是感谢你为天下老百姓呼不平。透过你的文章中，我领略到了真正的党的新闻工作者的作风。

祝好人一生平安！

河北威县第什营乡吴庄村村民　陈勇

王慧敏同志：

您的"下乡手记"很是耐看，我们队几位同志争相传阅，并常聚在一起议论，有的还写了读后感，大家称它是良师益友。

已刊发的40多篇文章的精彩之处在于：一是短。短小精悍，言之有物。每篇只有千把字，但内容丰富深刻。几分钟读完，却让你回味无穷。二是实。记的是乡下的实事、难事。文章没有官腔套话，具体问题具体分析，观点客观鲜明，的确在为农民兄弟"代言"，在为"乡下人"鼓和呼。三是深。一些被人视为"小事"、"平常事"的事，作者总是由表及里、举一反三、刨根究底，揭示出实质。四是新。以事论理，夹叙夹议，写法新颖别致，不落俗套。文中观点也很新鲜，使人产生"我们怎么就想不到"的感觉。

一句话，"下乡手记"对于我们做好"三农"工作很有帮助，我们期盼这个栏目越办越精彩。

湖南省娄底市统计局农村社会经济调查队　邹召北

王慧敏同志：

我是一个农民，对您发表在《人民日报》上的文章特感兴趣，文章从不同方面反映农村的问题，很受农民朋友喜爱。在你的第36期下乡手记《有特色土变金》这篇文章中，写了山东乳山崖子村发扬艰苦奋斗精神，改变贫穷面貌的事迹。我在村民大会上读了这篇文章，效果特佳，村民们从中得到了鼓舞、启发，说："人家能在那样恶劣的环境中干一番伟绩，我们这儿远比人家强，咱就没有一点拼搏精神？"

说干就干，我们借着上级政府"小流域治理"政策的东风，村民们踊跃集资、积极出义务工，经过两个多月的奋战，把水引上一百多米高、一千多米远的山上，使得几百亩干旱地变成梨枣园。

慧敏同志，我们全村群众感激您。希望您能到我们这儿来做客！

河南省洛阳市郊区辛店镇寺沟村　何长产

尊敬的王慧敏老师:

您的"下乡手记"专栏篇篇佳作吸引了我。敬佩您常深入基层、深入百姓之中、秉笔替百姓说话的精神;敬佩您对问题看得透彻、全面。您的佳作中提出的问题,很多都带有普遍性,看似一般,其实是关乎全局的大是大非问题。

五十年代后期,我从部队回乡到人民公社任职近20年,八十年代初进城搞机关工作,但我仍常爱跑农村,也许因这一原因,使我最爱读您的"下乡手记"。

在拜读《乡土文化,哪儿去了?》不久,本单位一位年轻同志调金垭镇任镇长,临别时他对我讲:"请到金垭来玩。"我脱口而出:"那好,你去了要多抓抓乡土文化,让金垭的古戏楼有戏唱。"这些天来,我逢着相识的老者、少者就宣传您佳作中的观点,我简直成了"乡土文化"迷。

要让"乡土文化"重放光芒,看来还需要各级党报大力鼓与呼。

打扰老师了,敬请多多指教。

四川省阆中市委宣传部   陈丕泉

尊敬的王慧敏先生:

我是甘肃天水市南路偏远山区的农民,省市区新闻单位的业余通讯员,也是人民日报的忠实读者。这几年来,我除了阅读中央重要政策、大事、社论、人民论坛等栏目外,最留心的就是您采写的下乡手记。

每一篇我找到并认真读阅后,都会剪下来贴在我的剪报本里。工作之余,只要有时间我就翻看,认真揣摩。从您的"下乡手记"里我学会了怎样当记者,怎样才能真正反映农村生活和农民心声。

我身居偏僻农村,信息闭塞,想找寻点资料都很困难。这几年大旱,家里经济吃紧,粮食歉收,买本书都力不从心。加上有些人的热嘲冷讽,我也灰心过,失落过……你的"下乡手记"让我这个基层通讯员重拾信心。我一定以您为榜样,多为咱们庄户人家呼吁。

王老师,我们之间虽远隔几千里,素不相识,但是人民日报新闻事业把我们的心连接在一起。祝您采写大安。

甘肃省天水市秦城区天水乡咀头村一组   刘文杰

尊敬的王老师:

我是湖北省阳新县档案局的一名青年干部。经常在《人民日报》上拜读您的大作。您的"下乡手记"我已一期不漏地读到了第48期,每一期常读常新,读起来感到特别亲切。要不是您的心里真正装着黎民百姓,装着党的事业,是写不出这样感情真挚而又发人深思的文章的。

通过看您的文章,彻底改变了原先想法,总以为人民日报的大记者,高高在上的"无冕之王",哪能经常下基层调研?您的文章里充满了大量生动细致的第一手材料。基层的一山一水、一草一木您都了如指掌。这些资料,坐在书斋中是得不到的。

尊敬的王老师,我说的并非溢美之辞,而是出于对您的一种景仰。唯愿自己将这种敬仰化为今后工作的动力。

学生　孔令雄

王老师:

由于地处偏僻,隔三差五才能读到寥寥几份《人民日报》。在读到的有限的几篇您的"下乡手记"中,我深感"解渴"。您的文章,对于从事农村工作的人有实实在在的帮助。像"下乡手记"这样有实际价值的文章,读到的人越多越好。所以我有一个强烈的愿望,希望尽快看到"下乡手记"结集出版,我想这也是许许多多读者的共同愿望。

我有个不成熟的想法,希望同时推出几个不同价位的版本,精装的、普通装的、简易装的或活页装的,以适合农村不同读者群的需要。我相信,它对农村不同层次的群体,都会产生正面影响。

读者　王山虎

王慧敏老师:

我是中国财经报的一名驻站记者,更是一个永不脱泥土气息的农民儿子。

作为一名新闻工作者,我认为,若不能秉笔直书,仗义执言,就是渎职。因为对一些社会现象的深恶痛绝,平日里写稿,我极不情愿去为某些个人歌功颂德。相反,只要闻知老百姓疾苦,哪怕是身败名裂也要替"群众"出口闷气。故很多人称我为"捅娄子的记者"。

今后的路该怎么走？正当我迷惘时,读到了您的"下乡手记"。在产生敬意的同时,更坚定了我前进的方向。谢谢您!

您未曾见面的学生　张明文

王老师:您好!

你的"下乡手记",我篇篇都会细读。可以毫不夸张地说,这些手记对促进和指导农村工作的确具有很重要的意义。

你的《让"挤水者"无从下手》、《还农民一面洁净的墙》、《鼓励员工说"不"》、《帮农民就是帮自己》、《退耕更要节耕》、《外国的树比中国的树高吗?》、《别让"优惠"吓跑了客商》等44篇下乡手记我都精心收藏,并在电脑里设置了"下乡手记"文件夹,每周一我都通过网络收藏于此。经常在晚上睡觉之前,翻一翻打印出来的"下乡手记"。每一次翻阅,都能从中学到很多东西。通过学习,不知不觉中自己应对基层工作的能力有了很大提高。

学生　龚孟建

慧敏老师:您好!

每看一次您的《下乡手记》,就有一次震动,就有一次沉思。您说的话太好了,太实在了。今天看到"《下乡手记》就要和读者告别了……"我忍不住拿起笔来要对您说话:继续写下去,我们还没看够!

我在县委办工作,老家在农村,可以说是在上层和底层间来回奔波。有一次看到您的一篇下乡手记,一下子就被吸引住了,并收集起来。但是,虽然我们这里报纸多,可您的手记也无法收集全,这是我的一大遗憾。

我知道您在写这些文章,也顶着一定的压力。社会变革年代,各种思潮杂陈,不健康的思想和行为也不可能在一夜间消失,需要有人为之呐喊。我愿做您的追随者。

浙江省天台县委办　曹钦涛

王慧敏同志:

素昧平生。踌躇再三,还是给您写了这封信。

　　一个作者,其作品如果得不到反应,大约是悲哀的。作为一个读者,读了好的作品,如果无动于衷,便是不负责任。鉴于这个想法,我才决定写下这些文字。

　　你发表在人民日报的"下乡手记",写得多么好啊! 我想,这样的文章,多年没见到了,为什么就不能发在头版呢?

　　看得出来,这些东西,是深入到基层,经过大量的调查研究,又经过深思熟虑才写出来的。那生动鲜活的文风、翔实而极能说明问题的事例、犀利的目光和大胆的笔触,真正是抓住了农村中的时弊和焦点。我们黎城县在农业结构调整中决定大面积种草,起初不少农民有疑虑,大家传看了您的"快来种草"的文章后,放下了包袱。现在我县已成为全国最大的植草基地。《县里干部为啥多?》一文说:"干部把工作的主要内容变成经营官职,就会把扎扎实实干、为人民服务抛在脑后,不可避免地衍生出跑官、卖官、做表面文章等等弊端。"说得多么深刻……

　　相比之下,不少报纸,废话、官话、空话连篇。这要浪费多大的人力财力物力呀! 如果不是硬性摊派,又有几个人订它?!

　　"在我们为现在的空泛的、八股式的文章熏得近乎麻木时重读这样鲜活的、材料丰富、说理透彻的文章,总有一种返璞归真之感。"这是我在一本书上看到的话。它也代表了我看您文章时的心情。我把它送给您。祝您越写越好!

读者　禹振民

热点感言

作为一个职业报人,面对一个个新近发生的新闻事件,笔者常有一种不吐不快的评说冲动。于是便有了下面的这些时评。

　　写时评时,笔者始终坚持两个原则,一,必须是真正的社会热点;二,必须"发乎于心"——不能无话找话,更不能刻意图解什么。

1.但愿唤来"城市的良心"

一场61年一遇的特大暴雨,导致北京出现内涝灾情,市区路段积水、交通中断、车辆被淹,初步统计经济损失逾百亿元,特别是发生了我们最不愿意看到的人员伤亡。不止是北京,近段时间,我国许多地区出现强降雨过程,不少城市都出现了不同程度的内涝灾情。

其实,水淹城市的新闻已不是第一次听到,逢大雨必涝,正在成为很多城市的"流行病"。

分析原因,专家得出的结论是:除极端天气因素外,城市排水管网覆盖率、设施排涝能力偏低是主因——目前排水设施依然沿用几十年一贯制的标准和做法,传统的排水设施已不足以应对城市内涝问题。

单就外观看,这些年我们的城市确实是越来越漂亮了:马路越修越宽,摩天楼越盖越多,城市绿化随处可见进口草坪和"高价"移栽的大树,还有闹市街头火树银花的音乐喷泉、五光十色的夜景工程……这些景象,即使与世界上最繁华的都市相比也并不落伍。

然而,在城市建设日新月异、外表光鲜的背后,与百姓生活息息相关的城市基础设施欠账却仍然不少,"内伤"也越来越严重。

外国有句谚语:"下水道是城市的良心。"资料记载,多雨城市巴黎,100多年来鲜有内涝发生——这得益于地下长达2350公里的下水道。

巴黎下水道基本上都是石头或砖混结构,十分坚固。下水道宽敞程度也出人意料:中间是宽约3米的排水道,两旁是宽约1米的供检修人员通行的便道。这样的宽度在地面上可以并行2辆汽车,在地下可以划船。为了便于判定方位,巴黎下水道对应路面,标出和地上一样的街名和门牌号码。工人只要熟悉巴黎街道，就不会迷路。因为方位精确，如果行人不小心把钥匙、戒指等物品掉进下水道，下水道工人完全可以根据地漏位置，把东西找回来。每年工作人员都会接到大约 3000 个求助电话，而成功找到失物的几率高达 80%……

根据国际惯例：一个现代化城市的建设，70% 的资金花在地下，30% 的资金花在地上。那么，我们做到了吗？

显然没有。在我国城市建设中，"重地上、轻地下"的情况普遍存在。不少城市对地上形象工程狂热追逐，却不愿意把钱"埋在地下"——地下管网工程建设远远滞后，城中排污、泄洪管网的老化、损毁严重……北京市近 10 年来，城市建成区面积增加了一倍，但地下管网等基础设施建设却没有跟上，排水管网系统早已不堪重负。

在城市化建设中，我们还有很多课要补。目前，我国 70% 以上城市排水系统最多只能抵御一年一遇暴雨，一些地级城市甚至连一年一遇的标准都达不到。住房和城乡建设部的一项调研显示，近年来我国有 62% 的城市发生过不同程度的内涝，其中内涝灾害超过 3 次以上的城市有 137 个。

城市建设，面子重要，里子更重要。城市建设花的是纳税人的钱，理应用在人民群众最急需的地方。完善城市基础设施，保障百姓安居乐业，是政府公共服务的重要内容。对政府部门来说，应当把百姓的需求和利益放在首位，重新审视城市的发展规划，将城市建设作为一个系统工程，既要重视面上的"五光十色"，也要重视地下的"四通八达"。

一场大雨，其实也是对城市执政者政绩观的最好检验。能不能把雨后城市的排水情况，列为干部政绩考核的一个标准呢？

2012 年"7 月 21 日"，这一天，北京人应该铭记！全中国人都该铭记！但愿 77 条生命，能唤来"城市的良心"。

（2012.07.30）

2.一曲绿色的颂歌

确实是个奇迹！大旱之年，我们完成了前人无法想象的伟业：黄河全年不断流，黑河分水成功，博斯腾湖两次向塔里木河输水。

我国是一个农业大国，水，意味着绿色；水，就是生命。由于受大气环流的影响，近些年，我国北方地区持续干旱，水资源供需矛盾日益突出。在中国必须走可持续发展道路的今天，面对严峻的缺水局面，中央决定实施水量统一调度，无疑是历史的必然选择。

然而，跨省区调水，涉及上下游、左右岸各方的关系和利益，困难的确不少。

难，首先体现在观念上。"水从门前过，谁引都没错"。千百年来，习惯于大水漫灌，对计划用水，一时难以接受。难，体现在利益兼顾上。有限的水资源，既要考虑灌溉，又得照顾防汛、防凌、发电；既要满足生活需要，又不能忽视生产。难，体现在部门协调上。现行管理体制条块分割、部门分割，如何统一步骤协调行动？等等。但是，在正确决策面前，上上下下齐心协力，转变观念，顾全大局，一个一个的难题迎刃而解。大旱之年，滚滚黑河水直抵额济纳，黄河河口再现刀鱼回游、候鸟飞翔盛况，而塔里木河下游河段恢复过流长度达到145公里。

三条河流调水成功的事实告诉我们：以优化配置为手段，实施流域性水量统一调度，可以促进水资源的可持续利用，可以实现人与自然的和谐相处。调水成功，中央的正确决策是前提，国家水利部门贯彻得力是保证，地方政府大力支持是关键，群众无私奉献是基础。没有中央的高瞻远瞩和运筹帷幄，没有地方政府的全力配合，没有群众舍小家顾大家的"龙江风格"，所有的成果,都无从谈起。明代杨慎在一首《临江仙》中说:"滚滚长江东逝水,浪花淘尽英雄。"我们完全可以这么说:"滚滚江河畅流水,浪花歌颂英雄。"为调水做出奉献的人们,都是我们这个时代的英雄!

"善治国者,必善治水。"可以说,调水成功,是我们党和政府管理能力不断提高的一种体现;也是我们综合国力不断提高的一种体现——正是小浪底、刘家峡等水利枢纽的建成,我们跨季节、跨年度调水也才有了可能。确实,发展是硬道理。只有经济、科学、文化都有了长足的发展,我们才不至于在自然面前无所适从,才能集中精力办更多、更好的事情。干旱地区的百姓大旱之年看到了水,发自内心地感叹:这样的大事,只有在共产党领导下才能办到,只有在我们社会主义制度下才能办到。

当然,我们还应该清醒地看到,去年调水成功,并不意味着水资源紧缺的矛盾已经解决。我国的水资源,仅为世界平均水平的 1/4。同时,我国又是水资源浪费最严重的国家之一,生产同样的粮食,我们比欧美国家多用一倍的水。农业用水真正被有效利用的,只占农业灌溉用水总量的 1/3 左右。工业上,我国万元产值的耗水量是 225 立方米,发达国家却仅有 100 多立方米。专家认为,按照目前的利用水平,到本世纪中叶,全国用水需求将占我国可利用水资源总量的 28%。在我国,计划用水,节约用水,仍然是个要不断解决的大问题。

跨进新世纪的门槛,我们肩上的担子依然很重很重。

(2001.02.05)

3.从重"量"到重"质"

今年的"两会","餐桌"质量陡然成为热门话题!

这说明了什么呢?

翻开历史,即使在汉唐盛世,"饿殍盈野"的记载仍不绝于书。中华民族的历史,可以说就是与饥馑搏斗的历史。解决温饱,一直是我们孜孜以求的目标。

新中国成立后,尽管靠树皮、观音土充饥的历史已一去不复返,但食品短缺的阴影,一直如影随形地伴着我们。记者查阅了从"一五"到"七五"的"国民经济发展纲要",这些纲要,无不把增加粮食产量作为首要的目标。

"七五"、"八五"、"九五",随着岁月的流逝,粮食等主要农产品产量不断上台阶,终于,温饱已经不是奢望,"十五"计划纲要自豪地宣称:"九五"期间,粮食等主要农产品的生产能力明显提高,实现了农产品供给由长期短缺到总量基本平衡、丰年有余的历史性转变。今后我们的目标是以优化品种、提高质量、增加效益为中心,积极调整种植业作物结构、品种结构和品质结构,发展优质高产高效种植业。

是啊,伴着新世纪和煦的春风,人们已不满足于温饱。

南开大学环境科学与工程学院院长朱坦代表建议:新一轮"菜篮子"工程建设应让隐性污染远离老百姓的餐桌。北京市农林科学院蔬菜研究中心生理研究室主任高丽朴代表说:现在市场上卖的大多数农产品没有产地标识,碰到有问题的产品,对产品怎么处理,对产地怎么处理,无法可依。应该尽快出台"农产品安全生产法",严格规定:没有产地标识,不经过专门检测,农产品一律不准直接进入市场。

　　从重"量"到重"质"这一发展历程,无可辩驳地告诉我们这样一个事实:中国的农业已经迈上了一个更高的台阶。

(2001.03.26)

4.对马虎不能马虎

吉斯·佩里先生是小浪底建管局聘请的加拿大专家,1997年小浪底截流时,我采访过他。

我问:"你对中国工人怎么评价?"

他沉吟半晌,操着生硬的汉语说:"马马虎虎。"

我惊问其详,他给我讲了这样两个故事:一次,他到工地巡视,见几名中国工人拧螺钉时不认真,便提出劝告。可这些工人呢,仍是噜噜几下就完事。无奈,年逾六旬的他,自己上街买了一套工具,爬上30多米高的脚手架,把数百个螺钉重新紧了一遍。另一次,中国某施工队清理施工现场时,水洼里散落的几块石头无人捡,他告诉队长:这会影响车辆通行。可队长不以为然。没办法,又是他自己跳进水洼,把石头一块块捡了出来……

吉斯·佩里先生给我们这样的忠告:单个工程或产品出现质量问题,不可怕;可怕的是马马虎虎成为一种习惯。你们要参与世界竞争,首先必须治愈"马虎病"。

吉斯·佩里先生的话,可谓苦口良药。稍一留心会发现,"马虎病"在我们的生活中,比比皆是。在小浪底,许多外商学到的第一句中国话就是"马马虎虎"。中国人在小浪底遭外商索赔最多的,也是缘于马虎:

一名中国工人在施工中掉了4颗钉子,不久,中方收到了这样一封信函:浪费材料,索赔28万元。某施工现场有积水和淤泥,外商索赔200万元。

……

在小浪底,我曾参观过中外施工人员的居住区,同样是临时营地,老外的,从绿篱、草坪到小径、垃圾箱,一个个整齐划一。尤其叹为观止的是,每个卫生间地面的瓷砖,什么地方用直角,什么地方用圆角,几乎是从一个模子出来的。而中方的呢,院子里,建筑材料、垃圾杂乱无章地混在一起,屋里的景况就更别提了……

一个产品也好,一支队伍也罢,要在市场竞争中站稳脚跟,靠什么?靠的就是质量!而质量体现在哪里?体现在一个螺丝、一个焊点这样的细枝末节中。不论你有多高的技能,不论你的产品有多高的科技含量,如果不是一丝不苟去做,不是一点一滴去努力,干什么都会走样。

那么,如何治愈"马虎病"呢?前些时,到湖南五凌水电开发有限责任公司采访,该公司开出了这样一张妙方:

欲治愈"马虎病",首先,处理马虎事件时,来不得丝毫马虎。为方便职工,公司食堂备有餐巾纸。可不少职工揩完嘴后,老是将纸巾扔得满地都是。为此,公司做出决定:谁再随手乱扔纸巾,罚谁清扫一个星期食堂。一位新参加工作的女大学生,被逮个正着。有人前来说情:"女孩子家嘛,就算了。"总经理李瑞师不为所动!嗨,这一招,还真灵!自此,随地丢纸现象绝迹。

作为领导,你想治愈单位的"马虎病"吗?那就试一试五凌公司的方子吧。

(2001.04.23)

5.都为就业出把力

家属院大门的街道两旁,原来全是店铺:银行、书店、饭馆、理发铺……林林总总有五六十家,基本囊括了日常生活的方方面面。最让我惬意的是紧傍大门的那家水果店,不独经销的品种多,价格也公道。店主人是一对中年夫妇,河北农村来的,一天到晚乐呵呵的。

去年 9 月,说是要拆迁绿化,两三天的工夫,街上的店铺便没了踪影。纳闷的是,大半年过去了,仍是空荡荡一条长街,既没见种花,也不见栽树。倒是居民买个针头线脑什么的,也不得不穿几条马路。

前不久到东四去看一个朋友,回来时车胎爆了。一位好心的大嫂告诉我,胡同里有个修车的。找了半天,总算在一个犄角旮旯里看到了修车的师傅。巧了! 竟是原先我家门口那个卖水果的。

"为什么不找个显眼的地方?"我问。

"唉,哪敢!"他说,自从店铺被拆后,一直没能租到铺子。无奈,只好学着修自行车。可现在,到处都在清理人,只好偷偷摸摸打一枪换一个地方。就这,已经被罚了几次款了。师傅叹了口气:"城里越来越不好呆了,回去种地吧,可村里人均才 7 分地。"他问我这样一个问题:"在城里我们能挣到钱,城里人也需要我们。为什么就不能给我们行些方便呢?"

修车师傅的话,发人深省。随着人口的增加和产业结构的调整,无论城市还是农村,就业的压力将会越来越突出。"十五"计划纲要把扩大就业作为经济和社会发展的重要目标。指出:"今后 5 年城镇新增就业和转移农业劳动力要各达到 4000 万人。"

但是,不能否认的是,我们还有一部分干部,对扩大就业重要性的认识尚需加强。在某县采访,县领导说:我县所有企业全面扭亏增盈。知道底细的同志告诉我:原先全县有56家县办企业,现在只留下3家效益好的,其它的不管三七二十一统统宣告破产了。由于社会保障制度还不完善,那些下岗职工的生计就成了问题。上周,在西北某钢铁公司工作的一位同学来信告诉我:公司为了扭亏增盈,规定:女同志36岁就得退休。36岁,正是"发光发热"的最佳年龄啊!我真想问问:这样扭亏增盈,到底有多少意义?

前些时候,在湖南五凌水电开发有限责任公司采访,总经理李瑞师的一番话很有道理:"企业改革,不能把职工往社会上一推了事。人的能力有差异,作为企业的领导要尽可能为每个员工创造适合自己的工作岗位。"这个公司近些年由于引进了先进的设备和管理经验,将近一半职工被分流了。但公司通过办三产,不仅使每个分流人员有活儿干,还吸纳了社会上600多名下岗职工。

长期以来,人浮于事,成为不少企业的通病,也导致企业效益低下。像这类企业,要扭亏增盈,进行适当的人员分流是必要的。但是,分流,不是简单的下岗,企业领导要充分考虑到人员分流后的生计问题,尽可能地减少国家和社会的负担!

如果大家都来为解决就业问题尽一份力,那会是一种什么状况?

(2001.06.18)

6.还是要统筹兼顾

一个愿卖,一个愿买,按理说,该没什么问题,可问题偏偏就来了——禁止拖拉机、农用机动车进城,农民因为卖瓜难,愁眉不展;市民因为买瓜难,忧从心起。

其实,类似的事情,不独发生在该市。如今,许多城市都遇到了发展经济、沟通城乡商品流通、增加就业与整顿市容、加快城市现代化的矛盾。

城市要加快现代化步伐,无可厚非。设身处地想一想,如果拖拉机大街小巷嘟嘟乱跑,瓜皮菜帮随地乱扔,任谁身居其间,能不觉着窝心?

不过,饭得一口一口吃,现代化也得一步一步来,揠苗助长不行。案头正好有一份介绍德国小城卡尔斯鲁厄的资料,据上面说,那里居民的购物半径不超过一公里,500人的居民点就至少有一个功能齐全的超市。你看,如果我们的城市也有这么齐全的功能,市民还会为了买几个西瓜愣是跑十几里路吗?

一座城市,如果只有一个整洁的外壳,而没有功能齐全的内涵,算得上现代化吗? 现代化,至少还应该具备这样一条标准:居民生活更加方便。

再者,现代化的城市,应该对周边地区的辐射、带动功能更强。和一些发达国家相比,我们农业的社会化程度还很低。不少国家,合作组织健全,社会分工明确,农民只管种植,至于运输、销售都由专门的组织负责。我们呢,很多合作组织还没有建起来,从种植到运输、销售,哪一环不得农民自己操心? 农产品卖不出去,农民一年的劳作不就全打了水漂?

到什么山唱什么歌。在当下,解决农民卖难,沟通城乡商品流通是城市应该承担的责任。再说,帮农民实际上也是帮城市自己,没有农业的发展,没有农民的小康,城市能现代化吗? 难!

　　回过头来,咱们还须廓清这样一个认识:是不是说要解决农民卖难,城市必然会乱得一塌糊涂,或是城市要保持整洁就一定要牺牲农民利益? 恐怕不尽然! 这里举个例子:同样是面对农民卖瓜,西安规定,早 7 点和晚 6 点上下班高峰期免入,其余时间大开城门。如此,市民上班不堵车了,农民卖瓜也方便了,各行其事,各得其所。至于卖瓜带来的环境问题,环卫部门在西瓜销售区多设垃圾堆放点,并要求瓜农将瓜皮集中存放,城管人员加强监管,如此,环境问题也解决了。

　　看来,关键还是管理。只要管理上去了,秩序也好,脏乱差也罢,都能管得住。

　　说一千道一万,不能忘记了这样一点:现代化只是手段,最终它是为人服务的。我们为现代化采取的任何措施,都不能同大多数群众的利益相悖。江总书记“七一”讲话中不是说了嘛,“我们党要始终代表中国最广大人民的根本利益,就是党的理论、路线、纲领、方针、政策和各项工作,必须坚持把人民的根本利益作为出发点和归宿。”

　　如何在加快城市现代化和方便群众生活之间找到一个契合点? 如何既保持市容,又促进商品流通、经济发展、增加就业? 许多市长恐怕都得面对这些问题。关键还是要统筹兼顾,以民为本。

（2001.07.30）

7.仅保持特色还不够……

　　小时候,家居西北。每年春节前,亲友都会寄上几株漳州水仙。于是,有关童年的春节回忆,便总会伴有浓郁的水仙芬芳。

　　参加工作后,年年春节前,也爱在案头摆上一盆水仙。尽管也是正宗的漳州货,纳闷儿的是:那种芬芳不见了,花期也短多了。记得去年那盆,茎干倒是长得又粗又长,可花儿呢? 刚开了两三天便打蔫了。

　　其实,漳州水仙遭遇的这种尴尬,并非个例! 水果没有原来甜了;鱼没有过去鲜了……近些年,不断听到这样的抱怨声。有些特色产品品质退化,已经成为不争的事实。

　　"橘生淮南则为橘,生于淮北则为枳,叶徒相似,其实味不同,所以然者何? 水土异也。"不同的水土条件,会赋予农作物不同的品质。这个道理古人讲得够明白了。可有些地方,水污染了,土壤污染了,空气也污染了……如此,作物还能保持原汁原味吗?

　　更有甚者,催生剂,膨大剂……可着劲儿往作物上喷! 破坏了作物的生长机理,它还能保持特色吗?

　　我们已经告别了短缺经济,人们对产品品质的要求,比以往任何时候都高。产品没有特色,要想行销市场,只能是一句空话。可以这么说:急功近利,毁掉的不仅是产品的特色,也毁掉了你的财路。

　　当然,面对波谲云诡的市场,仅保持品质特色还远远不够。海南的例子就很能说明问题:长春市的西瓜每公斤卖到 6 元钱,而海南呢? 每公斤才卖到 6 分钱。相差 100 倍! 不实现产和销的对接,特色优势变不成经济优势。

　　如何把特色产品做"特",这里面道道很多。你瞧:包装差、保鲜不过关,也影响海南瓜菜的品质与外观,造成销售难。与这个例子相反,最近《经济日报》刊载了一则消息:山东滨州的特产冬枣,果肉细腻,酥脆爽口,可长期以来,由于保鲜不过关,产品只能在当地销售,每公斤也就两三元钱。近些年,当地政府把冬枣作为一项产业来抓,组织专家攻克了保鲜技术,并设法开拓销售渠道。很快,冬枣成了当地农民脱贫致富的当家产品,在北京的超市,每公斤卖到四五十元还供不应求!当地冬枣面积也从原来的几百亩发展到近万亩。

此外,商品流通的实践,还告诉我们这样一个规律:保持特色并非故步自封一成不变,特色也有个扬弃的过程。随着科技的进步,许多自然壁垒被突破,原先你享有的优势,可能逐渐弱化。譬如,冬菜种植,原来别说北国,就是江南也是奢望;而今呢,随着温室大棚的涌现,无论是中原腹地,还是冰天雪地的塞北,白菜、茄子、辣子这样的大路菜随处可见,就是茼蒿、西芹类的细菜也属寻常。情况已发生了这么大的变化,而你仍坚守白菜、茄子、辣子老三样!如此,占领市场怎能不难!

(2001.12.10)

8.让"支点"硬起来

对广大农民来说,今年,缕缕春风劲吹:年初,党中央、国务院刚下发了关于促进农民增收的1号文件。这次"两会"上,温家宝总理在政府工作报告中再次强调:"加强农业,支持农业,保护农业,努力增加农民收入。"

作为一个拥有9亿农民的农业大国,让农民富裕起来至关重要。只有农民增收、农业发展、农村稳定,才能实现全面建设小康社会的目标。这里,农民增收是解决"三农"问题的重要"支点"。

怎样才能让这个"支点"硬起来?概括起来说就是"多予、少取、放活"。"多予"就是增加投入。1号文件明确指出,要建立健全财政支农资金的稳定增长机制,积极运用税收、贴息、补助等多种经济杠杆,鼓励和引导各种社会资本投向农业和农村,增加支持农业结构调整和中小型基础设施的投入。政府工作报告对增加"三农"投入作了更为具体的规定。一项项"补贴"、"投入",不仅仅是带给农民的"和畅惠风",更是筑起"支点"的基石。

"少取"就是减轻农民负担。有的代表说,如果中央要求降低农业税,有的地方却在农业税外变相集资摊派;如果中央要求国债投资重点加强农村"六小工程"和农田水利建设,有的地方却将这笔钱用来搞形象工程;如果中央要求加大支农力度,有的地方却因为化肥紧俏而变相涨价……那么,农民增收很难实现。"少取"也是增收,而且是很重要的增收。

要使"支点"硬起来,离不开"放活"。"放活"就是给农民开辟更多的增收渠道。包括在金融信贷诸方面给予农民更多支持。新疆额敏县的古丽扎提代表告诉记者:"这些年村里牧业年年丰收,家家都有吃不完的马肉、喝不完的牛奶。有不少村民想搞些畜产品加工,做点奶疙瘩、熏马肉什么的,可到银行贷款,非常困难。"因此,我们说,"放活"不仅是中央的事,也是各级政府、各个部门和社会各方面的事。大家都真情关爱农民,真诚对待农民,真心帮助农民,农民增收才会成为可能。

树立落实科学发展观和正确的政绩观十分重要。如果为了完成"增收"数字,明明知道到草原上挖甘草、搂发菜会破坏生态,仍怂恿农民蛮干;或是草场已经过载,仍不停地追求载畜量⋯⋯从一时看,农民收入可能会有提高;从长远看,则有百害无一利。我们既要考虑当前,更要考虑长远。

惊蛰已过,大地春回。只要我们群策群力在春日里播下饱满的种子,不远的将来,增收的喜悦一定会洋溢在每个农民的脸上。

（2004.03.10）

9.一不留神成了"富翁"

自从有了手机,"天上掉馅饼"的事儿接连不断。尤其是今年,"好事"更是多了去了。这不,一季度还没有完,我已有几十万元的"进账"。不信您瞧:

"您好! 香港华利集团为庆祝成立 10 周年,特设手机号码抽奖活动。您的手机中了 2.5 万元的笔记本电脑。请来电:13799238191。"

"深圳科龙集团为祝贺公司资产超亿万特举办手机号码抽奖。您获得东芝彩电、笔记本电脑各一台或领取 5.8 万元现金。联系电话 13799532028 林小姐。"

不但有电脑、有现金,还有支票:

"台湾益泰集团庆祝 15 周年特在互联网上举行手机号码抽奖,你已获二等奖获得支票 5.8 万元,大陆分公司领奖查询处 13328887113。"

诱人吗? 还有更来劲的呢:

"香港李氏集团深圳分公司举办手机号码抽奖活动,您获得二等奖(威驰轿车一辆,价值 13.5 万元),请来电与王小姐 13067092995 联系。"

我粗略算了一下,从买手机到现在,"天上掉下来的馅饼",折合资金总额不下 100 万元。幸运的绝不止我一人,问问周围的朋友,他们也时不时被"馅饼"砸了头。

不过,有人吃到"馅饼"吗? 截至目前,我还没听说有谁拿到了电脑或是把汽车开进了家门。记得"馅饼"第一次砸中我是 4 年前。是一台康柏笔记本电脑,掷"馅饼"的是厦门的一家公司。我把这一"喜讯"告诉办公室的同事们,大家都替我高兴,让我马上和对方联系。一问情况,我疑窦顿生:对方让我先交 1600 元的所得税,然后寄电脑。我说:"我在厦门有同学,让他帮我领可以吗？"对方说："不行。你必须亲自来，或把钱汇到指定的账户上。"

寄了钱，对方不寄电脑可怎么办？算了，"意外之财不可得"。咱还是遵守古训吧。

在我朋友圈中，也有人较了真，结果呢，可想而知：或是寄了钱，电脑如泥牛沉海；或是兴冲冲赶了去，凄惨惨败兴回。

从收到第一张"馅饼"到现在，4 年过去了！我一直纳闷的是：为什么这种公开的诈骗活动能大行其道、且愈演愈烈？！这些吃亏上当者，往往还投告无门！

有媒体说，是群众防范意识不强，给骗子以行骗的空间。把责任一古脑儿推到群众头上，我以为欠妥！群众加强防范意识固然重要，但你再想想，一个社会，如果缺乏互信，人人对别人说的话都持怀疑态度，这个社会会是怎样？我们的法规是不是还有欠缺？我们的管理是不是还有漏洞？

"社会诚信度"的高低，是衡量一个社会文明与否的重要标志。"两会"刚刚过去，"建立信用经济"、"建立诚信社会"是"两会"的热门话题之一。建立"诚信社会"，就不应容忍类似事情的发生。

我们不是在提倡"求真务实"吗？我们不是说"百姓身边无小事"吗？那么，就从这件事抓起如何？

（2004.04.05）

10.为"黄金周"支两招儿

　　"五一"期间和朋友们通电话,问这个"黄金周"如何度过,发现不少人选择了呆在家里。问何故？答曰:"出行,票太紧张;旅游点,人太多,吃、住都不方便。"也有一种回答:"有名的景点,该看的都看了,没什么新鲜的了……"

　　"黄金周",对拉动经济无疑起了很大的作用。每次"黄金周"盘点,都是钵满盆满。但几年的"黄金周"下来,我们也不能不正视这样一个事实:"黄金周"尚有亟待改善的地方。

　　这个"黄金周"到底有多少人出行,手头没有数据。不过,十多亿人口,哪怕有百分之一、千分之一的人出行,数目也会相当庞大。你想,这么多人乍然在同一时刻出行,挤,是必然的了。

　　"黄金周"期间,某电视台播了这样一则新闻:一些老外抱怨"黄金周"给他们的经贸往来添了不少麻烦——因为所有的机构都放假了。回头审视一下我们自己,订阅的报纸,这几天没人送了;想取些钱,银行关门闭户……说到底,7天长假,对我们每个人的生活,多多少少都会有些影响。

　　旅游的要素很多,探奇览胜该是个中的重要一环。现在我们的旅游,大多停留在看看名山大川,游游名胜古迹。"白天看庙,晚上睡觉",正是旅游现状的反照。我国的名山大川、名胜古迹固然不少,但像徐霞客一样希求全部踏遍的人,毕竟不多。看完五岳,让你再看其它的山,你可能已经没了兴趣;游完周庄、同里,让你再游乌镇、朱家角,你可能也已提不起精神。

　　也有些地方,为了扩大旅游空间,或造一个"海洋馆",或造一个"惊险大世界"。渐渐地人们发现,这些东西正在趋同。不瞒您说,我就在不同地方看过4个所谓的惊险大世界。

更有些地方,为了增加景点的文化含量,穿凿附会一些大体相似的神话传说:几乎所有的湖都与男女生离死别的悲壮故事连在一起,或是男子殉情化做了湖畔的一块石头,或是女子守节泪滴积成了一湖碧水……总之,旅游景点特色不足,文化含量低,正影响着旅游业的进一步发展。

这种情况有解决的办法吗?我倒是想出了两招:

先说"挤"的问题。"挤"是因为人多,那么,分散出游如何?变季节游、时段游为全年游。譬如:你的单位有 30 个人,能不能分成 6 拨甚至 10 拨休假?也许有人会说,大家都想在"春和景明"的季节出行该怎么办呢?这个问题也好解决,今年你在春、秋休假,明年排在冬、夏不就结了嘛!把"黄金周"分散到全年的好处是显而易见的:分而散之,铁路、宾馆负担轻了,工作有人干了,旅游资源闲置的问题也迎刃而解。

再说旅游趋同的问题。我国幅员辽阔,既有南方的椰风海韵,也有西部的大漠雄关。论风情,"南甜北咸、东辣西酸",各呈其盛。不幸的是,有些地方不在挖掘特色上下功夫,却跟在别人后面学样儿。人常说,只有民族的,才是世界的。道理一样,旅游景点,只有做出了自己的特色,才能赢得游客青睐。前几天,我和几个朋友到乌鲁木齐南山的一个小村庄参加"农家乐"旅游,吃吃农家饭,到园子里搞些采摘,这和其它"农家乐"没有什么区别,倒是席间女主人用当地土话唱的花儿歌,听得我们如醉如痴。一位朋友说,冲着花儿歌,过几天我还要来……

（2004.06.05）

11.令人窝心的半间屋

　　工作至今,先后搬过3次家。好不容易分了套三居室的房子,还得拿出一间来装杂物。也许你会问哪有那么多杂物?听我报个数目:旧衣物等其它废旧日用品不说,光淘汰的电器就堆了半间屋子。刚工作的时候,父母给了台金星14英寸彩电。过了几年,嫌小,换了台21英寸的。再后来,看邻居家客厅里摆了台34英寸的煞是气派,便也忍不住买了一台。去年,流行背投彩电,经不住爱人软磨硬泡,将那台34英寸彩电也放进了储物间。其它的诸如淘汰的洗衣机、电冰箱、录音机、收音机还有十来件。你说能不装满半间屋?

　　为了这些东西,真是伤透了脑筋。卖吧,没地方收;扔了吧,又可惜。有一次,倒是有一个小贩上门收电视机。对我的34英寸彩电死活不要,说到农村不好卖,运输也不方便。对那台21英寸彩电,倒是表现出了热情。不过,一听他的报价,我立马回绝——才150元。要知道,我买的时候,花了2800多元,也只用了4年。我当时给了他一句:“我就是拆了卖零件,也不止这点钱。”

　　不过,回头想想,这只能是气话。你就是拆了,又到哪里去卖零件呀!

　　随着科技的进步和人民生活水平的提高,无论是家电还是其它日用品的更新换代都在加快。像我遇到的窝心事,谁家没遇到过?遗憾的是,我们只注重了不停地生产,而回收之类的事情尚未列入有关部门的议事日程。

　　现在所谓的废品回收,只停留在回收废铜烂铁、废纸、废塑料、废玻璃这样的层面上。其实,诸如家电之类的回收,应该更有必要。先不说回收给环保带来的诸多好处,单是从节约资源这个方面来说,就功不可没。

　　人均拥有的资源量,我国排在世界的后几位。任何资源对我们来说,都非常宝贵。节约资源该是我们须臾不可放松的大事！写到这里，脑子中忽然冒出一个商机来：作为一个电器生产厂家，尽管你的产品一款接一款，但我想，许多电子元器件应该是相通的。将淘汰的电器拆卸后，把里面的电子元器件用来装配新的机器，我想该无大碍吧？不管怎么说，这样得来的电子元器件，肯定比生产新的划算。对商家来说，一定会大大降低成本。当然，商家在销售价位上也应该向消费者让步。这样，不是双赢吗？

利用好废旧物品决不仅仅局限于电器。也有的废旧物品回收起来利润很薄或者干脆无利可图，那么，能不能由国家出台一些政策对这些企业予以扶持呢？譬如，在税收上予以减免，或者在贷款上予以优惠。有些纯粹从公益出发的回收企业，国家甚至可以出资来全力支持他们。尽管国家拿出了一些钱，但放在循环经济可持续发展的大盘子里来考量，其实，国家并没有吃亏呀！

（2004.06.28）

12.“饮鸩止渴”要不得

　　财政支农资金是用来干什么的？当然是用于支持农业发展的了。可是，本该用于支持农业发展的资金却被挪用来发工资、盖办公楼、买小轿车，是不是像大人从孩子手里抢夺糖果一样，该刮脸皮？

　　几年前，随国家农业部到某县检查农业综合开发资金的落实情况。检查结果，让我们大吃一惊：超过一半的资金被用来发工资。这种行为，自然受到了有关部门的处理。

　　记得当时我们离开这个县的前一天晚上，县长到我房间串门，一脸委屈地说：“我们也知道挪用不对。但县里财政实在拉不开栓，3月份的工资拖到8月还没有着落呢……”他直率地告诉我，挪用挤占财政支农款的事儿，在许多地方都存在，只是程度轻重不同而已。至于财政支农要求的地方匹配资金，大多难以落实，为了应付检查，在账上过一下遮遮眼。

　　这位县长还告诉我一个秘密：挪用挤占财政资金，省里、市里有关部门未必不知情。但为了能朝上面多要些资金，多采取睁一只眼闭一只眼的态度。有的，甚至帮下面“出谋划策”，“齐心协力”共图外财。

　　看来，要杜绝财政支农资金被挪用挤占，首先要教育干部严格遵守财经纪律。

　　同时，还要多管齐下。支农资金被挪用挤占，表面上看是资金由A用被转为B用，而本质上，它是现阶段农村问题的集中反映。譬如，机构臃肿问题。一个两三万人口的乡，吃财政饭的动辄百十来号人。一个人一年1万多元费用，一个乡一年就得100多万元。一个小一点儿的县，也有十多个乡吧。你算算，一年下来得多少费用？县财政无力负担，只好东挪西凑了。有个县领导告诉我:"项目款还没有下来,早被预算进下个月的工资里了。"因此,机构消肿,是杜绝财政支农资金被挪用挤占的关键一环。

"一个和尚一个磬,一个将军一道令"也是造成资金被挤占挪用的原因之一。我采访过这样一个国家级贫困县,5年内换了3任县委书记。第一任书记姓周,提出"商贸兴县",要求每个乡都要建设商贸城。商贸城还没有建好,赵书记上任。赵书记的方向是搞"特色农业","山顶栽松杉,山腰植药材,缓坡种茶叶"。特色农业刚刚起步,许书记登场。许书记的思路是"赶着黄牛奔小康"。所有这些项目,无不需要钱来铺垫。怎么办?"一切为中心工作开路"呗。自然,财政支农款只好服务"中心工作"了。要杜绝财政支农资金被挪用挤占,还必须有正确的政绩观和科学的发展观。

财政支农资金"跑、冒、滴、漏",监管手段上有没有漏洞?相关法规该不该完善?扎紧了"篱笆",挪用者才无从下手。

无论如何,我们要明白这样一个道理:国家财政对农村"输血",目的是帮助这些地方自身"造血"。饮鸩止渴,其结果是:永远摆脱不了贫困的循环!

(2004.07.26)

13.别让我为门柱担心

单位的大门太窄,汽车进出不便,决计重修。原打算装实心的黑铁门,既庄重又安全。可有员工提出意见:"装了实心铁门,有人往上喷办证广告怎么办?"

这,提醒了大家。我所在的城市,触目都是这样的劳什子——"办证请打139931××××ｘ"。电线杆上有,大街小巷的墙上有,汽车站的站牌上有,甚至连超市的橱窗、五星级宾馆的霓虹灯柱上也有。这些东西多是用黑的或红的涂料喷上去的,想擦掉,还真不容易。

怎么办呢? 那就更改方案吧。于是,实心铁门换成了空心的。

唉,还是百密一疏,只考虑了门,门两边的柱子却忽略了。没多久,柱子便成了名副其实的"广告柱",各类办证广告从柱顶到柱脚密匝匝一条接一条。无奈,只好将柱子上嵌的大理石敲掉,换成了凹凸不平的蘑菇石。就这样,大家还不放心,一看到门口有人晃动,门卫便迅疾跑到门口双眼警惕地逡巡着。

办证广告出现,决不是近两年的事! 为了消灭这些城市"牛皮癣",有关部门不能说没采取措施,又是贴出告示严厉禁止,又是动用"呼死你"进行封杀。但令人纳闷的是,"牛皮癣"不但不见少,反而有愈来愈多之势!

对于城市管理,我是外行。用咱外行人的眼光来看,治理"牛皮癣"该不会比破个重案要案难吧。你想,电话号码堂而皇之留在墙上,那么,顺藤摸瓜找将上去,不就一逮一个准?

也许有人会说,即使逮着了也没有现成的法规去惩治。那为什么不赶快制定法规?

　　一次,我把我的疑惑告诉一位熟识的市领导,这位领导话说得很直白:"这类鸡毛蒜皮的事,哪能提上议事日程!"

　　我哑然了。莫非只有摩天大厦、宽阔马路、广场花坛才是城市发展的焦点?

　　重建设、轻管理是目前城市发展中的通病。现在不少城市的面貌日新月异。但城市的管理水平是不是也同步提高了呢? 我持怀疑态度。前不久,一场大雨就让北京尴尬至极,道路瘫痪了,有的地段积水甚至没过了车顶……雨后大家在进行反思时,也对管理滞后提出了尖锐的批评。

　　其实,衡量一座城市现代化水平的高低,不仅要看其建设水平如何,还要看其管理水平如何;不仅要看城市表面的东西,还要看背后的东西。从某种意义上讲,后者可能比前者更为重要。

　　那么,为什么会出现重建设、轻管理这一现象? 中国城市规划协会副会长邹时萌的话一针见血:"广场、大厦是'形象'、是'政绩',人人看得见;而管理,一般人看不见……"

　　我们不是在提倡科学发展观和正确的政绩观吗? 按照这些思想,我们就该把城市建设和城市管理一起抓。但愿,今后别再让我为门柱担心。

(2004.08.30)

14.我们怎样坐飞机?

去年年底,有关乘客和航空公司方面发生纠纷的事儿,一桩接一桩:先是在重庆,一位乘客和空姐发生争执,导致飞机不能按时起飞;未几,在广州机场,又有乘客和机组人员险些动起手来,致使航班延误;再后来,在山东临沂机场,竟有人对空勤人员大打出手,弄得连司法也不得不介入了……

事后的调查表明,这一连串事件的发生,多是乘客的错!

这些年,随着竞争推动和"人性化服务"深入人心,各航空公司均使出解数加强服务质量。应该说,目前航空业的服务水平在整个服务行业应该算是上乘的了。反观一下,乘客的素质亟待提高。

两年前我从北京到杭州出差,飞机就要起飞了,一男一女两个乘客才慢条斯理走了过来。那个男的把座位上方行李舱里的行李一古脑儿全丢在过道里,而把自己的行李舒舒服服地放了进去。

这种旁若无人的举动,自然引起了不满。边上一位戴眼镜的中年男士说:"你动我的行李怎么也不说一声?""动了怎么着?"后来者咄咄逼人。"你怎么不讲理?"话音未落,体形高大的后来者啪地就给了"眼镜"一嘴巴。"眼镜"捂着脸不敢吭声了。

边上另一位可能是和"眼镜"一起的小伙子说:"你这个人也太野蛮了。动了人家行李还不许人家吭声。"

就这么一句抗议,招来了后来者又一个嘴巴。此后后来者干脆把小伙子提溜到过道上骑在身上劈头盖脸痛殴起来,并叫嚣"谁管闲事,老子抽谁"。空姐过来劝架,后来者压根儿不听。空姐说:"再打下去,我们将采取强制措施。"那个和后来者一起登机的、打扮得珠光宝气的女士骄横地朝空姐吼道:

"你想不想干了？你们公司经理想不想干了？"

打人还在继续。尽管笔者一介书生，那一刻顿生英雄豪气，冲上前去"干涉"起来。邪不压正，在乘客的声讨声中，后来者终于灰头土脸坐回了座位。一番闹腾，那趟飞机到杭州时晚点了一个多小时……

这些年，随着人们生活水平的提高，坐飞机不再是某些人的专利，连我们这些升斗小民，出行也动辄坐起飞机来。人常说"富而有礼"，但我们在"有礼"方面，做得显然不够：每次登飞机时前拥后挤就如同打仗；上了飞机人甫站定有人就开始了占行李舱之争，"喂喂，张三，快来快来，这里还有地儿"；飞机落地前，任凭空姐不断强调"为了飞行安全请大家不要打开手机"，手机声仍响成一片；飞机在跑道上还没有停稳，噼里啪啦开行李舱的声音早此起彼伏了……

这种无序与混乱，不仅影响了飞行安全，而且影响了乘客的情绪，将出行这件本该愉快的事情，搞得紧张兮兮。

那么，该怎样坐飞机呢？其实，答案已经在我前文的叙述中了：多几分优裕，多几分从容，多几分礼让。我们已经告别了短缺经济，误了这班车赶不上下班车的时代已经结束了，需要的是精神上的优裕、处世上的从容、待人上的礼让。如果我们不具备这些，即使物质多么丰盈，能说我们已经踏入了文明社会？

（2005.01.31）

15.问题食品也该问责

　　有好长一段时间了,一说要到市场上买东西,我就老是恐慌。有一次,单位的职工都上吐下泻。作为单位的负责人,这可让我慌了神,费了一番周折原因总算查明了——食堂买的韭菜农药残留严重超标。得了,我告诉采买人员:"今后咱不吃韭菜了。"

　　过了不久,炊事员又火急火燎地找到我:"坏了,咱们吃的油可能是地沟油。我看了市执法检查大队的公告,咱们吃的那种牌子的油,有可能是地下工厂用下水道里沉淀的油脂提炼的。"闻听此言,只觉得胃里翻江倒海一般。"得了,今后买油咱直接上粮油加工厂去。"朋友更倒霉,喝了一种频频在媒体上露面的减肥茶,结果造成了肾功能衰竭。她到医院检查才知道,和她患同种病且同样病因的多达几十人!

　　此后,媒体又不时曝出市场上查获注水猪肉、污水大米、吃激素的鱼、含苏丹红的辣椒、用来苏水浸泡的海鲜等等新闻。哎呀呀,咱还敢买什么?

　　想一想,冥冥中咱们被接二连三茶毒着,真是件可怕的事。市场上还有没有类似的对咱的身体有潜在威胁的商品呢?从不断曝光的事件看,肯定还有。

　　这些年,各种各样的质量标准在不断完善,职能部门机构林立且都有各自的职责范围。那么,农药残留超标的蔬菜,为什么会进入市场流通,又上了百姓的餐桌呢?现在对市场上假冒伪劣产品的处理,给人的总体感觉是,问题出来了才去查,总给人一种"马后炮"之嫌,这也是劣的才去假的又来的重要原因。为什么非要等到成祸了才去查处?为什么不把问题消灭在萌芽状态呢?

　　我的直觉是,可能与执法存在"弹性"不无关系。剧毒农药,国家明令不允许生产,可有些地方为了本地经济发展,也就暗中姑息;明明知道产品质量有问题,有人托了关系,或是暗中"烟酒"了一番,市场监管部门也就得过且过,睁只眼闭只眼。这样层层"跑冒滴漏",假冒伪劣能不钻空子逍遥过市?

　　让群众放心消费,是建设和谐社会的基本要求。现在,对矿难、水难等突发性事件,不少地方都实行了问责制。在商品生产与市场管理中,也应实行问责制。譬如上面提到的减肥茶害人事件,是科研部门鉴定有误还是生产厂家管理疏漏? 抑或是商家指导服用出了差错? 如果哪个环节出了问题,就追究哪个环节的责任,各个部门的责任意识强化了,封堵假冒伪劣的长城也就筑起来了。

(2005.06.20)

16.是什么支撑了我们的腰板

“七七事变”纪念日前夕,各地以不同形式纪念这一令华夏子孙刻骨铭心的日子。68 年前这一天,日军进犯我卢沟桥,当地驻军奋起反击,全民抗战由此开始。

60 多年前的硝烟早已散尽,但留在中国人民心中的创伤难以抚平:大半国土沦丧,3500 万人伤亡,6000 亿美元财产损失……有的学者在总结“二战”教训时曾指出:“一个国势衰微而四分五裂的民族,终难逃被奴役的命运,不是今天,就是明天!”

鸦片战争以降,中国受压迫、受奴役的苦难历史,每一页都在诠释着“落后就要挨打”的道理。而新中国成立特别是改革开放以来,中国取得的一项项重大成就和在国际社会上不断提高的地位,有力地证明:只有国家振兴、民族富强,我们才能免受欺侮,才能自立于世界民族之林。

一位旅日留学生所著的《京都行止》一书中,有这样一段描述:上世纪 80 年代中期她在日本留学,每次回国都要受亲朋之托带回彩电、录音机、照相机等。每次当她拎着大包小包走出大门时,在房东的脸上总能看到一种轻视。近些年国内再没人托她带东西,倒是房东每次都央托她带些日用品回去——因为中国的商品既好又便宜。这前后的变化,让这位留学生颇多感慨:“我的腰板挺直了起来。”

是什么支撑了我们的腰板?是不断增强的国力。20 多年来,我国改革开放取得了举世公认的巨大成就。从 1978 年到 2004 年,中国国内生产总值年均增长 9.4%,进出口总额年均增长超过 16%;农村贫困人口从 2.5 亿减少到 2600 万。我们还明确了本世纪头 20 年的奋斗目标,全面建设惠及十几亿人的小康社会,要用 15 年把国内生产总值提高到 4 万亿美元左右,人均提高到 3000 美元左右。这些已经取得的成就和正在实现的目标,无不显现着我们的实力与前景,抒写着民族的骄傲与自豪。

在看到成绩的同时,当然也要清醒地意识到,无论是生产力还是科技水平,与发达国家相比较,我们都还有一定差距:我们是经贸大国,但还不是经贸强国;是制造业大国,但不是制造业强国;资源总量不小,但人均拥有资源量很少……我们还有太多的"瓶颈"需要突破,还有太多的台阶需要跨越,振兴中华依然任重道远。

在经济全球化的今天,科技进步日新月异,国际竞争日趋激烈。国家富强和人民富裕,说到底是经济实力问题;国际竞争,说到底也是经济实力的竞争。回顾近代历史,放眼当今世界,一个极其重要的结论就是,只有经济大大发展了,综合国力大大增强了,中国人的腰杆子才能更硬,说话才能更有分量,也才能更好地维护国家的独立与尊严,为世界和平与共同发展作出更大贡献。

天行健,君子以自强不息。回顾"七七事变"的历史,我们不能停留于伤怀往日的苦痛,更应该唤起振兴中华的壮志豪情。我们要弘扬伟大的民族精神和时代精神,勿忘团结奋斗,矢志振兴中华,抓住机遇,加快发展,用改革建设的实际行动,为祖国富强、人民富裕贡献力量。

(2005.07.07)

17.责任何时重于山？

新疆阜康"7·11"特大瓦斯爆炸事故为社会关注。

这是一起惨痛的矿难，截至目前已造成 80 余人死亡。国务院调查组在谈到初步调查结果时指出：这是一起严重的责任事故！

真是骇人听闻，这个煤矿设计能力是 3 万吨，但去年采煤接近 30 万吨，今年上半年采煤超过 17 万吨。更令人发指的是，7 月 8 日矿上的瓦斯警报系统已经报警：井下瓦斯浓度大幅超标。而在事故发生前的 3—4 个小时，井下瓦斯浓度更是高达 2%—3%（正常浓度应低于 1%）。在这种情况下，矿主仍命令工人下井开采……

对这种见利忘义、草菅人命的矿主，不予以惩处，确实难以平民愤。

不过，我们在谴责矿主的同时，也该问一下，为什么这样的煤矿竟允许它存在？调查组在 7 月 13 日的新闻发布会上问得好："我们的监管部门干什么去了？煤矿开采的背后有没有腐败现象？"

对煤矿安全问题，这些年，国家不可谓不重视：大会小会不断强调，各种检查经常进行，制度规则陆续出台。遗憾的是，矿难这个词仍然时有耳闻。

究其原因，恐怕与处罚力度过轻、执法存在弹性不无关系。

几乎每次矿难的背后，都存在着严重的违规操作。

一位负责煤炭生产安全的官员介绍："在不少国家，矿主最怕的就是发生矿难，一旦发生了矿难，就会被罚得倾家荡产，甚至蹲大狱；负责安全的官员也会承担连带责任。所以，无论是矿主还是有关官员，对安全的重视都到了至纤至细的程度，生怕有丝毫的闪失……"

设想一下，如果神龙煤矿的矿主，脑子中始终有这根弦——一旦发生矿难,自己将身家性命难保,那么,他会明明知道瓦斯浓度严重超标还命令矿工下矿井吗？如果监管部门的领导时刻铭记———一旦发生矿难,自己也将跟着受处罚,还会容忍"三无"煤矿长期严重超采吗？我们常说:"生命至高无上,责任重于泰山",但怎样才能把"责任"与"泰山"真正联系在一起呢？

在13日的新闻发布会上,国务院调查组组长、国家安全生产监督管理总局局长李毅中强调:"除了追究矿主的责任,对事故背后的失职、渎职、不正之风和腐败现象,发现线索也要一查到底。不管涉及到谁,决不放过。"这话击中了要害。

但愿对"7·11"矿难的追查,能使大家把"责任"与"泰山"联系起来。不如此,超采无以停止;不如此,监管依然松懈;不如此,桌子下的交易永远难停。一句话,不如此,矿难,一次刚去,下次会又来。

(2005.07.15)

18.该吸取教训的不仅是冠生园

南京冠生园欲浴火重生，无论对业界还是消费者来说，都是件可喜可贺的事。

创出一个品牌，少则需要几年、几十年的努力，多则需要百年、数百年的砥砺。一遇挫折，就偃旗息鼓退隐江湖，这是对前人劳动和智慧的浪费。因此，从这个意义上讲，冠生园重举大旗，对所有曾经创出过名牌而又遭受过挫折的企业来讲，都具有积极的激励作用。

一个80年的品牌，就因一个"陈馅事件"顷刻破产，也让我们再次领略了"创业难，守成更难"的古训。记得当年冠生园"陈馅事件"被媒体披露后，曾有人替冠生园喊冤："这样的事情多了去了。只是没被发现而已。"确实，从后来曝出的"冷冻汤圆"、"霉变水饺"、"早产牛奶"等事件看，问题食品还真不只冠生园一家。不过，常言说得好，"躲得了初一，躲不过十五"。只要你敢玩火，最终难逃被逐出市场的命运，冠生园的昨天也许就是你的明天。

这次冠生园在重塑形象时，把质量视为企业的生命，提出"以制药的标准生产食品"，在质量问题上"有种战战兢兢、如履薄冰的感觉"。这就对了！顾客就是上帝，在上帝面前，你只能是恭恭敬敬，小心伺候，哪容得半点亵渎！

表面上看，冠生园是被"陈馅事件"打倒了，其实，它是企业生产、经营、管理诸多环节存在问题的集中暴露。创造名牌也好，维系名牌也罢，是个系统工程。只有各个系统都运转良好，名牌才能常名。现在，冠生园举一反三，从各个环节加强工作，抓住了问题的关键。

目前，月饼行业竞争激烈，可谓是千帆并举。作为冠生园，在狠抓产品质量的同时，万万不能忘了创新。譬如，以前的冠生园月饼，多以甜馅为主。现在,很多人从保健角度出发,已很少吃甜食。那么,冠生园能不能开发一些低糖的保健月饼呢? 在没有解决温饱以前,月饼都做得很大、硬、厚实,生怕一个吃不饱;现在,人们吃月饼,更多是为了品尝。那么,冠生园在月饼的口感、小型化包装方面是不是也该来一些创新呢?

我们期待着冠生园浴火重生! 其实,冠生园用惨痛代价买来的教训,不仅仅冠生园该吸取,对其它企业不也是一个警示吗?

(2005.07.25)

19.“哭宴”告诉我们什么

　　被中国扶贫基金会派到广东清新县寻访贫困大学生的北京志愿者,在县教育局的招待宴上因“盛宴”而落泪——寥寥数人的饭宴不仅鸡鸭鱼肉俱全,开饮的还是洋酒“人头马”。

　　而在此之前,志愿者们看到的贫困大学生家庭状况是:“房子年久失修只能用硬纸壳遮风挡雨,五毛钱的鸡蛋在学校还舍不得买来吃……”一位志愿者当场落泪:“我们今天吃的这一桌,可以让一个大学生吃上好几个月。”

　　清新“哭宴”事件经媒体报道后,引起了清新县教育部门的反思,陪餐干部人人写了书面检讨。不过,该反思的,仅仅是清新吗?“哭宴”告诉了我们什么?

　　眼下,正值高考录取阶段,“金榜题名”对历尽艰辛的学子们来说,是天大的好事。但我们发现,也有不少学子接到录取通知书后,笑意未去忧从心起——为的是4年学费无从着落。又有多少家长,为筹措孩子的学费茶饭不思。我的朋友告诉我这样一件事,几年前,他的邻居的孩子考上了北京一所名校,因交不起学费,只好放弃。媒体还报道过这样的事情,姐弟俩同时考上了大学,因掏不起学费,姐姐只好南下打工供弟弟就读。尽管国家为扶助贫困学子出台了一些政策,采取了不少措施,社会上也多有捐助贫寒学子的义举,但是,这样的扶助和捐助,相对于几百万学子来讲,还有欠缺。

　　学子面对校门而踌躇,重要原因是学费高昂。新华社刊发的一则消息说:10年间,我国大学学费从每年几百元一路飙升至每年5000元—8000元不等,学费涨约20倍。

　　改革开放以来,我国的经济发展突飞猛进,国力绝非昔日可比。但不能否认的是,我们在教育方面的欠账还很多。新华社的消息还披露:1993 年发布《中国教育改革和发展纲要》时,提出国家财政性教育经费的支出在上世纪末占 GDP 的比例应该达到 4%,但这个目标并未达到。

除了财政性教育经费的支出亟待加大外,"哭宴"还告诉我们,眼下的当务之急,是让重视教育的观念真正深入人心。试想,如果清新教育局陪餐的几位同志能始终意识到本县还有学子正为上学而发愁,还会大吃大喝吗? 如果贫困县的领导能始终意识到山区还有许多校舍一到雨天尘泥渗漏,还会为了所谓的政绩而大修广场、大建楼堂馆所吗? 如果我们所有的学校,都能视教育为百年大计,能真正为学子们着想,攀比收费的现象还会屡禁不止吗?

邓小平同志曾说过:"我们要千方百计,在别的方面忍耐一些,甚至于牺牲一点速度,把教育问题解决好。"如果大家都本着这个原则去做,那些家贫学优的孩子们还会在大学门口徘徊吗?

(2005.07.28)

20.保护文化遗产非得市场化？

"大批中外青年伴着电子音乐在长城上狂歌劲舞，并大量饮酒。早上6时许，派对逐渐结束，长城上一地垃圾酒瓶，微风吹来一阵呕吐物及尿味……"

近期发生在世界文化遗产长城上的这件"怪事"，再次引起人们对文化遗产生存状况的忧虑。

而这样的"锐舞派对"竟已在金山岭长城段连续进行了八届！

为什么会在长城上进行"锐舞派对"？

报道说，经营管理单位从1997年开始，以600万元将该段长城50年的经营管理权租借给一家公司。如果追问经营管理单位为什么要租借长城，答案大体会是：为了以长城养长城，更好地保护长城呀。

现在，一提文化遗产保护，很多人会说走市场化道路。诚如是，文化遗产就能真正得到有效保护吗？

我们知道，文化遗产的传承，原生态保护是前提。如果，咿咿呀呀的昆曲伴以迪斯科的旋律，那还叫昆曲吗？

在现代化进程中，传统文化受到经济、社会发展和外来文化的挑战，这是不可避免的。现代化步伐在加快，传统文化面临的挑战也更加严峻。以新疆的木卡姆为例，过去，在许多乡镇，听到音乐响，人人都能歌舞上几曲；现在，能唱木卡姆的已是凤毛麟角，很多年轻人宁可去听流行音乐。常常是这样一种状况：表演者是中老年人，欣赏者依然是中老年人。在这种情况下，把它推向市场，会是怎样一种状况呢？只能有两种可能：要么是被市场所淹没，要么是为顺应市场而面目全非。

那么，文化遗产怎样才能得到有效的保护呢？

前不久新疆木卡姆研究专家周吉教授讲了在韩国考察文化保护的感受：为了保护国乐，韩国除了政府全额拨款成立国乐表演团体外，还设有国乐博物馆、国乐电视台。国乐博物馆对每一件乐器从民间制作品到官方制作品，从原件到复制品，都予以陈列。展室里，大型投影电视对每一件乐器的产生、沿革过程、特点都详细说明。博物馆不收门票。国乐电视台每天24小时滚动播送国乐表演，中间从不插播任何广告。接待他的韩国官员告诉说，哪怕没有一个观众，机构该怎么运转还怎么运转。这些机构的存在，不是为了营利，而是为了保证国乐传承链不断裂。

筚篥原是我国西域的一种乐器，唐代李欣诗云："南山接竹为筚篥，此乐本是龟兹出。"龟兹就是现在新疆的库车县。这种乐器在我国已经失传了。韩国呢，却有不少人在演奏。政府每年都要拨出大量资金资助中小学生学筚篥。在周吉的要求下，韩国100多个中学生为他进行了一场筚篥表演，周吉说："那种独有的音韵，仿佛把人带回到了西域三十六国时代。想一想，本是我们的国乐现在变成了人家的国乐，我泪流满面……"

（2005.08.15）

21.要"管"不要"关"

前不久,有好几座城市推出了"不让瓜农进城"的举措。其中最引人注目的恐怕要算南京的"西瓜新政"了。

为了维护"城市秩序",南京市一纸禁令规定:不让拖拉机和三轮车进城。于是,来自苏北和安徽的几百辆瓜车被挡在了城外。

这一挡,瓜农眼看着过了江就能多挣钱,可就是过不去。要想卖瓜,只能乘渡轮"偷渡"过去;这一挡,市民也跟着遭了殃,长江简直就成了瓜价的分水岭,江北的瓜三四毛钱还卖不出去,而江南市区内的瓜七八毛钱一斤还十分抢手!

当然,如果拖拉机、三轮车满大街乱窜,瓜皮纸片塑料袋到处都是,确实会影响到城市的秩序。但是解决这些问题,就靠"关"起城门吗?

乌鲁木齐的夜市闻名全国。到过乌鲁木齐的人对乌鲁木齐的夜市管理同样叹为观止。首先,乌鲁木齐市场准入宽松得很,不像有的地方,这儿不能摆摊儿那儿不能设点,街头、巷尾、马路两旁只要在规定的范围内,你都可以放心经营。

给了你经营权,你就必须按照市场管理规则办事。譬如烧烤,必须用清洁煤。你用了劣质有污染的煤,对不起,逐出市场。都说街头小吃卫生难以保证,在乌鲁木齐的小吃摊上,你放开肚皮去吃——卫生防疫部门都会定期对各个摊档的卫生情况进行系统检查。强买强卖欺行霸市,那更不行——一旦有此劣迹,你恐怕永远再拿不到经营许可证。一位在乌鲁木齐经商的江苏老板说:"走了很多地方,像乌鲁木齐这样放得开、管得好的市场,不多。"

市场要井然有序、良性发展,离不开"管"。但"管",决不是"关"。市场经济要求的是市场无阻隔,货物畅其流,竞争公平有序。执法部门呢,理应是保证渠道通畅的守护神!

可能还会有人说,一些发达的国家,购物都到超市去,哪像咱们到街头去买。但千万别忘了,我们有80%的人口是农民,城市还承担着辐射带动农村的责任。衡量一个城市的建设水平,不仅看环境,更应该看吸纳劳动力和辐射周边的能力。目前,由于受科技、基础设施等等限制,农民增收比较困难。作为城市,应该敞开胸怀,给农民增收提供广阔的空间。

把城市"管"死了,其实是两败俱伤的事。渠道堵了,市场也就活不起来;市场不活,江北的瓜才三四毛钱,你却不得不花七八毛钱才能买到。

(2005.08.22)

22.不能光靠审计部门

　　"枣阳呆账造假案"、"华中电力巨贪案"、"武汉国土审计案"、"电子信息集团案"……近日,人民日报刊登的"审计大案是怎样浮出水面的"系列报道,引起强烈反响,人们为党和政府反腐倡廉的决心欢呼,也为审计部门铁面无私、敢于碰硬的做法叫好。

　　近年来,审计部门重拳出击,揭露了一系列大案、要案,这是好事。然而,人们也在追问,其他监督、管理部门是不是也像审计部门一样,尽到了自己的责任?

　　单就权力而论,审计部门并没有太多的优势:一无处罚权,二无行政强制权。它只是对"吃皇粮"的部门怎么花钱进行跟踪调查。审计部门所以令贪官闻风丧胆,令百姓欢呼雀跃,一个重要原因就是,他们勇于担当责任,坚持秉公执法,始终把国家利益、人民利益放在首位。

　　然而,并不是所有的监督管理部门都像审计部门一样,把国家赋予的职责放在首位,而是把部门利益、行业利益、个人私利当作重要的标尺和参照系。更为不堪的是,有的监督管理部门甚至故意"放水养鱼",以罚代法,把被监督管理对象当作部门、行业和个人的财源。私利放在首位,何谈公正执法?要想监督好别人,先要监督好自己。审计署武汉特派办在审计某市国土资金时,有房地产开发商提出:只要特派办"通融"一下,愿意送给特派办一块地皮或1000万元资金,帮助特派办改善办公条件。这对只有100多名员工的特派办来说确实是一笔横财,但他们义正辞严,一口回绝。至于在材料中夹带现金等"小恩小惠",更是常事,但都被审计人员拒之门外。

　　审计人员也是凡人,为什么他们能清正廉洁,坚持原则?除了思想作风常抓不懈外,与审计署的制度建设有很大关系:审计署规定了查案中不吃不拿"八不准",还采取严格的质量控制措施,制定了审计质量控制100条,规定审计人员每天要写审计日记,今天干了些什么,怎么干的都要记下来。日记是审计的原始记录,也是一面自我检查、自我监督的"镜子"。

执法部门不愿执法,还有一个重要原因——害怕得罪相关部门,害怕得罪人。在错综复杂的人情面前,监督、检查的职能之手抬不起来。

审计署审计长李金华说:"我在全国人大作审计报告,都是经总理同意的。从总书记到总理,到各位副总理,包括中央的其他领导,至今还没有一位跟我说过,哪一件事情不能审,或者这个事情你们审了以后要高抬贵手。我们审计的所有重大问题,我都如实向国务院报告,而且国务院领导都有批示,要求有关部门严肃查处。"

我们已经建立了严谨、规范的法律体系、制度体系,形成了监督权力的制度防线。而防线之所以被屡屡打破,关键在于好的制度不能很好地落实。如果各级政府、各级领导都像总书记、总理一样,大力支持执法部门的工作,如果执法人员都像审计署审计长李金华那样铁面无私、敢于坚持原则,就不会有那么多漏洞,就不会有那么多深藏不露的"硕鼠"。

审计部门为诸多执法部门提供了一个范本,展现了一种坚持原则、铁面无私、敢于碰硬的精神。希望更多的监督管理部门能够像审计部门一样,时刻把国家利益放在首位,该出手时就出手,共筑反腐倡廉的坚固防线。

(2005.08.23)

23.让制度替代"风暴"

曾几何时,人们戏称每年的审计是"雷声大雨点小"。确实,当问题得到充分暴露,却得不到有效解决,当老百姓最朴素的惩恶扬善愿望得不到满足,当挪用公款、中饱私囊者总是只受到象征性惩戒时,人们产生这样的想法也就不足为怪了。

令人欣慰的是,这种现象正在逐步改变。近年来,审计查处力度越来越大,审计效果一年比一年好。有关数据也佐证了这一观点:2000 年至今年上半年,通过审计查出违法违规金额 3912 亿元。参考经济责任审计结果,全国共有 1730 个干部被降职,983 人被撤职。

审计查处不独民众关心,更得到了国家领导人的高度重视。7 月 26 日,国务院总理温家宝主持召开国务院常务会议,其中重要一项议题就是部署审计提出问题的整改工作。温总理要求,国务院各部门和有关单位要自觉接受审计监督,坚决纠正存在的问题,要给人民群众一个负责、满意的答复。温总理特别强调,对重大违法违纪问题要一查到底。

以前人们说审计部门是"光荣的孤独",现在,审计部门不再是"拔剑四顾"了。中纪委、中组部、监察部、人事部、审计署联合发文,决定将党政领导经济责任审计范围从县级以下扩大到地厅级。这意味着对地厅级党政领导干部的经济责任审计,正在逐步朝着经常化和规范化发展。也意味着在反腐倡廉这条战线上,各部门的协作更加紧密。

不过,我们在叫好的同时,也应该看到:审计面前还横亘着许多的沟沟坎坎!不是有这样的单位吗?去年刚审计出了问题,今年又蹈覆辙。也还有些单位,你审计你的,我干我的。更有些单位,对审计抱有抵触情绪……确实,单靠审计来解决目前存在的诸多问题,是不现实的。对于反复审计,反复出问题的行业或单位,更应该思考一下深层的原因。有专家指出:建立和完善事先、事中、事后的保障、监督、防范机制,才是彻底杜绝那些"触目惊心"案件发生的治根之策。

这些年,每当审计署审计长李金华向全国人大常委会提交审计报告时,媒体总会用"审计风暴"来形容之。但愿在不远的将来,当审计报告再次亮相时,媒体上不再有这些字眼——因为在大家的共同努力下,在各执法部门"联防"机制的有效防范下,"风暴"已悄然遁去了!

(2005.08.29)

24.给拆建立个规矩如何

前不久,南方某市实施了国内最大规模的城市爆破拆除,16栋9层以上的楼宇顷刻间变成了废墟。

16栋楼宇为什么要同时拆除? 报道语焉不详。

这座城市开埠,不过短短20多年。也就是说,被拆的楼宇建起至今,顶多也就是20多年。总不至"隐患"到了要一夕拆除吧!

那又是为什么? 会不会与城市改造有关呢?

这些年,房地产开发可谓突飞猛进。从南国到北疆,从中原到西陲,到处脚手架林立,楼宇如雨后春笋般噌噌拔地而起,且越盖档次越高。有的楼房盖起也就二三十年时间,有的甚至只有十几年,就又被新的楼房所取代。走进居民区,到处是醒目的"拆"字。我们在赞叹经济实力不断增强的同时,有没有扪心自问一下:我们的社会财富真的到了用不完的程度? 有没有造成资源浪费?

上世纪80年代初,我的单位的周围还是一片农田。后来,农田渐渐变成了家属区。现在,这些家属区又正在被一栋栋豪华的写字楼取代。每看到又一栋楼房轰然倒地,我的心都会"咯噔"一下,又有多少吨的水泥、钢材、砖瓦、装修板变成了垃圾? 这些楼房本可以再用很多年呀。这是多大的浪费! 再说,这么多的垃圾可怎么处理?

城市如此,农村也不甘落后。以长江三角洲为例,改革开放以来,已出现了三次建房热潮。"青砖黛瓦马头墙,肥梁胖柱小闺房"的江南民居早在80年代初就被两层或三层楼房取代。现在,人们已不满足这种楼房了,开始建西式小别墅。我的一个大学同学,家在苏南农村,毕业快20年了,他给我的感觉是一直忙着在老家建房。前段时间他来电话说,正张罗着借钱再造新居。我问他有没有这个必要,他苦笑着说:"没法子,老爷子要建。说周围人家都建了。不建,村里人会笑话。"

不停拆建的背后,原因可能很多:有的是追求奢华,有的是因当初规划不当,有的是为了牟取暴利……但不管哪种原因,客观结果是造成了社会资源的极大浪费。凡到过欧洲的人都知道,那里的楼房远没有我们的气派,不少老房子,厚厚的青苔覆在颜色斑驳的石墙上,这些房子大多都有几百年了,但还住着人。

在历史的长河里,我们只是过客,这天地间的一切,并非只属于我们。我们走后,子孙们还要一代接一代在这里繁衍。所以,我们没有任何理由大手大脚、暴殄天物。

当然,我说这些,并不是一味反对拆建。马上就要房倒屋塌了,还硬撑着,那是要出人命的。房屋拆建,要统筹规划,不能说有了钱想怎么拆就怎么拆,想怎么建就怎么建,应本着建设节约型社会的原则去进行。建议给拆建立个规矩,譬如:什么样的房子可以拆,什么样的不可以拆,多少年后可以拆……这样,既提高了生活质量,又节约了资源,岂不更好?

(2005.11.28)

25.洪战辉,为新农村建设出了题

　　母亲出走,父亲患精神病,洪战辉靠打工带着妹妹求学 12 载。这一事迹经媒体报道后,举国感动。人们从这个农家子弟身上看到了什么叫至真至善,什么叫坚忍不拔,什么叫自强不息!

　　洪战辉,为所有人上了一堂生动的"人生课"。

　　我们在为洪战辉感动的同时,心中也不免泛起这样一个问号:让一个少年用稚嫩的双肩挑起如此沉重的生活担子,当前农村的社会救助机制方面,是不是还存在着某些缺失?

　　洪战辉的母亲出走那年,他只有 13 岁。13 岁,对于大多数孩子来说,可正是在父母膝下承欢的年岁呀!然而,他却不得不带着妹妹上学——而且一带就是 12 年。让一个未成年的孩子带着另一个未成年的孩子上学,那么,我们不禁要问,民政部门是不是尽到了职责?由于借不到为父亲看病的钱,洪战辉不得不辍学打工。那么,我们不禁要问,农村合作医疗是不是起到了作用?为了能完成学业,他不得不在校园里利用课余时间卖圆珠笔、书籍、英语磁带,那么,我们不禁要问,我们的助学贷款是不是落到了实处?

　　这些年,为救助困难群体,政府采取了许许多多措施。这些措施,为他们摆脱困境,起到了很好的作用。但是,我们还应该看到,在某些地方,党的济困政策,在执行中被打了折扣。前不久记者到某县采访农村合作医疗推广情况,群众怨声一片。一位牧民气愤地说:"规定上写得明明白白,'农牧民每人每年只需缴纳 35 元,在日常生活、工作、生产过程中发生疾病的,均可报销。'可我一个感冒就花去了 300 多元。又是这个药品不能报了,那项检查不在免费之列了,总之,医保部门的理由比你充分得多。"

尽管中央三令五申要帮助贫困学子,不是还有些银行,经济效益至上,学生申请写了一大摞却始终拿不到助学贷款。今年8月29日,教育部在新闻发布会上对8个省区助学贷款执行不力通报批评,就是明证。

建设社会主义新农村,其中很重要的一个内容就是让农民老有所养,病有所医,幼有所助。一个和谐的社会,就是让人们生活在宽松、幸福的环境中。洪战辉所经历的磨难,说明我们还有许多工作需要加强。洪战辉,为我们新农村建设提出了许许多多的课题。

"洪战辉"是一面镜子,不但我们每个人要从精神上对照洪战辉找一下差距,有关部门,也该从洪战辉经受的磨难上查一查工作中的不足。该动的动起来,该补的补起来,这样,社会主义新农村建设才能夯实基础。

(2005.12.25)

26.高估冒算该打住了

　　漫天要项目,或高估冒算,今后恐怕真的该收手了!

　　据报道,从明年开始,审计署将把效益审计列为工作重点。从查收支账,到算效益账,审计工作的步步深入,让防止国有资产流失的堤坝越筑越牢。

　　长期以来,在有些地方,已经形成了这样一种工作定式:跑项目就是政府工作的重要内容。无论你采取什么手段,无论这个项目对当地发展是否有利,只要能把项目拉来就行。"跑部钱进"正是这种心态的写照。

　　还有些地方,能不能跑来项目,成为衡量干部工作能力的一个标准。有的甚至给干部定出跑项目的指标,列入年终考核。

　　在这种情况下,有些人为了能把项目搞到手,就把可行性变成了可批性,把项目的效果说得唯此为好,把配套措施说得尽善尽美。但一旦资金到手,当初夸下的海口早置之脑后了。

　　如此,低水平的重复建设怎能杜绝?资金使用效率怎能不低下?国有资产又怎能不流失?今年审计部门对10户中央企业原领导人任期经济责任的审计结果表明:共查出转移挪用、贪污受贿等涉嫌经济犯罪金额16亿元,而由于决策失误、管理不善造成的损失却高达145亿元。确实,"合法"的损失浪费有时比违法违规后果更严重!

　　这些年,随着审计这张网越收越紧,挤占挪用项目资金这类事已越来越少。但是,"花起钱来不心疼",不考虑投资效益这样的现象,还比比皆是。比如,有的地方"形象工程"、"政绩工程"越做越大,楼堂馆所越盖越高级。国家的钱没花到正地方,老百姓意见很大。究其原因,是一些人抱有这样的心态,反正钱又没塞进我自己的腰包,至于花错了地方,那是工作失误嘛,能奈我何？有多少国有资产就这样打了水漂！

　　现在审计部门进行效益审计，把当初申报项目时的承诺翻出来一一对照，看看是否达到了投资的目标与效果。这样，"吹牛"也得"纳税"，靠"吹"和"骗"要来的钱，最终会招来麻烦。这对规范项目申报和资金使用，无疑具有积极作用。

　　审计范围从普通的财务审计向更高层次的效益审计延伸，审计部门一年一串惊雷。这警示那些胡乱张口要项目的单位或个人：我们社会的各项监督机制正日益健全。只有用好资金，把好门户，才有善果。

　　其实在不少国家，国家审计部门的一个重点任务就是效益审计。比如，英国效益审计占全国政府审计的80%，衡量的标准有三：是否花得少、是否花得好、是否花得明智。这样做的目的，是通过对公共资金运用状况和效率的评估，提高公共服务质量和推进政府管理水平。可以说，国家审计不仅是监督权力、惩治腐败的一种硬性工具，也应当是促进和引导政府提高效益、改进管理水平的一种刚性手段。

　　从这个角度来看，审计署的新举措是对相关部门的一个提醒：今后，政府必须对草率而致的决策"漏洞"负责，必须为"形象工程"、"政绩工程""埋单"。同时，也是对所有政府部门提高行政效率和管理水平的一种引导和要求。当然，制定相关的配套整治措施，使效益审计的效果不打折扣，也是摆在政府和有关部门面前的一个新课题。

（2005.12.28）

27.“撕”掉诚信谁吃亏

　　近日,媒体报道的两件事,让消费者很是不安:

　　一件是北京工商执法人员通过暗访发现,北京几家超市内的食品促销员擅自改变食品的保质期,把前一天没卖出去的熟食制品外包装的标签撕下来,再贴上有新保质期的标签重新摆上了柜台。另一件是知名跨国零售集团家乐福近日在上海的一家大卖场,因出售超过保质期的猪排骨被上海食品药品监管部门依法查处。

　　想一想,入口的东西竟是过期的,无论谁,心里能安吗? 更让人心里打鼓的是:此次查出的违规超市和厂家,有的是颇具规模的连锁店,有的是百年老字号……有头有脸的店家尚且如此,那么,其它的呢? 可以说,此次披露的违规事件,是对群众消费心理的又一次严重蹂躏!

　　其实,对于食品安全问题,国家一直很重视,食品卫生管理条例也有明确规定:散装熟肉制品超过保质期一律不得重新加工销售。由经营者或制售者负责销毁。

　　既如此,还有店家逾矩违规,究其原因无他:利欲熏心也! 据业内人士透露,目前在食品行业有条不成文的“潜规则”:为了扩大销售,食品厂家在超市雇用促销员,并签订收入挂钩合同。这样一来,促销员为降低损失,当然要千方百计把“货”按原价卖出去。而更改散装食品的保质期,就成了促销的“得力”手段。不少促销员为了行动“方便”,又与超市管理人员结成“利益共同体”。如此,厂家、商家各得其所,而最终损害的,当然是老百姓的肠胃了。

　　不过,这些商家和厂家不知想过没有,这种做法无异于饮鸩止渴。因为,商家撕下的不仅仅是一纸标签,同时也“撕”掉了对消费者的诚信。商家这样做只是占了一时的“便宜”、避免了一时的损失,但从长远看,面临的将是“金字招牌”暗淡无光,将是企业市场前景的丧失。几年前南京冠生园的“陈馅月饼事件”,不就是明证吗?

　　写到这里,想起了一位朋友告诉我的他在德国留学时的趣事:德国的食品很贵,但时间久了他发现这样一个诀窍,到商店快要打烊时再去买吃的,东西出奇的便宜。譬如,上午你去买面包是正常价格,但到快打烊时就成了半价。因为德国食品监管部门对商家有严格规定,销售过期食品将课以重罚,严重的还会吊销营业执照。如果消费者买到了过期食品,那可就“发财”了——向有关部门投诉,会得到超过原价几十倍、甚至上百倍的赔偿。如此一来,逼迫商家在保质期到来之前把食品卖出去,即使赔本也在所不惜。

　　上述超市过期食品“改头换面”事件,暴露出了我国在食品市场监管方面的漏洞。他山之石,可以攻玉。如何进一步加强对商家的有效监督,确保百姓食品消费安全? 看来有关部门还有很多工作要做。

(2006.04.17)

28.每个人都该悄然扪心

明明知道收养了这个弃婴,面临的将是"从此不得安生",然而,他义无返顾地把孩子抱进了家门;一次次的手术失败,他没有气馁;为了给孩子看病,他宁愿家徒四壁……阿布力孜一家收养汉族弃婴的故事,令人动容。

"老吾老以及人之老,幼吾幼以及人之幼"是我们中华民族的传统美德。人与人之间只有彼此关爱,我们的生活才能充满阳光,我们的社会才能团结和谐。

关爱,需要博大的胸怀,能够设身处地为他人考虑;关爱,需要舍弃小我,不在自身利益面前患得患失;关爱,需要付出实际行动,从一点一滴做起;关爱,需要不懈的坚持,面对困境百折不挠。

一句话,关爱需要有一种无私奉献精神。这种精神正是我们这个时代需要提倡的精神。8年多来,为了救治这个汉族弃婴,阿布力孜一家付出了常人难以想象的艰辛,他们用行动诠释着关爱的真谛。

有源才有流。阿布力孜有这样的行动,并非偶然,而是优越的社会主义制度和正确的民族政策带来的必然结果。阿布力孜生活的新疆,50多年来发生了翻天覆地的变化:经济建设突飞猛进,人民生活日新月异,各民族兄弟和睦相处。新疆各族人民正与全国人民一道同步迈向美好新生活。这一现实,让包括阿布力孜在内的各族人民看到,要想社会进步,要想人民幸福,必须在我们这个民族大家庭中坚持"汉族离不开少数民族,少数民族离不开汉族,各少数民族之间也相互离不开"。只有大家始终坚持"三个离不开",只有各个民族相扶相携、亲如一家,我们的明天才能更加美好。"五十六个民族五十六朵花,朵朵耀眼地开在阳光下。"可以说,阿布力孜和他的"月亮泉",正是开在社会主义阳光下的灿烂花朵,是各民族兄弟血浓于水的生动写照。

当我们把敬意献给阿布力孜老人时,更多的人也需要思考:从这位可敬的老人身上,我们应当汲取怎样的精神力量。在树立社会主义荣辱观活动引发人们对真善美的深情呼唤时,阿布力孜为我们树立了一面镜子。我们应当与阿布力孜同行,与他共同感受对他人的爱心,共同承担对他人的责任,共同造就良好的社会风尚。

知耻明德方能修身。面对阿布力孜这样的仁者,我们每个人该不该悄然扪心?

（2006.05.26）

29.“省”字当头

参加工作十多年了,眼瞅着周围的朋友一个个都成了“有车族”。有的呢,已更新了两三次车,排气量噌噌上升。而我呢,依然以步代车。

有朋友劝我:“你的家庭负担不重,收入也算过得去,为何不买辆车呢?”

我回答得很干脆:“没必要。”确实,单位到家属区近在咫尺,工作的性质也不允许动辄到郊外休闲,所以还是省省吧!

近几年,油价可着劲儿往上翻,我暗自庆幸决策英明。数据显示:从2003年到2006年,北京油价在短短3年多的时间里涨了10多次,私家车最常用的93号汽油已由原来的每升3.12元上涨到了5.09元,涨幅超过了六成。无论你是否愿意接受,在今后的相当长一段时间内,高油价都将伴随并影响着我们的生活。

我国是人口大国、能源消耗大国,却又是能源匮乏的国家。石油资源更是短缺,人均占有的探明可采储量仅相当于世界平均水平的7.7%。而石油呢,又是不可再生能源,如果现在我们毫无节制地滥用,实际上就是“寅吃卯粮”——把本应留给子孙后代的资源财富,在我们手里挥霍一空。

石油资源的过度消耗,不仅影响到子孙后代的生存与发展,对现代人的生活环境也产生了严重影响。譬如:空气污染,交通拥挤等等。人们在痛快地享受之后,却不得不吞食自己一手造成的“苦果”。

因此,无论是顾及眼下还是着眼长远,“省”字当头应当成为我们每个人的消费理念和行为准则。其实,这也是我们建设节约型社会的题中应有之义。拿买汽车来说,大排量车尽管气派豪华,可“喝”的油却要比普通小轿车多很多。因此,即使你手头富得流油,为了我们的后代,为了可持续发展,还是降尊纡贵选择小排量的汽车吧。再如,那些有车族,能不能把一天的事情统筹安排、集中时间顺路办理、尽量减少出行次数? 这不光是省几个钱的问题,这也是公德心的体现,节约了能源,也就是为社会作出了贡献!

令人欣喜的是,有不少人已经开始将这一理念付诸行动了。6 月 5 日,北京上万人参加了“每月少开一天车”活动,政府官员、地产大亨、普通学生花几十分钟步行或乘公交上班、上学,蔚为壮观!

少开一天车,虽然不能从根本上解决能源匮乏局面,但如果我们每个人都从我做起,从点滴做起,那又会是什么状况?

(2006.06.12)

30.城管应有利于创业

　　不止一次,听来自内地的朋友说:"在乌鲁木齐生活,真方便!"

　　居住在乌鲁木齐,对这种方便,体会更深:哪怕是凌晨两三点钟,想吃东西,管保你不出两个街区便会找到可口的小吃。修自行车或擦皮鞋,在家门口,就能找到满意的摊档。我的办公室紧靠着一条小街,一年到头都可看到卖水果的小贩推着小车自在地叫卖。

　　在乌鲁木齐经营摊档的,不光有本地人,内地人也不少。我曾问过这些内地商贩:"为什么不呆在家门口,却舍近求远跑到新疆来?"回答如出一辙:"这里讨生活容易。"

　　"讨生活容易"是对乌鲁木齐创业就业门槛低的最好的诠释! 正是因为门槛低,乌鲁木齐平均每3天就会有一户新的个体户"诞生";正是因为把小商小贩也当作"宝",才有乌鲁木齐"三产"比率全国第一这样的佳绩。

　　"方便"和"讨生活容易",不也正说明,在这里,城市的功能得到了很好的体现吗?

　　与乌鲁木齐的做法相左,有的城市对小商小贩就没有那么客气了。报载,安徽合肥市将在今年着力解决沿街倚门设摊、乱停乱放摊位等突出问题,对于占道摊点,市容部门将彻底取缔,从而确保今年9月成为"无摊城市"。

　　城市发端,正是缘于商贾云集。"无摊城市",怎么听怎么滑稽! 确实,近些年,在经营城市时,有些地方陷入这样一个误区:城市要提高现代化水平,就必须杜绝小商小贩的存在。于是,在城市规划方面,千方百计压缩小商小贩的生存空间;而在市场准入方面,则千方百计提高门槛。

　　这种"无摊城市"式的发展思路,带来了什么样的结果呢? 一方面是城市越建越漂亮,另一方面,人们的创业舞台在变小,吸纳劳动力的能力在下降,居民的生活也不方便了。内地一位朋友告诉我,他要擦皮鞋,必须到几公里外的擦鞋店去。因为街头的擦鞋摊不允许存在了。

其实,即使欧美的许多大城市,也都允许小商小贩存在。纽约市议会曾提出"人行道摊位修正法案",要对一直允许的占道经营加以"有条件"限制。结果被否决了,理由是取缔"占道经营",将使一部分"新移民"、"小生意从业者"的生存权利受到可想而知的损害。

当然,一座城市,交通拥堵不堪,瓜皮菜帮随地都是,那也不行。但这个账一股脑儿算在小商小贩身上,有欠公平。我曾多次暗访过乌鲁木齐的"五一夜市",尽管晚上摊档林立,白天照样干干净净。再看"瓜农进城",与许多城市的"封堵"措施相反,西安大开城门迎瓜农。但有个附加条件:早7点和晚6点的上下班高峰期免入。如此,市民上班不堵车了,农民卖瓜也方便了。看来,关键还是管理。只要管理上去了,秩序也好,脏乱差也罢,都能管得住。

当前,我们正面临着巨大的就业压力。降低创业就业门槛,吸纳更多的人创业就业,就是在为国家分忧!那么,我们何不行动起来,把这个门槛降低些,再降低些呢?

(2006.08.28)

31.纵情发展孩子的天性

有位生物学家曾做过这样一个实验：

把一群老鼠放在一个桌面上，让他们一个一个往下面两个门跳：跳向左边的门，会碰得头破血流；而跳向右边的门，门会自动打开，门后放着甜美的奶酪，鼠辈们尽可以放开肚皮吃。经过几次训练，老鼠们尝到了甜头，乐滋滋地争先恐后往右门跳去。

就在老鼠们的选择方式固定了的时候，生物学家把奶酪从右门移到了左门。这下糟了，老鼠还没有回过神，仍争先恐后朝右门跳。自然，个个碰得鼻青脸肿。还好，经过最初的慌乱，老鼠又渐渐熟悉了新的情况，转身跳向左门。

刚尝到甜头，情况又变了：生物学家把门的颜色重新漆过，把奶酪一会儿放左，一会儿放右。这时，老鼠们惶惑了，投足趑趄，反应也迟钝了。渐渐地，一个可怕的场面出现了：老鼠们变得固执起来，你就是明明白白把奶酪放在左门边，让它看见，它仍旧不顾一切地朝右门跳去，哪怕碰得血肉模糊也在所不惜。如果此时继续强迫它去做跳左或跳右的选择，场面就更可怕了：老鼠或四肢乱颤口吐白沫，或吱吱乱叫着狂咬自己，直至最后昏死过去……

由此，生物学家得出这么一个结论：如果强迫动物去不断地改变行为方式，在它应变不过来的时候，就会坚决拒绝，甚至以自戕来抗拒。

确实，人也如此。看看我们周围，有许多孩子出现"问题"，不也是老师或家长"强迫"所致吗？活泼可爱的小可最终选择了离家出走，就是上述"实验"的最好注脚。

孩子有孩子的天性。可我们大人呢，常常用我们的意志去左右孩子。

瞧:孩子背着沉重的书包踏着暮色刚走进家门,气还没喘匀,你就命令他马上做作业;他刚放下饭碗,又让他坐在钢琴前。好不容易盼来了双休日,周六你让妻子上午带他到少年宫学画画,下午又到文化馆学写字;周日,你亲自上阵,让他又是学跆拳道,又是学踢足球。孩子扬起汗涔涔的小脸怯生生地问:"爸爸,听说欢乐谷的过山车很好玩,下星期带我去好吗?"你眼睛一瞪:"没门儿!"

孩子出了差错那就更了不得了:"怎么? 放学不抓紧回家做作业,竟趴在外面看青蛙?!"你不由分说在孩子后脑勺上就是两巴掌。老师家访,说你的孩子最近有门功课成绩下降,你让孩子罚站,一站就是两小时……

无休止的指令和一项项的目标,孩子生活在这样的环境下,能茁壮成长吗? 即使不会"崩溃",恐也很难大有作为。一位教育学家说得好:"只有纵情发展孩子们的天性,才能培养出大胆创新、勇敢质疑的头脑。如果一心一意要培养顺从听话的'乖'宝宝,就不要梦想培育出智慧如天马行空的优秀人才。"

这个道理,"妈妈联盟"的成员,有过痛苦经历后算是明白了。这个道理,也希望有更多的家长能明白!

(2006.10.26)

32.当“狗患”影响城市文明

　　家居都市的人,近几年,鲜有不为狗患所扰:忙碌了一天,刚要入睡,邻居不断狂吠的小狗会搅得不能安眠;一场春雨,小区花团锦簇,满心欢喜地带着孩子散步,可小径上到处散落的狗粪,使人意兴阑珊……

　　因为狗患,滋生的狂犬病越来越多;因为狗患,引发的邻里冲突比比皆是。这说的还是小患。狗患,还威胁着我们的生命安全。一个朋友做餐饮生意,因为喜欢狗,随着生意越做越大,“狗队伍”日益壮大,狗也越养越多,先是宠物小狗,后是德国黑贝,这两年又换成了清一色的藏獒。每天晚饭后是他的遛狗时间。当他牵着5条牛犊般的藏獒从人行道上呼啸而过时,路人多是惊恐地闪避。终于有一天,悲剧发生了,一位母亲带着孩子边走边吃羊肉串,一条狗动了邪念,朝孩子手里的羊肉串咬去,结果把孩子的小拇指给咬断了。

　　更有甚者,报载:8月31日,山西离石县一村民家中饲养的两条大狼狗,因没有认真照看,将一9岁男童活活咬死。狗主人崔某弃家逃走后于9月2日上午被警方找到,公安局以涉嫌“过失致人死亡”将其刑拘。

　　可以这么说,这些年,随着养狗队伍的不断壮大,狗患对社会的危害也越来越大,不但污染了社区生活环境、影响到了邻里的和谐,也危及群众的身体健康和生命安全。不仅如此,随着养狗队伍的不断壮大,对我国公共资源的危害也越来越大。一位养藏獒的朋友告诉我,他每年养3条狗的费用,比养3个人花费还要大;3条狗不但各有房舍,狗们吃东西也极讲究,顿顿要用精瘦牛肉伺候,还要佐以外国进口狗食罐头。其实,即使养一条小宠物狗,一年的花费恐怕也不菲。

　　人口多,人均拥有的资源少,是我们的国情。所以,我们把建设节约型社会作为国策。本着节约的精神去处理一切事情,我们才能可持续发展。试想一下:随着养狗的人越来越多,对我们资源的消耗会是怎样?

养犬,表面看是个人的事,但仅从占用公共资源这个角度看,就不完全是私事。凭着个人的爱好养狗而又缺乏应有的公共道德和公共意识,由此演为"狗患",带来各种各样的环境问题、公共卫生安全问题,不仅是对公共资源的侵犯,更是对公共利益的侵犯,对现代城市文明的破坏。

世界上有许多国家都出台这样的政策:公民过度消费要交纳"奢侈税"。前些时,我国也出台法规对私人盖房占地予以了限制。其出发点,就是防止某些人对公共资源的过度占用。日前,北京出台政策规定:"不许养大型犬、烈性犬,而且在年内清除一户养多犬现象。"这是对公共权益的维护,可谓是顺应民意之举! 北京出台的这个限制养犬政策,有推而广之的必要。

在制订限制养犬政策的同时,对社会风尚也需要正确引导。在一个文明、健康的和谐社会,公民应有起码的"公德意识"。当狗患成灾危及他人健康安全的时候,当个人的喜好与公共利益发生冲突的时候,当我们的城市家园因此受到侵害的时候,每一个热衷养狗的人都应有所思。

(2006.10.27)

33.如何直面水资源困境

　　即使在暴雨频降、洪涝灾害频发之年,水资源短缺依然是人们关注的焦点。

　　在 8 月 28 日国务院新闻办举行的"介绍中国防汛抗旱有关情况"的新闻发布会上,在水利部部长陈雷答记者问时,人们又听到了这些令人焦灼的数字:我国人均水资源占有量仅相当于世界人均水平的 1/4。同时,我国的水资源在时间和空间上分布不均匀,北方的面积占国土面积的 64.5%,水资源总量只占到全国的 19%……

　　这一国情,使我们不得不面对这样的现实:当我国经济驶入快车道的时候,缺水,正越来越成为经济社会发展的瓶颈。上世纪 80 年代初,华北地区地下水超采区 56 个,目前已经发展到了 164 个。河北省水利厅一位"老水利"说,解放至今,河北已经更新了 5 代取水工具:先是水车,接着是离心泵、简易深水泵、工业深水泵,现在要用潜水电泵。随着工具的更新,地下水水位也从几米、几十米、几百米、上千米,层层向下推进。许多地方甚至打到二三千米深都见不到水……

　　水资源既是基础性自然资源,也是战略性经济资源,是生态与环境的控制性要素。缺水,不但影响了工农业生产,还威胁着人们的生存——深层地下水和煤炭一样属于不可再生资源,抽去多少就会留下多大的窟窿。北京周围已形成了 1000 平方公里的漏斗区,沧州则达到 5 万平方公里。漏斗,会导致地面下沉,50 年来,天津市区地面已下沉了 3 米;漏斗,还会造成海水倒灌,诱发地震……

　　这些年,为了解决水资源矛盾,国家加大了节水型社会建设的力度,各地也因地制宜采取了许多节水措施,应该说,成效是显著的:苏锡常地区近几年地下水位回升明显,趵突泉重新喷涌,一向缺水的新疆,推广喷灌、滴灌等田间高效节水灌溉面积超过 700 万亩,每年可以节约出 33 个天池的水量……

但在水资源如此紧缺的现实下,浪费水的现象依然大量存在。就在黄河下游群众不得不靠咸水度日的同时,上游有些地方不是还存在大水漫灌现象吗?而被断流吓怕了的下游群众,近些年纷纷修建蓄水工程,只要黄河有水,不管需要不需要,拼命引蓄。可一到汛期又不得不放掉……

有人算过一笔账,我们的灌溉亩均用水量是美国的 4 倍,是以色列的 17 倍……难怪有人说,如果不增强节水意识,即使实施了南水北调,问题仍难从根本上得到解决。

解决缺水问题,不仅是水利部门的责任,每个单位、每个人都有责任;而保护水资源也不仅仅是技术问题,更要将社会、经济、法律等关键因素综合考虑。近年来,为推动公民节约用水,我们采取逐步提高水价的方式,也确有收效。但缓解中国水资源紧缺的状况,除了促进生活方式的改变之外,更重要的是要寄望于社会生产方式的变革,因为粗放型的生产方式是挥霍水资源的罪魁。

"滴水,一小时会浪费 3.6 公斤的水,一个月就是 2.6 吨;连成线的小水流,每小时浪费 17 公斤,每月就是 12 吨。"只有这些来自于生活的点滴算计,不仅渗透于人们的生活习惯,更能贯穿于社会生产时,建设节约型社会的目标才不会遥远,突破水困境的希望才能实现。

(2007.08.30)

34.当审计关注垄断企业"分配"

从 10 月上旬开始,审计署将派出审计组对中国移动、中国电信、中国联通、中国网通、中国铁通五大电信运营企业开展专项审计调查。

这则消息一经审计署公布,在群众中引起热议。

审计署审计电信行业,其实,已非一次。这则信息,所以能再惊"波澜",很大程度上与此次审计的重点有关:

据审计署披露:此次审计,与以往审计不同,将重点调查电信运营企业的效益状况,以及有关资金的筹集、分配和使用情况。

关注"分配",据说这在审计历史上,尚属首次!

行业收入分配差距过大,一直为人所诟病。也难怪,尽管分工不同,大家都在为社会作贡献,凭什么你的收入比别人高出三倍五倍、甚至八倍十倍的水平?

当然,垄断企业,大抵效益都不错。但这些效益是从哪里来的? 如果是靠经营管理,靠智力产出,当然值得称道,但目前不少垄断企业凭借的是国家赋予的特殊优势,比如无偿占有国家资源,并把因此获得的利润装进自己腰包。于是,一入垄断行业,犹如"鱼跃龙门",收益顿时倍增。

说到底,一些垄断行业不合理的高收入,在一定程度上扭曲了我国的收入分配制度。这种现象任其发展,必然伤及社会的公平正义。

怎样解决这一问题,有关部门一直在动脑筋。譬如,前些时,推出的对垄断行业工资"封顶限高"。但仅靠此举,恐怕远远不够。在卖方市场主导的经营格局下,这种限制很难落到实处,因为显性存在的"垄断收入"被限制,垄断行业还会以"隐性福利"方式变相对公共福利进行侵占。也就是说,一些垄断企业的职工,工资收入并非是他个人收入的主体,那些五花八门的奖金以及公积金、各种福利性补助等,才是收入的主要来源。

说到这里,我们对这次审计关注"分配",就有了更多的期待:真正厘清了资金的分配、使用情况,谁还敢再在"桌子下"做小动作?

这些年,从审计领导任职期间的重大决策、公司财务状况、巨额资金项目到关注企业的经济活动、收入分配,审计部门可谓是一年一串惊雷。审计工作的步步深入,不断进步,也是国家施政进步的体现。

值得一提的是,此次审计,对垄断行业也善莫大焉。尽管这些年垄断性企业也在不断改革,但不少企业缺乏市场竞争,导致资源配置效率低下。此次审计,将企业效益状况纳入审计目标,就迫使这些企业多做"内功"——尽快引入竞争机制,通过参与竞争去提高运营效率和管理质量,将"想怎样就怎样"的垄断经营意识自觉转化为市场服务意识。

如果较真的审计,能围绕一些垄断性企业改革发展中存在的、关系百姓切身利益且亟待解决的带有体制性的深层次问题,开展有针对性的专项审计和调查,那将不仅是正勉力"深化改革"的垄断性企业之幸,也是社会和百姓之福。

(2007.09.28)

35.两"小"看变化

　　"全面建设小康社会取得重大进展的五年","人民得到更多实惠的五年","全党全国各族人民团结更加紧密的五年"——十七大报告对过去5年的总结,相信每个人都会有切身的感受。

　　拿我生活的新疆来说,过去谈到新疆人吃饭,跃入人们脑海的是那种大口喝着奶茶、大块吃着羊肉的海吃海喝形象。其实,近年来,随着人们生活水平的提高,这种形象正在改变,新疆人的胃正变得越来越"小"。新疆维吾尔自治区城调部门的调查表明:5年前,新疆城镇居民家庭消费品支出中,食品支出占到了50%左右,而今食品支出在消费支出中所占的比例只有1/3。

　　经济学上有个名词叫"恩格尔系数",指食品支出总额占个人消费品支出总额的比重,它是衡量居民家庭收入状况高低的晴雨表,食品支出所占比重越低,居民生活质量越高。调查显示,恩格尔系数在新疆呈逐年下降趋势:十一届三中全会以前,新疆城镇居民家庭消费品支出中,食品支出超过70%。1992年,食品所占比重首次低于50%。到2002年,下降为40%。而不久前的调查显示,比重继续下降,约为27%。

　　再看"行"。新疆占国土面积的1/6,同内地主要城市间的距离平均在2000公里以上,最远达4200公里。新中国成立之初,新疆和田农民库尔班·吐鲁木大叔带着翻身后的喜悦,执意要骑着心爱的小毛驴上北京看毛泽东主席,结果半个多月时间他都没走出塔克拉玛干大沙漠。交通的不便,加上空间的距离,使人们觉得新疆是那样的遥远。

　　近几年,随着公路、铁路、航空"三维"交通空间的全方位拓展,新疆已变得不再遥远。目前,仅空中航线就开通了100多条。5年前,每周飞越新疆上空的国外航空公司航班不足 100 架次,今年 8 月份,每周超过了 500 架次,新疆已成为连接欧、亚、非洲及大洋洲最主要的空中通道。人们现在深切感到,新疆悄然变"小"了。

　　拿离乌鲁木齐最远的且末县来说,上世纪 50 年代,交通工具是毛驴,到 800 多公里外的库尔勒要 30 多天;60 年代,乘汽车,需要 1 周左右时间,途中要推车、挖沙、铺板子、垫杠子。现在乌鲁木齐至且末的航线开通后,行程只需几十分钟。

　　新疆的变化,只是我们共和国变化的一个缩影。事实充分证明"改革开放是决定当代中国命运的关键抉择,是发展中国特色社会主义、实现中华民族伟大复兴的必由之路"。

　　从"摸着石头过河"到致力科学发展、社会和谐,我们切身感受到,我们的党越来越成熟,我们的发展越来越稳健。可以说,经过中国共产党人 80 多年前仆后继的艰苦探索,经过 29 年的改革开放,中国共产党已经为华夏各族人民探索出了一条明晰的、切合中国实际的、能给亿万人民带来福祉的康庄大道。也完全可以说,历史发展到今天,我们已经完成了物质财富、精神财富、党的执政财富的量的积累,迎接我们的将是各个方面质的飞跃。

　　那么,"倍加珍惜、长期坚持和不断发展党历经艰辛开创的中国特色社会主义道路",不是我们每个人都应该做到的吗?

(2007.10.31)

36.给水出路，人才有出路

提起今年的汛情，估计许多人至今仍会心有余悸：按照常规，我国的主汛期应在"七下八上（七月下旬八月上旬）"。然而今年，刚至6月，南方各省便电闪雷鸣，天似乎漏了底，一场接一场的暴雨让河流恣肆、汪洋一片。淮河流域，也发生了仅次于1954年的全流域性大洪水……

近日召开的全国防汛抗旱工作会议公布的数据，发人深省：今年汛期，全国重要堤防无一决口，大型和重点中型水库无一垮坝。全国因洪灾死亡人数较常年减少五成；洪涝灾害经济损失较常年同期减少两成……

在汛情如此严重的情况下，何以能取得这样的成就？

除了水利基础设施不断巩固、抵御自然灾害能力增强之外，这难能可贵的汛期"减灾"，与我国治水思路的突破不无关系。水利部部长陈雷总结的经验很能说明问题：近年来，按照科学发展观的要求，国家防总提出了"由控制洪水向洪水管理转变"。注重科学防控，注重规范人类活动，给洪水以出路，在防止水对人类侵害的同时，也要防止人类对水和自然的侵害……

"给洪水以出路"，"防止人类对水和自然的侵害"。这的确是我国治水方略的重大进步。

"人定胜天"这样的口号，相信大家不会陌生。相当长一段时间，这样的口号被奉为治水的圭臬。在"人定胜天"这种思路下，我们看到的是什么情况呢？只顾眼前忽视了长远，只顾上游忽视了下游，只顾人类的创造活动忽视了人与自然的和谐，本来我们想"兴水为利"，可偏偏"举水为害"，得到的是自然的频频报复：有些地方，年年防洪，年年大规模投入，却年年洪水肆虐，年年群众如候鸟般迁徙；在西部一些地方，尽管年年在垦荒，结果是"绿洲搬家"，虽然上游新造了绿洲，下游却因江河断流造成耕地大片荒芜。也就是说，我们忙活了半天，从终点又回到了起点。

这样的例子不胜枚举。说到底是忽视了自然规律。

其实翻翻中国治水史册，凡"兴水为利"者，大多是遵循了自然规律、走人与自然和谐之路：大禹改鲧的"壅堵"为"疏导"是如此；李冰父子治蜀也是如此——都江堰两千多年来，一直发挥着防洪灌溉作用，也正是李冰父子，"深淘滩、低作堰"，"遇湾截角、逢正抽心"的结果。

而这些思路的原则正是"乘势利导、因时制宜"。也就是说，力求遵循自然规律。今年抗洪的胜利，再次向我们验证了这一规律。

人类对世界的认识是在不断提高的。而这些提高"是站在前人的肩上"。这一点，陈雷说得很客观：治水思路的突破，是在总结多年防汛经验教训的基础上得出的。正是有一代代水利人的经验和教训，才有了治水方略的进步。而在建设生态文明的时代大背景下，治水思路的这种可贵觉醒与进步，不也正是行进在科学发展之路上的中国的一个缩影吗？

按照这一方略走下去，相信我们的江河湖海，将有更加安澜的明天！

（2007.12.10）

37.让"强制"有个结果

近日,财政部和国家发改委联合发布了新的"节能产品政府采购清单",首批政府强制采购的9类节能产品在清单中"亮相"。这意味着,今后政府部门采购这些产品时,谁再想"转圈转圈"? 没商量!

有调查显示:我国政府机构人均能耗、单位建筑能耗均高于社会平均水平,甚至一些城市政府机关的人均年用水量和用电量,比当地居民的平均水平高出好几倍。政府机构的经费来自于公共财政,能耗大将增加财政支出负担。

多年来,我们一直强调,建设节约型社会,政府是第一责任人,也是主要推动者。如果在实际生活中,为公众服务的政府机构如此大手大脚"多吃多占",又怎能担当"推动"节约型社会建设之"责任"?

采购和使用节能产品比例低,是一些政府机构能耗高、节能效果差的主要原因之一。比如,一些政府机构在购买空调、计算机等办公用品时,最看重的是品牌和功能配置,价格因素考虑得不多,而对产品是否节能考虑得就更少。即便是购置了节能产品,一些单位在实际使用中也没有做到节能,浪费现象相当严重。比如,下班后办公大楼已人去楼空,仍有的办公室灯火通明,电脑未关,空调照转,大量的电能就这样白白地空耗掉了。

专家为此算过一笔账:目前政府机构办公电脑平均每天使用时间为7.71小时,待机时间为4.6小时。普通电脑待机状态每小时消耗的电量为10W,而节能电脑小于2W。我国政府机关建设电子政务大约需要1800多万台电脑,如果全部使用节能电脑,平均每天能节约70万度电,半年就可节约1亿度电,相当于一个大中型城市一个月的用电量。

　　在节能减排的严峻形势之下,此次政府强制实施采购节能产品制度,至少能起到三点作用:首先是节能;二是有效地减少公共财政支出;其三,对节能产品的市场推广、促进节能技术进步起到带头和示范作用。

　　但更重要的一条是,政府向我们明确表达这样一个态度:建设节能型社会,政府从自身做起! 实际上,世界上许多国家也是通过政府采购制度,来扩大节能产品市场份额、提高能源利用效率的。

　　我们在为政府此次出台的政策叫好的同时,更愿意看到政策的执行力度。应该说,近年来,政府采购制度在推广节能产品上也一直在努力,早就规定政府机构在购置空调、电脑等办公用品时,要优先采购节能产品;政府采购清单中节能产品的种类也不断增加,产品数量由原来4700多种扩大到15000多种。然而,在实际执行中却没有达到预期的效果,不少部门依然是"浪费大户"……

　　此次,财政部和国家发改委在下发通知中专门强调:要切实加强对政府采购节能产品的监督检查,加大对违规采购行为的处罚力度。"强制实施"是这次政府决心的最好注解。

　　到底最后效果怎么样? 人们充满期待!

(2007.12.18)

38.但愿火灾唤起实在的责任

一座气势不凡的大楼面目全非,价值数亿元的商品化为灰烬,5个鲜活的生命悄然离去……这,为乌鲁木齐刚刚过去的"1·2"火灾,画上了一个沉重的句号。

虽然大火已被扑灭,但火灾留给我们的教训,应该永远铭记!

"德汇实业集团一贯重视消防安全工作。并对员工和经营户经常进行消防安全教育。做到每天、周、月都有检查,不定期举行消防演习。"这是德汇实业集团在火灾发生后立马做出的"严正声明"。

然而,火灾造成的损失令人们对这"严正声明"持有疑问。灾难发生后,德汇国际广场的老板很快被控制起来。下一步怎么处理,人们拭目以待。

不过,仅仅处理"德汇"恐怕还不够。人们不禁要问:既然"德汇"存在如此多的消防隐患,又是谁给了它经营权? 平时的监管又到哪里去了?

退一步讲,即使不存在任何猫腻,发生了这样的灾难,有关方面都毫不相关吗? 因为火灾毕竟是人祸,不像地震、台风那样不可抗拒。

我们不是有一个个职能部门,不是有各种各样的审批手续,不是一直在强调责任重于泰山,不也是总在例行安全检查吗,那么,每个环节是不是都尽到了责任? 譬如,审批经营权时,有没有存在疏漏? 安全检查时,是不是留有死角? 如果这些都存在漏洞,或是都在逢场作戏走过场,那么,灾难发生也就在所难免。如果大家都至纤至细地做好工作,火灾不是完全可以避免吗?

我们正在建设和谐社会,强调以人为本。以人为本一个很重要的出发点,就是对生命的珍视。而这珍视只有化为真实的责任才能实现。

为什么顽症一直难以治愈? 恐怕与没有深究责任大有关系——至少没

有顺着责任链条将"毒素"清除干净。不是经常看到这种情况吗？灾难过后，赔偿了死难者家属损失，或是处理了直接责任人，事情就算了结了。然后呢，一切还是按照以前的轨道运行。

　　如此，只能有一个结果，旧的灾难过去了，新的灾难还会来。

　　话再说回来，如果我们对责任一查到底，牵涉到哪个环节都不姑息。那么，谁还敢马虎？恐怕都会打起十二分的精神把自己分内的事情做好。

　　最后呢，结果也只有一个：那就是防患于未然。

　　其实，如果每个人、每个环节都扛起责任，不独可以有效地减少灾害，还会使我们整个社会的管理水平和社会面貌发生质的变化。举个眼前的例子，这些年，不少城市面貌发生了很大变化，路宽了、楼高了、霓虹灯亮了，可一下雨，街道积水盈尺，塑料袋、纸片到处乱漂。试想，如果一发生这种情况，就逐个环节追究下去，谁还敢再一味去做表面文章？

　　"1·2"火灾已经成为过去，留下的不应只是一堆废墟。但愿数亿元的财产和 5 个鲜活的生命，能够留下深刻的警醒，唤起实在的责任。

（2008.01.09）

39.又到清明扫墓时

又到清明了。这个季节似乎注定要成为一个追思的季节。那不绝如缕的雨丝总能勾起人们缅怀先人、尊祖敬宗的绵绵情感。

我们应该提倡过清明节——因为过清明节,对回归主流价值观很有必要。现在,不是经常看到这样的现象吗? 有些年轻人,为了追星,可以逼迫父母去卖光家当;有的年轻人,过起洋节来比老外还起劲,可对传统节日却不以为然……一个家庭抑或一个民族,如果没有感恩思源、立德树人的文化传承,那么,家庭和睦、社会和谐就是一句空话。

今年,清明节首次成为国家法定假日,加上今年清明与周末相连,3 天假期给人们开展追思、祭奠活动提供了很大的便利。

不过,我们在提倡清明追思的同时,对于清明节的祭奠形式却有改进的必要。据媒体报道,上周末到苏州扫墓的车流增加了两成,沪宁高速车满为患,江桥收费站车龙蜿蜒近 4 公里。媒体预测,本周"小黄金周",姑苏城面临"兵临城下"的巨大压力。而全国其它地区,上周末也是"墓园到处人纷纷",仅广州扫墓的民众就足足有 6 万多人……

除了堵车,祭奠时采用放鞭炮、烧纸钱、点香烛等传统的祭奠方式,还易带来火灾和空气污染——清明前后天气干燥,风势又大,祭扫多数在郊外和山地等成片草地区域进行,一个烟头即可引燃火灾。

此外,目前的一些祭奠方式,还容易滋长攀比、封建迷信歪风:有的把庄重的祭祀变成丑态百出的封建迷信活动,烧纸屋、纸车甚至烧纸"二奶";有的以祭祖为名,变相勒索亲朋钱财……据报载,还有不少公墓管理机构争相推出一千元、两千元的祭祀物品"套餐";也有的公墓机构借机进行豪华墓地展销……

　　清明祭扫应该更多地强化精神意义上的追思，而不应该停留在物质层面上的表达，所以要有正确的表达方式，体现移风易俗、文明祭奠的时代精神。古人云："祭而丰，不如养之薄也。"从另一个侧面说出了这个道理。

　　不过，今年清明祭奠，也出现了许多积极向上的祭奠方式。譬如，陕西民政部门最近推出"居家祭奠"、"网上祭奠"、"错峰祭奠"、"代理祭奠"、"社区公祭"和"集体公祭"6种新形式。陕西省民政厅的思路是，清明祭奠，市民不一定要集中在清明节当天外出去公墓祭奠，可以选择在家里举行追思会，大家伙围坐在一起回忆前辈的养育之恩；或者在网上进行电子祭扫；一些有条件的社区或者单位，还可以组织公祭。

　　除了陕西的做法，还有不少地方的做法也很值得借鉴：譬如，新疆民政部门倡议公墓管理机构用电子鞭炮代替烟花爆竹；湖南一家公墓管理部门推出"代为祭扫"服务——如果你工作太忙，可以委托陵园管理单位代为祭扫。

　　当然，也还有其他好方法，譬如，半个多世纪以前，作家老舍曾写下这样的诗句："清明到了，处处桃红柳绿，且别忙着去烧纸，最要紧的还是种树……"

　　通过种树，让追思化作了绿色！这个建议，实在是好！

（2008.03.31）

40.给灾后重建提个醒

　　顷刻间,数万间房舍化为废墟——汶川"5·12"地震造成的破坏,全世界为之扼腕叹息!

　　我们在诅咒地震的同时,也不得不面对这一现实:地震,作为一种自然现象,过去有,现在有,将来还会有。而就人类目前的科技水平,还很难准确地预测地震……

　　尽管如此,在地震面前,我们绝对不是无能为力的。只要不断地总结经验教训,趋利避害,完全可以将地震损失降到最低限度。

　　众所周知,地震造成的最大危害,莫过于房倒屋塌带来的人员伤亡。因此,减少了房屋倒塌,也就等于减少地震的损失。在这一方面,新疆近年的探索,值得借鉴。

　　新疆是国内知名的地震多发区。南疆有些地州,几乎年年发生地震灾害。大家可能不会忘记2003年发生在巴楚县的"2·24"地震:那场震级6.8级的浅源地震,曾使许多村落顷刻间夷为平地。灾难,促使新疆人去寻找应对之策。调查研究中,建筑专家们发现,南疆维吾尔族传统民居中有一种"木全梁"建筑,具有惊人的抗震效果。这种建筑,并不复杂:四壁由木料相互咬合在一起,然后房梁再与四壁咬合在一起,如此,整个建筑就成了一个相互支撑的整体,遇到强震,顶多是墙皮脱落,很难将整个房子震塌。

　　举一反三,建筑专家们将这种传统建筑技术与现代建筑技术相结合,在地震多发区推出了"抗震安居房"。这种房子,造价不高,却安全实用:今年3月21日,和田地区的策勒县发生7.3级地震,其他结构的民居损坏达21100间,而政府建设的67177户"抗震安居房",无一间出现问题……

　　在全国人民大力支援下，汶川地震的抢险阶段很快就会结束。灾后重建，即将展开。据中国地震信息网介绍，有地震记载以来，汶川震中附近200公里范围内曾发生过8次7级以上地震。而我们的不少地区都像汶川一样处在地震多发带上。

　　人多地少是我们的国情。把地震带上的群众全部迁走？显然难度是相当大的。因此，现实的抉择就是设法提高我们应对地震灾害的能力。此次地震，让我们再一次体悟到了住房抗震的重要性。因此，灾后重建，住房的抗震安全问题，理应成为首先考虑的问题。

　　受自身各方面条件所限，让农民自己去解决这一问题，难度很大。这就提醒我们，在灾后重建中，政府应该就如何提高住房抗震标准，进行周密审慎、立足长远的统一考量。切忌把钱一拨了事。

　　消除灾害痕迹的最好办法，就是让灾害不再重演！

　　其实，不只是新疆，千百年来，我国不少地方的群众在同地震灾害的斗争中，也都积累了一定的经验。如果我们的相关机构在灾后重建中，能加以总结、吸收并结合汶川震区的实际去创新、推广，那么我们相信——类似这次的惨剧，就永远会从我们的国土上消失！未来的川西坝子，也永远会是"屋舍俨然，万木葱茏"。

（2008.05.25）

41.唐家山作证

相信所有国人都会为这一消息欢呼雀跃:唐家山堰塞湖抢险取得决定性重大胜利。

将近一个月了,唐家山堰塞湖,令多少人寝食难安——超过 2 亿立方米的水悬在头顶!而束缚水的堰塞体呢,由支离破碎的碎石和粉细砂组成。如此脆弱的屏障,用危如累卵形容绝不为过——专家统计,地震形成的堰塞湖溃决的概率达到了 93%!

如此的水量和海拔高程,一旦溃决,形成的水头会超过 60 米。一位老专家指出:这样的水头呼啸冲出峡谷,摧毁几十层高的建筑物,就如同撕裂一张纸般轻易……

更让人忧心的是,除险难度之大前所未有:余震不断、滚石不断、陆路不通、水路不通。而根据水文、气象条件和堰塞湖库容条件综合分析,留给我们的疏通工程工期最长也不能超过 10 天。

难,确实难!然而,我们以"没有一人伤亡",宣告唐家山抢险获得圆满成功!成功的背后是执政理念和执政水平的提高。

以人为本,民生最重,已经成为我们执政的最高出发点。危湖高悬,无时无刻不牵动着共和国领导人的心。胡锦涛总书记 5 月 26 日深夜给正在四川前方指挥抗震救灾的国务院副总理回良玉打电话,要求一定要坚持以人为本,把确保人民群众生命安全放在首位。为除险情,温家宝总理三次亲临唐家山堰塞湖坝顶指挥。"绝不能让一个百姓伤亡。"共和国总理对人民作出庄严承诺。

与时间赛跑,与洪水争速。人们不会忘记,1500 名解放军和武警水电官兵身负炸药向唐家山挺进的身影;人们不会忘记,风餐露宿坚守在坝顶的水利专家们黧黑的面孔;人们不会忘记,那条用汗水甚至血水挖出的深深的泄流渠……

以人为本,民生最重,我们有决心,也有能力。唐家山抢险,肆虐的洪水完全按照我们的指挥棒在乖乖运行:6 月 7 日 7 时,按计划第一股水流缓缓漫进泄流槽;9 日晚,按预定计划流量达到 81 立方米/秒;10 日 7 时 42 分,泄流槽流量按预定方案达到 497 立方米/秒;截至 11 日 8 时,库容降到了 0.8 亿立方米——完全达到了安全容量!

泄洪中,沿途又是一种什么状况呢?

洪峰进入北川县,无一人员伤亡!

洪峰通过李白故里江油市青莲镇,太白祠等文物古迹有惊无险!

洪峰抵达宝成铁路涪江大桥,刚刚有一列货车从桥上安然驶过!

……

正如国务院抗震救灾总指挥部的贺电所指出的,成功处理唐家山堰塞湖险情,"创造了世界上处理大型堰塞湖的奇迹"。而奇迹的背后,不正是我们执政理念和执政能力提高的体现吗?

这一切,巍巍屹立的唐家山作证!

（2008.06.12）

42.给公务员一个"支点"

　　当下,若论求职,恐怕少有人不想进公务员队伍了。确实,一旦成为公务员,许多生计之事都不用太操心了:收入随着国家的工资调整"水涨船高";各项福利待遇样样不少。

　　公务员的"铁饭碗"属性,正是带来各种"机关病"的重要原因:不思进取,得过且过,不求有功但求无过,甚至"一杯茶、一支烟,一张报纸看半天"……如此,一些机关效率低下也就不足为怪了!

　　中国的发展,离不开一支高效的公务员队伍。而要保证公务员队伍的高效,就不能干好干坏一个样,就必须有一套奖勤罚懒、奖优罚劣的机制。一句话,也就是让每个人都有压力。只有有了压力,工作才有动力。

　　日前,上海浦东新区在全国率先试点聘任制公务员。此举,正是让公务员队伍"动"起来的有益尝试。

　　"动"的原因,是此次在用人体制上实现了两项重大突破,一是实行了合同制管理;二是实行协议工资制度。聘任的公务员不执行有关公务员职务任免规定,不再有科、处、局等职级。在薪酬待遇方面,也不执行公务员工资、福利、保险等规定,而是由新区政府参照市场同类岗位同类人员的薪酬水平,并兼顾政府机关的实际情况,通过双方协商确定。

　　实行合同制管理,这就是明确告诉你,你端的饭碗已"铁"性尽失——聘任期结束后,能否续签,得看你的业绩了。如果你尸位素餐,那么不客气,你只好卷铺盖走人了。

　　薪酬参照市场且通过双方协商确定,也就是说:这里没有局长、处长。你呢,目光不用整日在官位上打转,有多大本事拿多少钱,逼迫你去提高技能,挖掘潜能。

尽管目前这种聘任制还只是个试点,但它带来的好处,是显而易见的。对于我们现行的公务员制度来说,它是一个治昏驱庸的支点,会撬动整个公务员队伍改革的步伐——那些平素悠悠优游惯了的人,恐怕都得悚然扪心:如果不改弦更张拿出点真本事来,只怕是混不下去了。

试想,在我们公务员队伍这个大的架构中,如果每个分子都积极行动了起来,都发挥出了最佳效能,那么我们政府的运转效率又会怎样?

不过,在浦东新区的这次试点中,有些措施恐怕还有商榷的余地:譬如,要求聘用人员"必须具有相关行业 7 年以上工作经验,且包括 2 年以上管理工作经验,最好具有正规欧美、日本学校研究生学历以及海外知名金融机构工作背景"。

这让人不由疑惑:试行聘任制不就是为了不拘一格降人才嘛,为什么工作经验的最低年限就不能是 6 年、5 年或 8 年? 制定如此的框框是不是有些刻板? 再说,是否有必要如此强调海外留学背景?

当然,这只是制度在试行过程中的枝节问题。相信有关部门会不断完善的。

（2008.07.02）

43.携起手来共纾时艰

应该说,20日上午国务院新闻办举行的新闻发布会,还是让人们轻松不少——人力资源和社会保障部部长尹蔚民说:迄今为止还没有发生大规模的裁员和农民工返乡潮。

尹部长也表示:"农民工返乡在逐渐增加。"

如果盘点30年改革开放的成果,"农民工"这个词,肯定绕不过去。这个群体,对我们整个社会的促进作用,恐怕每个人都能体会得到。可以这么说:农民工队伍的壮大与否,事关我国经济发展速度的快慢与否、人民生活的便捷与否、"三农问题"的解决与否……

因此,防患于未然,保持农民工队伍的稳定,对于整个社会来说,都极其重要。

而保持农民工队伍的稳定,需要大家通力协作。

首先我们要拜托企业家。你们站在经济发展的潮头,受这次"金融海啸"的冲击最大:订单严重缩水——去年外商订单是500万只玩具熊猫,今年一下子锐减到50万只。资金链也出了问题。工人已经两个月没拿到工资……辛辛苦苦打拼到今天,遭此磨难,食不甘味夜不安寝,这种心情,我们完全理解。

不过,这个时候,最好别在员工身上打主意。裁减员工,其实是一种短视行为。培养一个熟练工人容易吗?企业的竞争,归根结底是人才的竞争。有我们30年改革开放的雄厚积淀,有我们政府的运筹帷幄,相信目前的困难只是暂时的,"海啸"过后必将迎来大发展的良机。想一想,到那时候,手头没了人才,能走得更远吗?

　　所以,提个建议:哪怕是节衣缩食,只要还有一点腾挪的余地,还是设法把工人留住。为农民工提供更多的就业机会,就是我们整个社会的功臣! 其实,如果有远见,这时候,可正是网罗人才的最佳时机呀。

　　我们还要拜托农民工兄弟们。即使这时候你们的工资待遇比以往有所降低,也别着急着返乡。先不说乍然回乡给交通等带来的震荡,农村的情况,你们应该最清楚——人均就那么点土地,大家一股脑儿返回到土地上,就是反复挖刨,又能挖刨出什么? 改革开放的历史已经证明:只有转移农民才能富裕农民!

　　现在,供职的企业遇到了难处,支撑老板一把,帮老板渡过了难关,老板能不念情? 企业正常了,日子不就好过了吗? 帮老板正是帮你们自己!

　　对于政府,我们也应该拜托。在谈到市场经济中政府的权力边界时,我们不是经常说,政府既不能擅自干预市场,又不能对市场撒手不管。市场能解决的,交给市场,市场失灵的情况下,政府再出手。

　　这里的出手,一个中心点就是"服务"——为经济顺利运行保驾护航。最近出台的"一年不调最低工资"以及"鼓励国企带头承担社会责任尽量减少裁员"等政策,都体现了这一宗旨。

　　值此关头,确实需要政府加大服务力度:譬如,在企业融资、原料等方面提供帮助,解决农民工的社保、医保问题,适应转岗转业需要对农民工进行培训,等等。

　　常言道:众人拾柴火焰高。只要大家携起手来,定能共纾时艰。套用一句流行歌词:"走过去,前面是个天!"

(2008.11.21)

44.算小账更要算大账

对于热议中的燃油税改革,相信大多数的有车族了解情况后,都不会惊慌。

此次燃油税改革,有两大要点:一是在不提高现行油价的情况下实施这项改革。二是燃油税实行从量征收,取消公路养路费等原有的6项收费。

油价不增,养路费又取消,这么一算,用油者的总体负担并不会增加。拿北京为例,取消养路费,有车族们一年等于少交了1300多元。只要你不是开着悍马、路虎这样的大排气量的汽车一天到晚可着劲儿烧油,就寻常过日子计,负担能增加吗?

由此看来,制定这项政策时,有关部门充分考虑了消费者的利益。

应该说,推出这项改革,正逢其时。这些年,养路费"一刀切"的征收方式,早为人们所诟病:不管你是从北京到南京,还是从家属院到办公区(抑或就是将车终年泊在车库里),一年中要交的养路费都一样多。

如此交费,对于掰着指头过日子的百姓来说,心里不平衡完全可以理解!

改革后就不一样了:燃油税按量计税——每升汽油的消费税为1元钱。多用油者多交税,少用油者少交税。无论从哪个角度讲,都是公平合理之举!

说正逢其时,还与推出的时机有关。近几年,国际油价节节攀升,为了安定人民生活,国内油价并没有随之大幅上涨,而是国家通过补贴的方式平抑了油价。

实事求是地说,此举在减少社会震荡的同时,也形成了国内成品油价格与国际原油价格倒挂。目前,国际市场油价大幅回落,正是完善成品油价格形成机制的有利时机。国内成品油价格高出的这一块,正好用来提高燃油消费税。

也许有人会问：目前，国际原油价格已经从 147 美元降到了 40 多美元，国内油价能不能也随行就市大幅降低？实行燃油税改革后，多用油要多交税，会不会抑制石油消费，影响当前扩大内需政策的效果？

这就牵涉到算大账与算小账的问题。受国际金融危机影响，眼下，我们确实需要通过拉动消费来扩大内需。但是，我们一定要厘清这么一点：促进消费绝不是鼓励浪费。

人口大国、资源贫国的现实告诉我们，任何时候，坚持可持续发展，节能减排，都应该是我们工作的出发点。

从我国能源现状来看，石油的储备并不多。改革开放以来，随着经济社会的全面发展，能源紧缺这一问题日益突出。从 1993 年始，我国已由石油净出口国变为净进口国。目前，国内石油需求的一半以上需要进口。此外，随着机动车保有量的快速增长，耗油量急剧增加，燃油污染也日益严重。目前大城市 80% 以上的一氧化碳、40% 以上的氮氧化物来自机动车尾气排放⋯⋯

试想一想：在此情况下，如果油价过低，消费需求进一步增长会带来什么结果？势必会给我国能源供给、交通、环保等方面带来更大压力，最终影响经济社会的发展。

因此，从政府的层面来讲，一项政策的出台不仅要顾及当前，更要利于长远！而对我们老百姓来讲，不与子孙抢食，给后人留下碧水、蓝天，恐怕是我们基本的做人的良知。

不算眼前个人得失"小账"，算清国家经济发展"大账"。你我都应该这样！

（2008.12.08）

45.“紧箍咒”不能松

时下,“保增长、保民生、保稳定”是各地的共同要务。

的确,没有经济的稳步增长,没有民生的不断改善,没有社会的稳定和谐,实现小康就是一句空话。而保增长,又是保民生、保稳定的前提。所以,很多地方把保增长作为当下工作的重中之重,可谓是抓住了问题的牛鼻子。不过,保增长过程中出现的杂音,应该引起我们的足够警惕——有些地方把保增长等同于保 GDP 增长。在这种观念支配下,可持续发展、生态保护统统被置于脑后了。前不久,一位友人来访,不无忧虑地告诉我:自己家乡小镇上已经关停并转多年的水泥厂、小造纸厂又复业了。镇长在开业典礼上说:“这是拉动内需、保增长的需要。”这位镇长还满怀激情地宣言:“无论白猫黑猫,GDP 增长就是好猫。”

如此保增长会带来什么样的结果,相信大家都能想象得到。

改革开放以来,经济发展的成就有目共睹。但同时我们也不能回避这样一个现实,环境恶化已越来越影响着人们的生存。统计表明:目前,我国有近 1/3 的国土被酸雨污染,主要水系的 2/5 成为劣五类,3 亿多农村人口喝不到干净的水,大气污染最严重的世界 10 大城市中,我国占 3 座城市,1 亿多城市居民呼吸不到清洁的空气,1500 万人因此得上支气管疾病和呼吸道癌症。世界银行计算,2020 年以后,我国仅为燃煤造成的疾病就将支付 3900 亿美元的费用,占 GDP 的 13%……有人这样形容:照此发展下去,最终的结果是有命挣钱,无缘享受。

粗放型发展模式,不独污染环境、浪费资源,同时也造成我国企业竞争力低下。这次金融危机中遭受重创的,大多是产业层次低、附加值低、污染严重的企业。复原传统增长方式,即使暂时保持了经济指标,今后仍然躲不过发展的难关。在这方面,浙江的经验值得借鉴。尽管浙江受到金融危机影响较大,但他们不急功近利,在市场准入方面,省里对企业的要求丝毫没有放松——凡是不利于环境保护,凡是不利于可持续发展的企业,一律不予审批。省里还专门设立总额为5亿元的工业转型升级专项资金,以推动企业产品创新、技术创新和管理创新。省委领导同志旗帜鲜明地提出:环境保护的"硬杠杠"万万不能宽,节能减排的"紧箍咒"万万不能松。即使GDP一时受些影响,也要坚定不移地抓转型升级。

　　这种对社会负责、对子孙负责的发展观、政绩观,对浙江未来发展的意义自不待言,而其他地方也可以从中获得有益的启示。

(2009.04.21)

46.未必都争"团体奖"

抓 GDP 增长是政绩,解决民生困难、生态环保问题同样也是政绩。

大凡基层干部,恐怕都会有这样的经历:一听说调到工业基础好、资源丰富的乡镇,无不欢呼雀跃;而若要调到工业基础差、资源匮乏的乡镇,则会叫苦不迭……

何也?这与时下通行的干部考核机制大有关系:GDP 是否增长,是衡量干部政绩的一个硬杠杠。在你的任期内,如果 GDP 没有大的增长,你想评优?你想升迁?难!

为官一任,你说谁不想闹出点政绩?这也就不难理解了:基础好、资源丰富的乡镇,当然是人人趋之若鹜喽。

不过,话得说回来,"十个指头不一般齐"。由于历史、自然的原因,各地发展的基础不可能完全一样,资源禀赋也会有差异。如果不顾客观条件"一刀切"地考核 GDP,难免使大家处在不一样的起跑线上。有人戏称:"这是把长跑和游泳放在一起去比赛。"

可不是嘛,那些基础差、资源匮乏的乡镇,干部们即使不分白天黑夜地跑细了腿,累弯了腰,年终一盘点,恐怕也只能远远落在后面。如此,又怎能去调动大家的积极性?

10 多年前笔者在河南某县挂职,记得每逢乡镇干部调整,往那些基础差、资源贫乏的乡镇派干部,都会成为县里主要领导挠头的难事。

这样的比赛,还容易带来这样的结果:为了 GDP 增长,有些人便把环境保护抛在了脑后。于是,尽管三令五申保护环境,小造纸、小化工仍屡禁不止;本来秀丽的山水,会被开山取石弄得千疮百孔……

怎样去解决这些问题呢? 浙江富阳市找到了一个办法。

2007 年以来,富阳打破传统对乡镇考核"一刀切"的办法,不再搞单纯的 GDP 竞赛,把全市的 25 个乡镇、街道根据各自的不同条件,分为工业主导型、综合发展型、农业生态型三个类别去分类考核。新考核办法同过去相比有两大变化:一是不引导所有干部都去"抓数字",把民生搞好,同样可以得高分;二是分类考核,定位是什么就考核什么,不鼓励大家都当"团体冠军",而是鼓励大家按不同功能定位去做"单打冠军"。

新的考核办法把过去捆在身上的一些不合理、不公平的"政绩枷锁"卸掉了,无论是欠发达的乡镇还是经济发达的乡镇,干部都有了科学发展的信心和决心。乡镇干部的积极性被真正调动了起来! 用当地干部的话说,抓 GDP 增长是政绩,解决民生困难、生态环保问题同样也是政绩。

譬如,湖源乡,由于基础差、资源缺乏,过去全市排名常居末位,2007 年乡政府实施改造农村饮水工程,解决山区百姓饮水困难,专项工作加了分,年终破天荒排在了第十三位。

富阳的实践证明,科学的考核体系是真正把科学发展观落到实处的一项制度保障。富阳的政绩考核办法,确实值得借鉴!

(2009.04.27)

47.透过审计这道"铁闸"……

　　每年的审计工作报告,都备受社会关注。公众不只关注出了哪些问题,怎样查处,更希望看到审计这道"铁闸",是如何清除侵蚀公共财政的病灶和痼疾,为国家经济安全保驾护航的。

　　展读 24 日审计署公布的审计工作报告,这些公众的期待有了回应。

　　在 55 个中央部门预算执行情况审计中,审计报告点名批评了 19 个部门存在的问题,审计署也"榜上有名"。审计署把自身存在的问题写进审计报告并向社会公开,这在审计报告中还是第一次。

　　审计部门是公共财政的"看门人",受纳税人之托捍卫公众利益。目前,全国审计队伍有 8 万人。这支队伍不是生活在真空中,也难免受到这样那样的诱惑、干扰。

　　正如审计署审计长刘家义所说,审计机关是一个承担法律赋予审计职能的专门机关,你自己都做不到怎么去审计人家呢? 正人先正己,作为政府组成部门,当然要毫无例外地接受方方面面的监督,既包括财政监督、纪检监察等部门的监督,也包括自己对自己的监督。将监督的"电筒"照向别人也照向自己,审计结果才会更加公正,更加令人信服。

　　除了自查自纠,审计的"电筒"也开始从"前台"照向"后台"——在严肃查处严重违法违纪问题的同时,注重揭示和查找体制机制方面存在的漏洞。今年的审计报告没有像往年那样列举很多个案,而是对一些共性问题产生的原因进行了比较透彻的分析,并在解决问题上提出了很好的建议。

　　比如,在以往对地方财政或专项资金审计时,审计部门多是关注挤占挪用中央专款、地方配套资金不到位等问题,而对问题产生的原因及预防措施很少涉及。今年审计报告立足挖"病灶",旗帜鲜明地提出现行财政体制存在的"基层政府自主调控财力较少,地区间财力不够均衡,部分地方收支管理不够规范"三大痼疾,并提出了因应之策。这样做,更有利于把局部"点"上出现的问题,放到宏观的层面上进行剖析,追根溯源,堵住制度上的缺失与漏洞,更有利于从源头上解决"屡审屡犯"这一"老大难"问题。

审计的根本目的是"免疫"。监督从"前台"移向"后台",从"事后"转向"事前",加强建设"免疫系统",前移审计关口、增强审计效果,是审计部门近年来的努力方向。从今年的审计报告看,在审计的方式上,审计部门也正力求变革,更加注重时效性。以往的审计大都是事后审计,往往是项目建完了,问题也发生了,损失难以弥补。而今,为了起到"免疫"作用,审计部门提前介入,对国家新增投资项目进行跟踪审计。通过加强跟踪审计,保证中央政策的执行和国家重大投资项目不出问题、少出问题、至少不出大问题。这种"边审计、边整改、边规范、边提高"的做法,无疑对预防国家资金"跑、冒、滴、漏"具有积极作用,切实发挥审计保障国家经济社会健康运行的"免疫系统"功能。

坚守审计这道"铁闸",用铁面无私的审计,维护公共利益,促进依法行政和反腐倡廉,推动制度建设和创新发展,这是党和政府的要求,也是人民群众的期望。

（2009.06.25）

48.房价"虚火"警示了什么

海南房价,近一段时间以来成为焦点:

先是商品房售价以每平方米整千整千地上涨;随之,连城市的酒店也加入涨价战团,春节期间三亚有的海景房被炒到一宿上万元……

不过,近期媒体从海南发回的消息表明:"高房价"面临着"低入住"的尴尬。许多酒店的房间整个假期都空着。有些从事"包房"的旅行社和个人不得不忍痛"甩房"。最后的结局是:"今年在三亚'包房'的人大部分都亏本了。"

事情往往是这样,什么东西一旦热起来,在热浪裹挟下,其价格总是远远偏离价值。而价格过度偏离了价值,危害性不言而喻。

作为与人们生活息息相关的房子,被当成"投资品"爆炒,危害性更是显而易见:对于那些有住房改善需求的百姓来说,要么无端地为"高价房"买单,要么就买不起房子。这无疑会滋生新的社会矛盾。

更令人忧虑的是,不少炒房客是利用银行贷款来"炒"。"炒"的目的当然不是为了自住。你"炒"给我,我再"炒"给他……房子长期落不到人头上,房价下跌便是必然。

有人把这种"炒",比作"击鼓传花"游戏,鼓声停止之时,最后的接盘者必然遭殃。

炒房客手中的高价房没有下家接手,如何还银行的贷款?当银行成为最后的接盘者,势必给金融系统造成打击。

这不禁让人再次想起荷兰"郁金香事件"。16世纪,郁金香从土耳其传入西欧,在荷兰种郁金香成为一种时尚,稀有品种的郁金香球茎的价格一路飙升。到 1636 年,较高级品种的一个球茎,就可以换到两匹马、一辆马车和一套马具。贵族、平民、农民、手工业者、船员、仆人,还有扫烟囱的、开旧货店的,几乎无人不染指郁金香。很多人都将财产换成现金,进行郁金香投资。"谁都相信郁金香热会永远持续下去,似乎世界上每个角落的富人都在定购球茎"。然而不可避免的泡沫破裂,终于在 1637 年 2 月 4 日这一天到来。这天,希望出手的人挤满了各地的交易所,价格急剧下落,市场迅速崩溃。许多靠贷款进行买卖的人,突然之间变得身无分文甚至破产。

房价虚高,已引起海南有关部门的高度重视,相信政府相关措施会收到效果。

不过,海南烧起的这把房地产"虚火",还是给我们的各级政府提了个醒——我们应对"炒"的宏观调控能力亟待加强。今天可以"炒"海南,明天也可能会"炒"云南、湖南;今天"炒"的是房子,明天有可能会"炒"别的。等到"虚火"升起再去扑灭,成本不是太高了吗?

(2010.02.23)

49.让工资合理涨起来

　　如果把做大社会财富这个"蛋糕"看做是政府的责任,那么,分好社会财富这个"蛋糕",那就是政府的良知。温家宝总理两会前与网友在线交流时的这番话,犹如和煦春风轻拂人们的心田。

　　由于历史原因,我国的收入分配一直在向资本倾斜,个人劳动收入在社会财富分配中的比重较低。也就是说,工资上涨远远赶不上财政收入和企业利润增长。

　　而对大多数人来说,劳动收入,是最为重要的收入来源。甚至是唯一的来源!

　　这会带来什么结果呢? 当劳动所得在整个收入分配中的比重过低时,自然会导致绝大多数居民收入水平偏低,消费能力不强。而消费能力不强直接导致内需不旺。

　　眼下,东南沿海到处出现"用工荒",其实从深层次看,也是分配不合理带来的后遗症。大多数农民工的工资每月只有 1000 来元,刨去在城里的吃住花费,根本剩不下几个钱,出来打工的动力当然就不那么足了。

　　分配结构是经济结构的一部分,居民收入增长慢,资本所得占比过大,还会进一步拉大贫富差距,影响整个经济结构的优化,影响我们的转型升级,影响社会的和谐稳定。因此,逐步提高劳动所得在收入分配中的比重,是转变经济发展方式中迫切需要解决的大问题。

　　涨工资、增收入是广大工薪阶层的企盼,也是社会关注热点。然而,涨不涨工资,职工说了并不算数。因为在企业中职工相对处于被动地位,特别是在就业不充分的情况下,对很多人来讲,能有个饭碗就不错了,谁还敢和老板讨价还价涨工资？

这些年，我国陆续制定最低工资标准、完善职工养老金保险等，对维护职工的权益和利益起了重要作用。但企业赚了钱，到底企业该留多少，又该拿出多少来给工人涨工资，目前还没有相关规定和标准。工资这件事，企业想涨才能涨，职工着急也没用。

涨工资，光靠企业家的良心发现是不够的，还应有行之有效的机制，不断提高劳动报酬在初次分配中的比重。譬如，建立企业职工工资正常增长机制，将企业利润和职工工资挂钩；逐步提高最低工资标准；建立工资集体协商制度；完善个人所得税制度，减轻工薪阶层税收负担等等。

涨工资会使企业的用工成本增加，特别是一些市场竞争充分的劳动密集型行业，利润空间较小，涨工资会让企业负担加重，经营风险加大。这就需要政府加大支持力度，对那些符合经济发展方向的劳动密集型企业，在就业、税收等方面给予政策优惠，减轻他们的负担，让企业给职工涨工资更有底气。

还有一种现象应当引起足够重视：一方面，在国民收入分配当中，居民收入的比重较低；另一方面，在一些垄断行业，职工的收入和福利待遇又远远高于社会平均水平。对此，还要具体问题具体分析，在提高居民收入的同时，切实规范行业和企业过高的工资收入和福利待遇，既要让干得多的人不吃亏，也不能让干得少的人占便宜。

一句话，分配制度改革是一项系统工程，只有统筹考虑、稳步实施，才能更好地体现社会公平正义，让大家共享改革发展成果，得到更多的实惠。

（2010.03.15）

50.不买房该买什么

不买房该买什么？

如果有人这么问，不光是我，我想大多数人都会犯迷糊：

因为就目前情况看，不少人有了钱，首先醉心于买房，而倒腾房子发了家的，还比比皆是呐。

不久前，我参加某省一个经济研讨会，有关领导也直言不讳地说：这几年省里 GDP 增长较快，很大程度上靠房地产拉动；省里一些知名的大企业，大多都在做房地产……

不过，静下心来想一下，个人投资或地方发展，一味盯着房地产，靠得住吗？

经过这么多年的房改，越来越多的人拥有了属于自己的住房。而随着计划生育政策深入人心，人口增长也已趋缓。无论对谁，一生只能居一套房舍。说到底，目前面临的房子问题，对相当多的人来说，只是房大房小或房好房坏的差异。

试想，房子不断增多而购买力相对恒定，结果会是怎样呢？

毋庸讳言，现在许多人买房，并不是为了居住，而是为了"炒"。有人把这种"炒"，比作"击鼓传花"游戏。这种游戏，相信大家都不陌生，当鼓声停止而花正好落在手里时，那份尴尬应该能体会得到！

买房风险大。那么，不买房该买什么？这是个让人挠头的问题。

在大家的记忆中，温州人似乎与炒挂上了钩：温州炒金团、温州炒煤团、温州炒油团、温州炒房团……

不久前，我在温州采访，一位很有些身家的老板一脸委屈地反问记者：

"逐利是资本的本性。目前很多行业不让民间资本进入,让我们怎么办?"

的确,目前民间投资主要集中在一般竞争领域,比如房地产、批发零售、住宿餐饮、制造业和其他服务业等。基础设施、大型制造业、金融保险业、科教文卫等社会服务业,民间投资却一直严重缺席,而电力、石化、电信、民航等领域更是国有资本独占鳌头。

尽管,国务院早在 5 年前就发文,明确允许非公有资本进入金融、电力、电信、铁路等垄断领域。但实践证明,民间资本想介入,难! 不独如此,一些垄断行业还将"触角"向产业链的上下两端延伸,进一步挤占了民营企业的发展空间。我日前在浙江萧山采访时,一家民营企业的老板说,今年有电网公司收购电气等设备制造企业的举动,让他终日惶恐不安:"以前电力系统采购设备,所有的电气企业都是公平竞争;现在人家有了自己的嫡系企业,还会和我们这些'外人'做生意吗?"他愤愤不平地说:"如果垄断行业都想'肥水不流外人田',不受限制地搞大而全,那么垄断的产业链就会越伸越长,民营经济的生存空间就会越来越小。"

经历去岁寒潮,目前经济虽然不断回暖,但我们知道,支撑经济回暖的基础仍是政府主导的大手笔投资。

如果我国的经济仅仅要靠国家投资,经济可持续发展只是一句空话。

扩大民间投资,是该真正动"家伙"的时候了。我们知道,我国民间资金目前大约有 46 万亿元,都用到了刀刃上会是怎样?

(2010.06.03)

51.也要为企业解忧

涨工资,成为时下一个热门话题。今年以来,已有江苏、浙江、广东等十几个省区市上调了当地最低工资标准。

据人力资源和社会保障部透露,今年将有 27 个省区市上调或计划上调最低工资标准,调整幅度大都在 10% 以上,一些省份甚至超过 20%。有学者满怀信心地憧憬:五年左右,职工工资便可以翻一番。

提高劳动者报酬,固然欣喜。但从记者浙江的调研看,短时间内大幅提高劳动者报酬,还面临着许多问题。

劳动密集型,是我国的中小企业的特点。长期以来,这些企业大多处于微利状态。有的商品,一件的利润只有几厘钱。特别是这两年经历了国际金融危机的冲击,很多中小企业元气大伤,有的只能勉强维持。

虽然今年经济形势有所好转,企业经营有了起色,但元气尚未根本恢复,生存状态仍然脆弱。在这种情况下,短时间内大幅提高员工工资水平,企业必然承受不了成本上升的压力,有的企业就可能由此被压垮。

中小企业提供了 75% 的城镇就业岗位,是解决社会就业的主力军。近年来我国从农村转移出的几亿劳动力,绝大多数也都是靠中小企业吸纳消化的。如果这些企业倒了,职工就业就没了着落,不要说涨工资了,恐怕连保持现有水平都难。皮之不存毛将焉附? 这个道理并不难懂!

专家的研究表明,当工资水平上升 1%,就业就会减少 1% 左右。单靠给职工涨工资,可能会造成就业减少,进一步拉大就业人群与失业人群之间的收入差距,造成新的收入分配不公,带来新的社会问题。

从根本上说,企业的发展与职工收入是连在一起的,只有"放水养鱼",企业发展壮大了,职工的收入才更有保障。如果"竭泽而渔",欲速则不达,给企业长远发展和社会就业带来隐忧。

提高职工收入,应当以企业的发展壮大为基础。

如何才能使企业发展壮大? 减轻企业负担必不可少。在这方面,政府"有形之手"应有所作为。比如,春江轻纺集团总经理孙伯勇谈到的养老保险问题。其实,这个问题在其它地方也都存在。目前,各地城镇职工的养老保险,大致是企业交职工工资收入的20%,个人交工资收入的8%;医疗保险是企业交6%,个人交2%。工伤保险、生育保险、失业保险这三险加起来,平均要交4%左右。把这5项加起来,就占了工资收入的40%,企业和职工负担相当沉重。

如果政府加大对社会保障的投入,降低企业和职工缴纳比例,企业省下来的钱就可用于给职工涨工资,职工省下来的钱就变成了可支配收入。

为企业创造更好的发展环境,政府可以作为的地方还有很多很多。比如,垄断行业进一步向民间资本开放,为企业发展腾出更广阔的空间;进一步清理规范涉企行政事业性收费,取消不合法、不合理的收费项目,改善中小企业融资环境;对经营困难的劳动密集型企业,实行减免企业所得税、增值税、营业税;将税收优惠幅度与困难企业员工工资增长幅度挂钩,等等。

还是那个老理儿:做任何事情,切忌一哄而上,必须统筹兼顾。就涨工资而论,职工利益要考虑,企业的承受能力恐怕也得考虑。

(2010.08.16)

52.挤掉垄断者的"肥水"

近日看到一则新闻:今年用电高峰未到,"电荒"却提前来临,拉闸限电在一些地方又成了家常便饭。出现"电荒"的一个重要原因,是火电发电企业普遍亏损。发电越多亏损越多,发电企业只能借"检修"的名义让发电设备停机。

去年菜价高涨时,我曾写过追菜价的报道,调查这"价"到底"涨"到哪里去了。追到田头,农民说没赚到钱;追到菜场,小贩说也没赚到钱;追到中间环节,运输商连连叫苦:辛苦钱全让公路这"卡"那"费"给拿走了——各种过路、过桥收费已占到运输成本的1/3。一趟运输跑下来,如果不违规超载,别说赚钱,不赔钱就不错了。

蔬菜运输企业赚钱少,火电发电企业不赚钱,最赚钱的居然是路桥收费企业和电网运营企业。上市公司最新公布的年报显示,2010年从事路桥收费的19家上市公司毛利率高达59.14%,平均净利润率超过35%,成为股市中最赚钱的行业之一。而就在全国五大发电集团火电3年累计亏损高达几百亿元的同时,电网企业却赚得盆满钵满,2010年利润超过596亿元。

电网运营企业,路桥收费企业,二者看上去是风马牛不相及。但仔细分析,却有不少相同之处。一棵菜、一袋米,从田间地头到百姓餐桌,离不开公路运输,而货物一上路就无法绕开路桥收费这一关。同样,居民生活和企业生产用电,总不能直接到发电厂去"取",还得靠电网把电送进千家万户。

"路"和"网",一头连着生产者,一头连着消费者,是重要的中间环节。而这两个行业能够旱涝保收、日进斗金,归根到底还是垄断在作祟。

处于垄断地位的"中间商"如果一味地"坐地收钱",会带来什么后果?

路桥公司大赚的同时,每年上万亿元运输费用被打入商品成本,最终埋单的是处于末端的消费者。电网企业利润丰厚、富得流油,就难免将国家的钱胡花乱用、为小团体谋私。一些电网企业花上千万元为中层干部免费配车、盖别墅豪宅当职工宿舍之类的报道,人们时有耳闻。

中间环节伸出的"垄断之手",在攫取暴利的同时,还会破坏市场公平原则,使市场机制难以发挥应有的作用,对经济运行造成不良影响。

当前,物价上涨,百姓生活支出不断上升。缓解通胀压力,通常的做法是管住"两头",让农民和生产企业少涨价,让消费者对涨价因素多消化,而对一些处于垄断地位、中间行业的利益,却很少触及。看来,更紧要的是挤掉这些垄断行业的"肥水"。

怎么挤呢? 一方面需要破除垄断、引入竞争,另一方面需要重新评估和审定这些垄断行业的盈利模式,彻底斩断这些企业不当得利的根源。拿路桥收费来说,贷款修路、收费还贷,是当初财政困难时期不得已而为之。然而,近年来全国财政收入快速增长,公路作为政府为百姓提供的公共产品,建设资金理应由贷款向公共财政转移。政府出资修路,再搞经营性收费就不那么理直气壮了。即使靠贷款建设的公路,收费期限和标准也应适当,贷款偿还完了,就应当停止收费。债都还了,还追着屁股向人家要钱,能说得通吗?!

(2011.05.23)

53.做好实业是根本

温州人靠什么发起来的？靠的是实业。

"走遍千山万水，想尽千方百计，说尽千言万语，吃尽千辛万苦……"改革开放之初，靠着这种"四千精神"，温州人白手起家，投身眼镜、皮鞋、服装等制造业，在"小作坊"里生产出了大产品，"温州制造"走向了全国，走向了世界。

温州人用勤劳和汗水赚来了创业的"第一桶金"，也创造了世人瞩目的"温州模式"。

可是，不知从何时开始，一部分温州人似乎不那么专心做实业了，而是与"炒"搭上了瓜葛。

实事求是地说，把目光投向"炒"，有温州商人个人的原因，也有客观的因素——随着市场经济的发展和个人财富的积累，靠实业起家的温州商人们开始遇到自身发展的瓶颈与困惑：一方面，最初涉足的传统制造业市场竞争激烈，没有多大拓展空间，而原材料、劳动力成本不断上涨，企业利润越来越薄；另一方面，手中的财富不断积累，又急于找到合适的投资渠道，以获得更好的回报。于是，一些温州商人凭借着灵敏的市场嗅觉和雄厚的资金，展开了疯狂的逐利之旅：温州炒金团、温州炒煤团、温州炒油团、温州炒房团等频现大江南北。

在一段时间里，这些"炒家"可谓风光无限，获利之巨远远超过经营实业带来的利润。在暴利驱使下，更多的人加入到"炒家"行列，也把更多的资金带进炒作的领域。当越来越多的投资离开实体经济而转向投机，必然导致资本的风险与泡沫不断积聚。

一旦泡沫破裂，会带来什么样的后果呢？近30年来世界范围的经济动荡一再表明：这种以"炒"为特点的虚拟经济一旦脱离实体经济的要求而过度膨胀，则会让实体经济面临灭顶之灾。本轮国际金融危机，就让"虚拟经济"发达的欧美国家尝到了苦头。这一点，聪明的温州人不可能想象不到。

温州民间借贷酿成风险，一个重要原因是许多借贷资金脱离了实体经济和正常的生产经营活动，投机导致资金链断裂，最终又殃及到实业的经营。要改变这一状况，正确的选择是回归实业。实业是经济的基石，任何时候，我们都应牢牢守住这一根本！

当然，回归实业不是仍在产业链的低端徘徊。面对市场竞争日趋激烈和自身竞争优势弱化的双重压力，有效的办法就是坚定不移地转型升级。

那么，针对中小企业资金链紧绷这一现实，又该怎么解决？

政府、金融管理部门应该伸出援手，合理引导民间资金流向，促进民营经济与民间资本的有机融合。通过加快金融创新，使民间融资资金以集约化管理的方式，流向初创期企业、中小企业生产经营。

其实，这样做是一根甘蔗两头甜——既为民营企业健康发展注入了强大动力，也为民间资本找到更多更好的出路。浙江此次采取的解困之道，正在产生明显的成效。

（2011.10.31）

54.教育支出期待公平与效益

实现教育经费占国内生产总值4%的目标,并使经费得到合理使用。这是日前召开的国务院常务会议上确定的今年要完成的七件实事之一。

教育经费达到GDP的4%,一直是我们多年努力的目标,也是全国人民的热切期盼。

按照今年的预算,要实现这一目标,大约需要国家财政性教育经费支出2.2万亿元,资金主要由公共财政来安排。

达到4%,委实不易。因为在公共财政总的23类支出科目中,教育支出已经成为最大的一项。特别是在医疗卫生、社会保障和就业、住房保障以及农林水支出大幅增加的情况下,公共财政能够从10万多亿元的"大盘子"中"切"出2万多亿元,相当于整个公共财政资金的1/6用于教育,用"举全国之力"来形容并不为过。

教育经费多了,但人们心里并不踏实:过去没有钱办不好教育,现在有了钱,中国教育是不是真能得到质的提升?

要说这些年,各级政府不可谓不重视教育:城乡义务教育全部实现了免费;农村家庭困难的中小学生住校、吃饭都有补贴;上大学国家也设立了助学金和奖学金……然而,现在的教育发展,与人民群众的要求和期望相比还有相当的差距。年年的两会,大家说的最多的还是教育问题。

从基础教育看,优质教育资源共享远未实现。虽然义务教育实现了免费,但家长为了让孩子进好一点的学校,仍然要托关系、找门路,掏几千、上万元的"赞助费"。还有,农民工的孩子在城市就读,要找到一个能够让孩子安心读书的学校,仍然困难重重。

就高等教育来看,上大学,对很多农村家庭的学生来说,仍是相当沉重的负担。不少农民反映,孩子在城里上大学,学费、住宿费、生活费加起来,省吃俭用一年也得2万元,四年下来就是8万元。

8万元,几乎是普通农民家庭一辈子的积蓄。随着城乡统筹步伐的加快,农村和城市的边界日渐模糊,困扰农村的许多难,都不难了。但说起孩子上大学,不少农民的感慨依然是:难,难,难!

因此,2.2万亿元的教育投入,关键是要花到正地方,得到合理使用。教育经费支出,应当体现出公平正义,花出应有的效益。也就是说,教育经费的支出应当优先用于最薄弱的环节,解决广大群众反映最强烈的问题与困难。比如,让优质的教育资源再多些,贫困地区学校的"小饭桌"更丰富些,接送孩子上下学的校车更安全些,经济困难的农家子弟上大学,学费、住宿费多减免一些……

同时,在教育经费的管理上,还应加强监督和绩效考评。比如,一些大学盖楼堂馆所,甚至建五星级酒店,这样的支出对广大师生有何益处?对提高教学质量有多大作用?还有,一些学校研究项目越来越多,教授名下的研究经费也越来越多,这些钱花出去究竟取得了哪些研究成果?又有多少成果对经济社会发展起到了应有的作用?

确实,只有严格把关——该花的钱要花,不该花的钱要坚决省下来,群众才能真正满意。如果一个口袋进来了,又从另一个口袋溜掉了,别说2.2万亿元,哪怕再翻一番,那些让百姓犯难的事,恐怕还是难!

(2012.03.26)

55.光靠提价节能,难!

6月份起,我国居民生活用电将实行阶梯电价。

随着人们生活水平的提高,电器越来越多地进入家庭,居民家庭的生活用电量也在增加。因此,电价涨落,牵动百姓神经也就不足为怪了。这不,近些天,各地有关"阶梯电价"听证会一个接一个,成为人们茶余饭后最为关注的话题。

按照"阶梯电价"总体设计原则,今后掏电费,将按档计价:第一档,按照覆盖80%人群的比例确定电量标准,电价保持稳定。超出部分设为第二档、第三档,相应提高电价。也就是说,咱家的用电量如果落在了第一档的范围里,就意味着不用多掏钱;而一旦用电量蹿到了二档、三档,电费就要按照"阶梯"涨上去了。

出台此项政策,就初衷而言,无疑是值得肯定的——有助于节能减排。从收费方式看,多用电多掏钱,当然也合情合理。不过,仔细推敲却不难发现,阶梯电价方案的一些地方还需考虑得更周全。譬如,目前各地出台的方案,对第一档电量的设置差别很大:上海,户均每月电量为260千瓦时;而宁夏、陕西、安徽等地只有120千瓦时。

据悉,此次制定阶梯电价,不分城乡,一视同仁。这意味着,农村居民数量和用电水平将对第一档电量标准产生重要影响。由于农村居民用电量远远低于城市居民,因此一个地方农村居民越多,第一档电量就会拉得越低。

于是,问题就来了:城市化水平较低地区的城市居民,难免会有不公平之感。同样是城市居民,上海的可以用到260千瓦时,为什么宁夏、陕西、安徽的却只能用到120千瓦时?合肥与上海,同在华东,气候条件相若,居民日常用电量相差应该不会太大。但按照两地的"阶梯电价"方案，上海人足足比合肥人可多用一倍的平价电。

现阶段，东部、西部之间，城市、乡村之间，尚有很大差异。如果不顾实际情况，在推行"阶梯电价"时"一刀切"，确实值得商榷。据了解，目前农村生活用电，大多不会超量。所以，"阶梯电价"在农村没有任何实质意义。在推行阶梯电价时强调城乡一视同仁，实际上只是增加了中西部地区的"分母"，让这里的城市居民负担加重。

再想一想，实施阶梯电价就真的能起到节能效果？我表示怀疑。一些家庭为了不超标准，会尽量少用电，把电热水器、电采暖器换成煤气或天然气。我的几个朋友就正琢磨着换呢！这样一来，电是省了，天然气又多用了，你能说已实现节能减排了？说不定哪天，天然气、煤气也要"阶梯"，岂不是让人白花了冤枉钱？

发展的最终目的是为了不断提高人们的生活质量。前些年，一提到节水，就有专家提倡少洗澡，有位知名学者甚至提议"一个月洗一次澡"。这不是回到类人猿了嘛！说到用电，我想，居民基本的生活用电还是应该得到保证的。靠涨价来限制用电，非长久之策。

那么，有没有一种既保证了生活之需又节约了能源的办法呢？

有！根据专业测试，不同技术的电器耗电量差异巨大。同样为 32 英寸的电视，LED 电视 1 千瓦时电可播放 18.6 小时，而普通电视只能播放 8.8 小时。冰箱、空调等节电就更为可观：同样容量的冰箱，普通冰箱一天的耗电量约为 1.15 千瓦时，而节能冰箱可控制在 0.66 千瓦时，一年即可节电 180 千瓦时。变频空调更是比普通空调节电 1/3 左右。

日前，国务院召开常务会议，决定安排财政补贴 265 亿元，启动推广符合节能标准的空调、平板电视、电冰箱、洗衣机和热水器……这种办法，既不牺牲居民生活的舒适度，又促进了消费，才是从"根儿"上实现了节能减排。

（2012.05.28）

56.每天陪老人一小时如何

　　一次座谈会上,浙江省委书记夏宝龙向在座的干部们提出这样一个倡议:新年,大家每天陪老人一小时如何?

　　夏书记算了这么一笔账:每天陪老人一小时,一年是365小时,折合下来是15天。和老人为我们的付出相比,一年陪老人15天,多吗? 确实不算多! 老人把子女培养到法定成年人的年龄就是18岁,此后,哪一刻离了老人的操心? 儿女上大学老人要操心,找工作老人要操心,即使谈恋爱、结婚、生子,恐怕老人还得操碎了心……

　　浙江有句土话:"夫妻是缘,子女是债。"此话的主要含义是,老人为孩子一辈子含辛茹苦。作为子女,每天陪老人一小时这么简单的要求,恐怕很多人都没能做到。在外地工作的,自不必说了;即使在同一城市,大部分的小两口也都是关起门来过日子。据调查,我国空巢家庭达13.2%,已婚子女75%不与父母同住。

　　"倚间盼儿归"成了生活常态,很多老人甚至把周末与子女团聚,当做莫大的福分。我的一个接近退休的同事告诉我,每到周末就心情特好——因为儿子一家明天要回来! 平时节俭的他,周五一大早就会到菜市场采买。

　　报上曾刊登过一则老太太摁马桶的新闻:说是家在农村的宋老太第一次住进了城里儿子的家,她发现家里有件特别新奇的东西——抽水马桶,老太太以为用水就像村里用井水一样不要钱,于是,没事就蹲在马桶边摁一下开关,两个月的时间里,竟抽走了98吨自来水。

　　问老太太不停摁马桶的原因,老太太的解释令人心酸:"每次摁完以后,都觉得挺有意思。"有人评论:老太太摁的不是马桶,是寂寞!

那么,我们再问一句:寂寞的背后呢?

"乌鸦反哺"、"羔羊跪乳"本是中华民族的传统孝道。令我们难堪的是,在物质财富比任何时候都要丰富的今天,我们的孝道文化却越来越淡薄:很多子女认为,只要给了父母钱,就算尽了孝心,而忽略了父母精神层面的需要;还有不少人,把"啃老"视为天经地义;更有甚者,不但不思反哺,反而频频坑爹。

不管我们愿意不愿意,每个人都要走向老龄。我国现有老龄人口已超过1.6亿,且每年以近800万的速度增加。你希望的是一个怎样的老龄生活?老有所养、子女绕膝、含饴弄孙、其乐融融的天伦乐图,应该是每个人的期盼。

要达到这样的理想境界,该怎样去努力?除了政府有关部门进一步完善公共服务功能,多为老人提供养老保障、多给老人提供交流机会、多吸纳老人参与文娱活动外,作为子女,每个人都有义务去营造孝道氛围——因为老人的今天,就是我们的明天。

从现在做起,每天陪老人一小时如何?

(2013.03.01)

57.城管,别成了"不管"

　　单位紧傍风景区,推开窗子,远山近水便扑面而来。在这样的环境办公,本该是件惬意的事。不过,已经很长时间了,同事们一直高兴不起来:

　　先是楼下出现了两个马路歌手——就是面前放个讨钱的纸盒子、怀抱电吉他、扯着嗓子狂吼的那种。要命的是,这两个人在电吉他上联了两个硕大的音箱,一开唱,简直是惊天动地。

　　找城管投诉,对方面露难色:"劝了多次,人家不听……"

　　连城管都无奈,问题那就严重了:一个经营炒米粉的摊档随之出现。未几,窄窄的马路牙子上一溜儿摆出多家小吃。烧烤的油烟味坐在办公室里都熏得够呛。

　　小巷里平时那些东躲西藏的"黑导游"也有了胆气,堂而皇之浮出水面:每天一大早,十多个中年男女便举着写有"导游"的纸牌子叽叽喳喳拥在楼下,遇有行人走过,一哄而上吆喝着、撕拽着抢揽生意。

　　这还没有完:从9月份开始,楼下又出现了出租自行车的营生。也是先试探性地摆出几辆景区常见到的那种双排座自行车,看看没人干预,车子雨后春笋般蔓延开来,不消两个月,办公楼的人行横道上密密匝匝摆了一圈……

　　楼下这一下就更热闹了:揽客吆喝声,讨价还价声,言语不对付引起的争吵声,整日价响个不停。同事们都是吃文字饭的,你想想,在这样的环境里,能静下心来写作嘛!

　　多次找城管交涉,对方始终是一脸的无奈。一个50多岁的城管向我诉苦:"我们也很难!管多了,摊贩骂;不管了,居民骂。简直成了钻进风箱的老鼠——两头受气。"

"那也不能无所作为啊!"我反驳他。

城管不断摇头:"现在都指责城管,动不动就说城管暴力执法,其实现在谁敢呀。你们门口这些摊贩都是'老游击队员'了。说轻了,人家根本不睬你;说重了,会和你吵起来,甚至指着鼻子骂你。这里是风景区,和摊贩发生了争执,游客大都会帮着摊贩。我们领导交待过,管不了宁可让一让,千万不要惹出乱子。摊贩早摸清了我们的底牌,所以脾气越来越大。"

"这是失职!"我有些生气。

"老实说,即使管,也管不出名堂。目前没有城管执法法规,没有明确城管的权利义务、职责范围。碰到占道经营,顶多罚点款了事。即便是这样,摊贩一旦理论起来,我们都觉得心虚。"

想一想也是。前不久,网上曾热传这么一幅照片:有个摊贩占道经营,城管交涉时,摊贩突然跪下。为了不引起误会,城管也只好跪下。还有些地方的城管,为了赢得社会同情煞费苦心,又是"微笑"执法,又是"献花"执法……不一而足。这些"柔情执法"的背后,透出的不正是城管眼下执法时的尴尬和无奈嘛!

作为记者,这么多年,我一直为小摊小贩鼓与呼。在乌鲁木齐工作期间,曾写过一篇言论《小商小贩都是宝》,呼吁城市敞开胸怀,给小商小贩提供更多生存的空间。现在,面对单位楼下的窘况,我有些惶惑:如果任由摊贩如此妄为,居民的利益又该如何保证?

我们都在致力建设现代化的城市,衡量现代化的水平,秩序井然应该是标准之一。城市里的各个元素都应该各安其位,五行八作都应该厘清各自的权利边界,该尽的义务要尽,各负的责任要负。也就是说,都应该按照合理的规则去运行。如果哪个缺失了,哪个越界了,是不是就应该整改调适?

作为一个市民,我有权利道出心中的担忧:城管,别成了"不管"!

（2013.12.19）

58.高铁，能否放下身段？

论发展速度，这几年，交通业应该排在前头：路越修越多，火车可着劲儿提速，各大航空公司也不停添置飞机……

按理说，照这样发展，"出行难"总该退出历史舞台。至少也该大大缓解。

可实际情况呢，并不是这样。你瞧，春运这才刚开始，各地似乎约好了似的，叫苦声一片！有日夜兼程2000公里，从温州赶回重庆黔江老家的"摩托妈妈"；有裹着棉被、提前两天在车站广场候车的河北老汉；有冒着冷风、踩着积雪、扛着行李卷徒步数天返乡的四川民工；还有那个为了一张硬座票、大冬天裸奔的商丘胖小伙……

为什么路网规模和运输能力大大提升了，"出行难"却依然故我？

其实，板子不能全打在交通部门身上。公正地说，为了春运，交通部门没少给力：早在春运前，调动车辆、增加运力的措施就已开始，网上订票、电话订票、代理售票等业务也多开展得如火如荼。

出行难，首先与人流短期内高度集中有关。"有钱没钱，回家过年；紧赶慢赶，终于团圆。"过年阖家团聚，是中华民族的传统。据铁路部门预计，今年为期40天的春运将发送旅客2.3亿人次。

的确，在短短几十天里运送几亿人，就是运力再提升恐怕也难以满足如此集中的需求。

除了一票难求这个老问题，一些新问题也呈现在返乡游子们面前：随着铁路提速和高铁的发展，能够直达家乡的"慢车"越来越少了；取而代之的是"过家门而不停"的高速列车。与高速列车相伴而来的则是高价车票——原来普通客车车票只有一两百元，换成高铁或动车就涨到了四五百元，甚至出现了"千元车票"。

在春节返乡的大军中，主要是异地求学的学生和外出打工的农民工。这些人一个共同的特点就是——囊中羞涩。

还有一种情况：一边是普通列车连站票也难求，另一边是动车软卧上座率相对不高。

那么，在铁路运力上能不能作一些结构性调整，少开一些高铁，多开一些普通的硬座或硬卧呢？如果调配上有难度，还是要开高铁的话，那么春运期间的高铁能否放下身段，降价让利于民呢？

在这方面，北京奥运会给了我们启示：奥运期间，北京推出公交卡，票价打了4折，交通拥堵立马缓解。去年广州举办亚运会，也采取了此法，一样广受欢迎。

国家投入巨资建设的动车线路、高铁线路，在春运这个特殊时期，的确不应该"高高在上"。春节期间，政府能否采取些补贴，让车票打些折呢？

这样，既分流了旅客、缓解了交通压力，又减轻百姓负担。多好的事啊！

当然，根本上解决出行难，还应多方着手。譬如，春节，能不能"错峰出行"？学生返乡与民工返乡在时间上错开；一些"冬闲"的企业能不能给员工早放几天假，让他们早点踏上回家的路？城市能不能为农民工创造更好的条件，切实解决他们的日常起居、孩子上学等问题？当他们真正从游民变成居民，与亲人在城里团聚过年成为一种常态时，也就不会一窝蜂去挤铁路了！

（2012.1.19）

59.最大程度释放改革红利

财政部公布的最新数据显示:一季度中央财政收入同比下降0.2%,3月份同比下降达5.2%。

尽管全国财政收入增长放缓,中央财政收入甚至出现负增长,但财税改革的步伐仍在强力推进:自8月1日起,营业税改征增值税试点地区将扩大到全国,并将择机把铁路运输和邮电通信等行业纳入试点。

据测算,试点地区扩至全国,2013年企业将减轻负担约1200亿元。今年底或明年初,"营改增"扩大到铁路运输和邮电通信行业,企业减负规模将超过2000亿元;"十二五"期间全面完成"营改增"改革,建筑业、金融保险业等九大行业全部实行"营改增",企业减负的力度将更大……

在财政收支矛盾仍显尖锐的当前,政府主动让利于企、承担更大的财政收入压力,彰显出新一届政府迎难而上、锐意改革的魄力和坚定信心。李克强总理多次强调,改革是最大红利,其目的就是让广大人民受益!确实,我们已深深地体味到了这份情怀。

也正是因为要让广大人民受益,所以,政府不是只要"数字好看",不是只要显性政绩,而是着眼夯实基础,着眼打造"中国经济升级版"。围绕"营改增",政府出台的每一项措施,都不是急功近利,不仅考虑当前,更虑及长远。

作为推进财税改革的"重头戏","营改增"会给我们的生活带来什么?简单地说,有利于简化和规范税制、消除重复征税,减轻企业负担,对于推进制度建设创新具有重要作用。从更深层次看,还将为未来中国经济的发展蓄积"强力动力源":通过"营改增",服务业特别是现代服务业发展的步伐会更快;工业转型升级和产业结构优化将会落到实处;中小企业特别是小微企业发展会有更广阔的空间……同时，"营改增"还将对财政分配体制改革、地方税体系建设方面产生重要影响。

一句话，"营改增"是一项既利当前又兼顾长远的制度安排，具有激发企业活力、形成新的增长点，不断扩大就业、增加居民收入，促进经济持续健康发展的多重功效。

鼙鼓已响，金角劲吹。改革如逆水行舟，一项好的制度的推行，决不可能一蹴而就。尤其是当前，改革进入了"攻坚区"和"深水区"，推进"营改增"也面临着一道道的沟沟坎坎……怎么办？"喊破嗓子不如甩开膀子"，唯有按照国务院的要求，凝聚力量攻坚克难，奋力破除妨碍科学发展的体制机制弊端。当然，实干不等于蛮干。我们还要认真总结试点经验，完善改革试点方案，制订严密的风险防范机制，确保试点平稳有序推进。

只有填平了沟打破了坎，改革红利才能得到最大程度的释放，中国经济发展的车轮才会转得更轻快、更平稳。

（2013.04.18）

60.决策要过好"五关"

时下,禁止摩托车成了热门话题,报载:全国至少有 34 个城市明文禁止摩托车上牌。摩托车陡增,不仅影响交通,还会带来严重的空气污染和噪音。"禁摩"可以说是大快人心之举。

然而,这等好事,执行过程中,赞许者有之,反对的声浪竟也不绝于耳。最近媒体热炒的有关绍兴、南宁"禁摩"的新闻,就充分说明了这一点。

绍兴"禁摩",由于宣传到位,加之出台了比较合理的补偿机制,工作推动顺利,市民拍手称赞。而南宁呢,群众怨言颇多。

绍兴、南宁,政策的取向一样,执行的结果不同! 何也? 归咎为一点:盖因执行政策的水平异也!

一项政策,从制订到实施是个系统工程,每一"关"都不容出错。

三年前,我写过这样一篇稿件《变来变去却为谁》,讲的是江南某市一块土地上几年间发生的一幕幕活剧:杨书记执政时要种庄稼,牛书记上台要种桃树,周书记上任呢,又要挖鱼塘。由于这些措施都脱离了实际,结果是劳民伤财。

看来,一项政策,要想有好的结果,前提是,它的出台,必须过好"必要关"。也就是说,这项政策是建立在科学的基础之上,确有实施的必要。人们常说:"种瓜得瓜,种豆得豆。"决策首先就离了谱,想有好的结果,那是痴人说梦。近些年被媒体不断曝光的"面子工程"、"形象工程"大都属于此列。

过了"必要关",还要注意过"合法关"。我们出台的任何政策,绝不能同法律法规相抵触。我的同学小林家住江南某县级市。3 年前市里在距市区不远的一条河湾处建了安居工程,夫妻俩拿出多年的积蓄又从银行贷款十多万元买了套大三居。谁知还没等住进去,上级有关部门汛前检查,说这栋房子建在了蓄滞洪区内,系违章建筑,下令拆除。同学找开发商理论,开发商也一肚子苦水,说当时建房的所有手续都是经市权威部门审批的,自己还不知道找谁索赔呢。这件扯皮官司,直到现在也还没有个结果。

我为小林抱屈。那位开发商呢,也值得同情。那么,板子该打在谁的屁股上? 我想市有关部门恐怕难辞其咎:当初同意开发商建房时为什么不考虑相关的法律? 谁都没有法外特权。一级政府,恐怕也不该例外吧!

这就给我们又设置了一"关":如果由于政策的缘故,使群众蒙受了损失,该怎么办呢?

绍兴的做法,很值得称道。对"禁摩"后造成的损失进行补偿,这是"以民为本"思想的反映,体现了对公民财产权的尊重,折射出的是干部作风的转变和施政水平的提高。

可惜的是,还有不少地方,过不了这道"补偿关"。尽管近些年,我们不断强调干部要转变思想观念增强服务意识,但是高高在上的官本位意识在不少同志头脑中还根深蒂固。有这样一个段子:"工作就是开会,研究就是喝醉",最要命的是后面抖的那个包袱"领导说的都对"。在这种观念下,又衍生出这样一种施政指导思想——"只要政府做出的决策,你就必须无条件执行。"于是,老百姓破财也就只好破财了。

如果在执政的层次上还没有提高到对人的关爱,还没有扩及到对弱者的包容,我们的执政水平就急需提高。

即使政策出台的各个层面都无懈可击,执行过程中还要讲究艺术,不能忽视了政策的"公开透明关":政策的有关程序,应该让群众知道,涉及到群众利益的,应该让群众参与。只有让群众充分了解了政策,才会调动大家的积极性,工作才会减少阻力。绍兴和南宁在"禁摩"过程中采取的不同做法及出现的不同结果,不是正生动地说明了这一点嘛!

除了上面提到的四个"关",制定政策时还必须过好"前瞻关"。如果政策的出台永远是在群众提出要求之后,这个政策推行起来难免是吃力又不讨好的,因为他一切的努力都显得被动、勉强。

"举一隅而以三隅反",立马"关"下,认真反思。这样,庶几可以少做劳民伤财的蠢事!

(2002.08.30)

61.增效就必须减员吗?

　　小翠是我童年时的邻居,和我同岁。这是个规规矩矩的女孩子! 高中毕业没考上大学,招工到了市里的一家纺织厂。在厂里她工作勤奋,年年都是先进。岂料去年厂里裁人,年龄超过 35 岁的女工一律下岗。35 岁的她也未能幸免。

　　35 岁,正是"发光发热"的最佳年龄啊!

　　她的家境很不好,丈夫罹难于车祸,婆婆偏瘫,公公患有精神病,孩子才上小学。一家 5 口生活的担子全落在了她一人肩上。没了工作,她靠到附近一家水泥厂扛大包为生。今年春上,一次卸水泥时,瘦小的她从踏板上掉了下来,恰巧一辆汽车经过,她的双腿被齐齐轧断。听同学讲,她被抢救过来时说的第一句话是:"能不能给我一份工作?"令人闻之辛酸!

　　随着企业技术进步和资本有机构成的提高,无论是国营企业还是乡镇企业,吸纳劳动力的能力都在下降。对我们这样一个人口大国来说,没有什么比解决就业更重要的了。但是,对就业重要性的认识,不少同志还很淡漠。

　　十多年前,我在苏南一座城市工作。单位大门正对着一个集贸市场。这个市场紧傍大运河,在苏南颇有些名气。市场的石坊门上刻有这样一副对联:"白日千帆过,夜里万盏灯。"足可见其繁盛。记得当地报纸曾登过一篇有关这个市场的调查报告,摊位有 1000 多个。不久前一位昔日的同事来京,谈起旧事,他告诉我,那个市场被拆了,在原地建了一个现代化的广场。同事还说,由于当初对拆迁户的就业问题考虑不周,几年过去了还有不少群众经常上访……

　　"民以食为天,食以计为源。"生计无着,任谁都会着急!

　　这些年在采访中，经常听企业领导这样讲：我们减去了多少多少职工。

　　对此，我很疑惑！长期以来，人浮于事，成为不少企业的通病，也导致企业效益低下。像这类企业，要扭亏增盈，进行适当的人员分流是必要的。但是，分流，不是简单的下岗，企业领导要充分考虑到人员分流后的生计问题。再说，增效就必须减员吗？如果经济总量没有大的提高，减人后尽管人均利税上去了，又有什么意义？

　　如果你的家里有了下岗职工，如果你为了老人的就医、孩子的学费绞尽脑汁，甚或为了下顿饭的菜蔬也要发愁时，你会体会到"下岗"两字的分量！

　　人的能力有差异，但工作的权利却是平等的。只要他或她在岗位上竭尽全力，我们就应该赋予他们这个权利。一枝一叶总关情呀！

　　写到这里，我想起了这样一则报道：去年4月，美国卡罗来纳州一条街道被命名为"海尔路"，海尔集团首席执行官张瑞敏在当地受到了元首般的接待，原因是海尔集团在这里开办的一家工厂为该市提供了500个就业岗位。

　　经济学家指出，就我们目前的现状，提供一个正规的全日制就业岗位，需投资1万元。那么你投资上千万建了广场，就等于少安置了1000人的就业。不是说城市不需要美容，而是说当你大兴土木时，要量力而行，多考虑考虑民生，多考虑考虑就业岗位。如果要了市容而去了繁荣，城市越来越漂亮，而下岗职工也越来越多，作为市长你能心安理得？

　　有专家建议，在今后干部的考核中，加进"安排了多少就业岗位"一项。我认为此议甚善。不独如此，整个社会都应该形成人人为就业作贡献的氛围。无论谁只要他为就业作出了贡献，他就是我们这个时代的英雄！

（2002.06.08）

62.长沙听歌

几年前到长沙出差,期间有同学来访,强烈推荐我去歌厅听歌。

说实在的,对这项倡议,我兴趣不大:电视上,歌舞晚会比比皆是。就是规模宏大的现场演出,在京城也看过不少。地方上的歌厅,能整出什么名堂?!

不过,那晚我确实开了眼!真难以想象,一家装潢并不考究的歌厅竟然汇聚了不少内地和港台颇有人气的"腕儿们"!

这还在其次,给我感受最深的是演员演出时的投入和对观众的尊重。

那晚,我坐在前排。轮到双簧表演,起初,道白用的是当地的土话。看到我们几个陌生面孔,那位曾在春节联欢晚会上屡屡露面的老者走向我们,和蔼地说:"几位是外地的吧?我用普通话把剧情再介绍一番。"这一举动,让我们如沐春风。

记得最后出场的是一位著名女歌星。报上曾报道她如何耍大牌,然而那一晚,怪了,她唱得非常投入。在观众热烈的掌声中,她唱了一曲又一曲,最后嗓子都有些哑了。因为离得近,可以看到她头上布满密密的汗珠。

为什么会有这么多腕儿们汇聚长沙,又是什么原因使他们如此尊重观众?

和朋友探讨,他分析说,可能与这里歌厅的运转机制有关:长沙歌厅近百家,竞争激烈。你慢待观众,票房低,老板下次就不会请你。而你如果有观众缘,歌厅争相抢你,一晚上下来,收入自然不菲。如此,演员能不使尽浑身解数?

深层次探讨一下,长沙歌厅火爆,主要是经营者摆正了文化与经济之间的关系。毋庸讳言,开歌厅无不是为了赚钱。但赚钱的前提是你先要把"歌文化"这一内涵做足——观众只有欣赏到了高品位的演出,才愿意掏腰包,你的歌厅也才能开下去。据同学说,到歌厅听歌,成了长沙人经常性的娱乐活动。尤其到周末,许多家庭举家前往。去年,长沙人均文化消费达1049元,就是明证。

现在,不少地方提出"文化搭台,经贸唱戏",纷纷举办这个节那个节。初衷,无疑是值得肯定的:通过发挥本地的文化优势,达到振兴经济的目的。但不可否认,确有些地方,把文化和经贸之间的关系弄拧了,没有把精力放在如何增加节的文化内涵上,一心只想着签合同引项目。结果呢,合同和项目没搞到多少,节也越办越稀松,有的甚至办不下去了! 事实一再告诉我们:如果文化撑不起台面,经贸要想唱出好戏,只能是一句空话。旅游经济时下成为热门话题,其实,发展旅游经济也是如此,如果不致力挖掘景点的文化内涵,而只顾收门票,或是变着法儿搂钱,那么,也许你会兴旺一时,最终难免人去景空。

(2002.01.15)

63.做一滴纯净的"小雨滴"

媒体爆出的这些新闻,估计大家也都曾留意过:

9月29日,一辆载棉花的半挂货车突然起火,火势虽未造成人员伤亡,却引来当地30余名村民不顾熊熊大火争抢棉花。

11月13日晚,一辆从宜昌城区开往兴山的运鱼车与一辆小汽车相撞,运鱼车上7000多斤鲜鱼撒满道路,当地一些村民趁着忙乱哄抢鲜鱼。

11月15日中午,在兰州机场高速茅茨互通立交上,一辆运橘车失控发生侧翻,柑橘散落一地,路过行人边抢边吃……

就媒体公布的视频或图片看,这些哄抢者,大都是些普通老百姓,有的甚至是衣衫破旧、满脸风霜的老妈妈。如果换成另外的语境,你可能还会用纯朴、善良、勤劳之类的词去形容他们。

平常时刻,你让一个老妈妈去拿不属于自己的东西,她肯定会臭骂你一顿。那么,这又是怎么了?

一个村民和现场采访记者的对话,说出了缘由:"大家都在抢。"是啊,从众,让人的行为走样。

其实,生活中,这样的例子还少吗? 排队上车,本来秩序井然,有几个人挤了,许多人都会一拥而上;我的办公室紧邻杭州最繁忙的环城西路,窗下就是条斑马线。我仔细留心过:红灯还在闪烁,只要有人带头穿行,原本站着的人几乎都会跟着前行;西湖风波亭前的草坪播下了新绿,旁边竖着一个"茵茵绿草,踏之何忍"的牌子。一个月前到西湖边晨练,发现嫩草中间不知谁为了抄近路踏出了第一行脚印。今天再去,发现那行脚印已变成了明晃晃一条小路!

……

慎独、慎微、慎初，一直是中华民族倡导的美德。"君子戒慎乎其所不睹，恐惧乎其所不闻。莫见乎隐，莫显乎微，故君子慎其独也。"的确，修身养性，贵在人前人后一个样，大事小事一个样，开始结束一个样。但是，只是这样，恐怕还不够。

生活中，慎独、慎微、慎初容易做到，最难做到的是"慎众"。

作为单个的人，个人的修为，可能无可挑剔。让自己单独去做某件事时，一定中规中矩。但有时候，在大众脚步的裹挟下，往往会迷失自我。这中间，除了"法不治众"观念作祟，更重要的是良知的缺失。由于良知的缺失，造成善恶观的含混。由此，导致行为失范。西方有句谚语："没有一滴雨会认为自己造成了洪灾。"

这就不难解释，为什么"文化大革命"时，有那么多原本善良的人会疯狂介入？为什么"大跃进"时，有那么多稼穑了一辈子的庄稼老把式跟着亩产放"卫星"？为什么明明知道贪污腐败不对，却有那么多干部"落马"？

怎样才能做到"慎众"？永存善念，不与世俯仰，不被大众所裹挟，始终保持人格的独立。也就是说，无论什么时候，始终做一滴纯净的"小雨滴"。我认识的一位受人尊敬的长者曾这样说话："哪怕全世界都是坏人，我也要力争做个好人。"

明天再过斑马线，红灯亮着时，我会坚决地等候。哪怕周围的人匆匆走过。那么，你呢？

（2013.12.10）

64.走出溺爱的漩涡

最近,我生活的杭州,发生了这样两则让人哭笑不得的新闻:

一则是:余杭区临平有一位大妈,看儿子每天早上总为了找车位而发愁,心疼不已。于是,每天早上赶在儿子出门前,骑车到儿子上班处,顶着烈日,肩披湿毛巾替儿子找车位。据这位大妈说,为了帮儿子占车位,每天得提早1个小时出门。

另一则:某小区有个老太下午到菜市场买了一斤虾,回家后没多久,就回来找店主退货,店主问为什么退,老太说少了一两。店主觉得很冤枉,就打110找来民警评理。民警把这些虾拿到其他店里称重,全都显示500克,一毫也不差。后来老太太给民警讲了实话,今天女儿原本要回家吃饭的,所以特地买鱼买虾。可是刚才女儿突然来电话,说今天不来了……老人舍不得吃呀!

看了这两则新闻,您心情如何?我是堵得慌。

更令我心情沉重的是自己随后做的一个调查:逐个打电话询问那些做了父母亲的朋友们,“你会那样做吗?”

得到的回答竟如出一辙:会!而且,大多数人的口气斩钉截铁。

做父母的疼爱孩子,本无可厚非。可这么个疼法,合适吗?孩子呱呱坠地,是一张白纸。怎样去描绘这张“最新最美的图画”,父母应该是第一责任人。如果你给他(或她)灌输的是艰苦奋斗,我想,孩子长大了一定吃苦耐劳。相反,如果你事事都替他做了,把他像温室的花一样供着,会怎么样呢?“坑爹”现象层出不穷,应该说那些当父母的有一定的责任!

我的居室紧邻着杭州的交通要道环城西路。黉夜,经常有“飙车族”呼啸而过,排气管发出的声音震耳欲聋,每每愣是把人从睡梦中揪起来。当我无奈地披衣坐在床头时就纳闷:做父母的给孩子买这种豪车,究竟是基于什么样的考虑?!扰人不说,自己的孩子安全吗?这种跑车,少则几十万、多则上百万元。凭这些半大孩子个人的经济实力,显然买不起。

前些日子风靡网络的那封致女士的信写道:"在我儿子未满 18 岁前,我不会给他买车,不会让他开车上路违章几十次还找人帮他摆平,更会以身作则地告诉他不能酒后驾车。"是啊,在教育孩子方面,做父母的除了给孩子足够的爱之外,恐怕还得教他们一份起码的社会责任。"自古雄才多磨难,从来纨绔少伟男。"你想让孩子成龙成凤,不让他经点风雨、受点磨砺成吗?一味骄纵子女,结果培养出了个危害社会的孩子,这事往深里说,是你对社会的不负责任。

身为人子,任由含辛茹苦的父母为我们这么做,应该感到羞愧。如果安之若素,那就更是可耻了!人的意志品质,也是靠一点一滴培养起来的。不是有这么一句歌词嘛:"不经历风雨,怎么见彩虹?没有人能随随便便成功。"年轻人,如果你想此生有所作为,那就请自觉走出溺爱的漩涡吧!

(2013.09.24)

65.善良的心是最好的法律

　　单位新分来了一个姓郭的员工——这是个平时不爱言语、连和陌生人说话都会脸红的大男孩。从来没见他有过什么豪言壮语,表现得甚至有几分木讷。

　　没承想,就是他,做了件让我们大家都很意外的大事:

　　先是单位接到了一封浙江淳安县一所偏僻山区小学寄来的感谢信,说,有人匿名给学校寄了两台电风扇。学校之所以把感谢信寄到了我们这里,是因为不久前单位几个记者刚到该校采访过"留守儿童"。

　　经过一番艰苦的调查,最后才锁定了小郭。让他解释动因,小郭的话很朴实:去村里采访时看到,孩子们那间简陋的教室里,没有空调,甚至连电风扇都没有,窗户洞开着,吹进来的是一股股热风。在教室里没呆多久,他的衣服就被汗水浸透了……回到杭州,躺在有空调的房间还觉得热,他就在想,那些孩子们又该怎样度夏? 于是,便决定给孩子们买电扇。

　　小郭接下来的解释,更让人动容:本想买吊扇,风扇得均匀些。可吊扇安装起来很麻烦,村里有没有电工? 最后才决定买两台立扇,教室前后各放一台,两个对角吹,效果一定不会差……

　　一个 20 出头的孩子能考虑得这样周到,真是可贵! 生活中,我们经常会碰到另外一种年轻人,在万般呵护中长大的他(或她),处处以自我为中心,把个人的利益看得高于一切,似乎别人为他做什么都是应该的,从来没有设身处地为他人着想。工作上,动辄挑肥拣瘦,急难险重的活拼命往后缩,做任何事都要先谈条件、讲代价。

　　所以如此,与我们的教育方式分不开:不少的学校和家长,只重视了孩子的身体健康和技能的培养,往往忽视了爱心、善心的激发。

一个没有爱心、善心的人,能去热心公益? 能对国家、集体负责?

我上小学时,正值"文革"。班上有一个姓张的同学,父亲是本地赫赫有名的造反派头头。"老子英雄儿好汉",一定是受其父亲影响,小小的他便以"狠"著称。门卫刘师傅养了只波斯猫,全家人心肝宝贝般侍弄。可小张,经常揪住猫的脖颈往学校门口的水池子里摁。我就不止一次目睹了这种惨况:那只可怜的小猫的头被摁进水里,四爪惊恐无望地狂扒着,嘴里发出"喵喵"的惨叫。小张那张稚气的脸上写满了笑意。还有一次,课间时一只麻雀飞进了教室,惊慌失措的小家伙朝着玻璃撞去,几下之后,便晕头转向瘫软在了地上。小张上前抓住了麻雀,英雄般跳上课桌,开始一根一根拔麻雀翅膀上的羽毛。女同学发出惊恐的叫声。小张更得意,拿起一枚大头针朝鸟的眼睛扎去……

这种暴戾的性格恣意发展下去,可以想象会带来什么样的结果:1983 年"严打",小张因为和人口角时把对方从 3 楼的窗子里摞了下去,被正法了。

法律界有句名言:"善良的心是最好的法律。"而善良的心,需要我们去激发、去培养。作为家长,应该把爱从小就植入孩子的心田。如果你的孩子践踏了草坪,在幼儿园里砸了玻璃,你却呵着护着,长大了他能去自觉遵守公共秩序? 作为老师,如果你只考虑升学率,张三在班上今天打了李四、明天又揍了王五,你却睁只眼闭只眼,他长大后能与人和睦相处? 一定不会!

(2013.11.12)

66.针线·刀子·无花果

采访新疆维吾尔自治区主席司马义·铁力瓦尔地代表,谈到新疆的发展变化,他讲了身边发生的几件小事:

过去,维吾尔族男女身上必备两件"宝":不少妇女的上衣左口袋里都装着针线,男子腰上挎着刀。口袋里装针线,是因为当时生活都很困难,作为家庭主妇,得随时拿出针线缝缝补补。而男子腰上挎刀,主要是因为当时饮食单调,餐桌上只有馕和羊肉。切馕离不了刀子,吃羊肉更需用刀子。

近些年,随着人们生活水平的不断提高,这两件"宝"已悄然退出了历史舞台。至于饮食,变化就更大了,随着种植业结构的调整,餐桌上越来越丰富。饮食结构变了,刀子的用途越来越少,舍弃刀子也就成为必然了。

这些年,有些东西在消失,有些东西却越来越多、越来越好。比如,离喀什市区15公里左右的一个村子,以生产优质无花果著称。无花果很娇气,从树上摘下来,存放半天就会变质。六七十年代,从村子到喀什,是一条坑坑洼洼的"搓板路",交通工具也只有毛驴车,乡亲们到喀什卖无花果,常常是走不到集市果子就变质了。而现在,柏油马路修到家门口,家家都有了自行车,有不少家庭还有了摩托车、汽车,无花果也终于从"窝心果"变成了"摇钱树"。

司马义·铁力瓦尔地说,身边的这些变化,增强了党和政府的凝聚力,增强了广大维吾尔族群众对我们国家发展的自豪感,群众连声称赞:"这些年的变化太大了。"

司马义·铁力瓦尔地的这番谈话,让我们对发展是党执政兴国的第一要务的理解更加深刻。确实,只有加快发展,人民生活水平不断提高,中华民族才能更团结,更兴旺,我们的社会才能更稳定!

（2004.03.12）

编余杂识

笔者曾长期做版面编辑,配合刊发的新闻写了大量短评。

　　这些短评大都很短:除了个别篇什,一般都在三五百字之内。

　　这些短评大都很快:因为配合当日新闻刊登,需要立即上版、付印,多是一挥而就。

　　正是因为这些短评时效性、针对性很强,延展、深化了新闻意蕴,从而得到了很多读者的肯定。

1.市场不活谁倒霉

编完这篇稿子,心情非常沉重!

换位思考一番,假如你是农民,辛辛苦苦忙活了一季,结果瓜烂在了地里,来年你还会再种吗?假如你是车主,没日没夜奔波了几千公里,结果两辆车愣是赔了两千多元,你还会再去运瓜吗?

若是我,肯定不会了!

回头想一想,如果农民不去生产,物产会丰富吗?不会!如果流通渠道不畅,市场会繁荣吗?不会!年龄在 30 岁以上的人,不会没有这种记忆:幼小的时候,若你是内地人,要吃生猛海鲜,决不是件容易的事!同样,家居广东,想不时品尝烟台的苹果秦岭的猕猴桃,也是奢望!

而今,这一切,都很平常了!原因就是我们不懈地抓市场建设,不懈地促流通开放。

市场经济要求的是市场无阻隔,货物畅其流,竞争公平有序。执法部门呢,理应是保证渠道通畅的守护神!而文中运瓜车的遭遇,却让我们实实在在看到了什么是关卡林立,什么叫雁过拔毛。如果执法也像踢足球一样分主场和客场,本地车和外地车内外有别,甚至把罚款作为终极目的,这就与执法的本意南辕北辙了。

表面上看,是瓜农和跑运输的受了损失,受益的是当地的一些部门,但你想一想,这里面有一个赢家吗?没有!渠道堵了,市场也就活不起来,市场不活,你还想吃生猛海鲜吗?你还想吃苹果和猕猴桃吗?

(2001.08.27)

2.该明白的不只是海南

这场"遭遇战"偏偏让海南人撞上了。单从这个角度讲,海南人是不幸的!但同时,坏事可能变成好事,只要善于总结,海南人交了学费,也能买个"明白"。

造成香蕉卖不出去,海南的有关部门不能说没有一点责任。其实,国际市场上香蕉价格走低,价格可能出现异常波动,在年初已露端倪。作为政府部门,早该洞悉市场风云,及时把信息传达给蕉农。可我们呢,没有做到。个别地方甚至强行扩大香蕉种植面积。

吃一堑,长一智。现在全省上下深刻反省失误和教训,并以此事为契机切实转变政府职能:由过去埋头抓生产,变为全力搞服务。就这一点而论,政府这个学费交得值。

企业和农民呢,由过去的分散经营、压价竞争,到现在的抓品牌、抓质量、主动结成联盟。看来,他们的学费,也交得值。

这些年农产品"烂市"事件频频,发生地点不只限于海南。因此,海南香蕉事件该吸取教训的,也不应该只是海南。如果说以前大家面对的市场风云只是国内,今后面对的将是整个世界。这是一个新的课题。因此对照海南香蕉事件,巡巡"堤防",查一查"险工险段",对任何地方来说,恐怕都很必要。

(2001.09.03)

3.应成为制度

干部脱离群众,在一些地方,已成顽症。就在两个月前,我曾收到这样一封通讯员来稿《乡长助农割麦忙》,说山东临沂某乡乡长"三夏"时节深入田间地头为民解忧。

怪了,作为一个基层干部,解决农民生产中遇到的问题不是分内的事嘛!可这样一件平常事偏偏成了"新闻"!

干部终日浮在上面,或是沉溺于摆花架子,做表面文章,群众自然不会答应。一些地方,干群关系紧张,工作越来越难做,可以说与此不无关系。

常言说得好:"下海上山问渔樵,欲知民意搞民调。"只有深入下去,摸清群众的所思所想,工作才能有的放矢,也才能出成效。朔州的做法就很能说明问题,你瞧,干部一沉下去,干群关系立马融洽了,许多老大难问题也迎刃而解。

不过,编完这篇稿子,我在为朔州做法叫好的同时,也有些担忧:"炕头工作队"是一种长期行为呢还是权宜之计?会不会活动过后一切又恢复原样?

但愿它能成为一种制度坚持下去!

（2001.10.15）

4.给些"免疫力"

地方保护,实际上是饮鸩止渴!

蜀主刘禅被后人讥为"扶不起的阿斗",史家论其"扶不起"的原因时认为他"幽闭宫闱,不识盈虚之数",以故"心力黯淡"。

同样,地方产品也是如此,如果你的产品不经过市场风雨洗礼,只在本地打转转,能不变得娇弱不堪? 这样的产品,一旦投入大的市场格局中去竞争,走不了几个回合定会被斩于马下。

眼下,国际经济趋于全球化,偏安"西蜀"的环境已经不复存在了。

作为地方政府,正确的方法是拆除藩篱,营造一个开放、公平的竞争环境,让你的产品去市场中摸爬滚打。只有如此,才能增强"免疫力"。

南京,外地电动自行车终于可以上牌照了。此举,无疑会为南京电动车的发展注入活力。我们为南京的做法叫好!

认识分割市场的危害,纠正地方保护行为,是适应市场开放的明智之举。早主动、早受益。如果坚持错误行为,到头来只能是自己吃苦头。

(2002.04.22)

5.给"爱迪生"们搭个平台

"农民爱迪生"覃上峻的遭遇让人既同情又惋惜。

科技水平低,导致我国农业生产力远远落后于发达国家。可以说,迅速提高科技水平,是我们应对未来农业竞争的重要一环。而提高科技水平,离不开像覃上峻这样的"农民爱迪生"。这些来自第一线的发明家,其发明成果,更能贴近农村实际。

拿喷雾器来说,作为跑农口的记者,我经常收到这样的读者来信:或者抱怨市场上的喷雾器质量太差动辄漏水,或者说机子死沉女孩背不动。你瞧:覃上峻发明的机子不是正好解决了这些问题吗?

一方面是有专利无法转化,一方面有需求却找不到卖主。那么,能不能搭建一个买卖双方对接的平台? 我有个设想:现在不是有各种各样的招商会、洽谈会吗,能不能将会的内容拓展一番,把"农业专利转让"也列入其中? 让"农民爱迪生"和商家广泛接触。我想,这样的效果,肯定比"爱迪生"们自己拎着专利到处找买主强得多!

（2002.04.29）

6.自觉接受监督,如何?

　　"监督"一词,近年在传媒中出现的频率越来越高。将我们的各项工作置于社会监督之下,对促进事业的发展大有裨益。监督,有利于提高效率;监督,有利于除恶扬善净化社会风气……

　　不过,在生活中,也常有这样的情况,有些地方(或是办某些事情时),尽管监督喊得山响,然收效甚微。譬如,刹吃喝风,从八十年代末喊到现在,有些干部不还是照吃照喝不误吗?再如农民负担问题,中央三令五申不准乱摊派、乱收费,可加重农民负担的行为依然屡禁不绝!监督,字典的解释是:"察看并督促。"看来要使监督真正发挥作用,有"察"还必须有"督"。"督"就是采取措施,使"察"出的问题得以解决。现在,监督在某些地方失效,盖因有"察"无"督"所致。

　　要使"察"和"督"有机结合,除了建立起完善的监督机制外,作为监督对象还应该有主动接受监督的精神。毋庸讳言,就效果看,主动接受监督自然好于被动接受监督。但要做到主动接受监督,却并不是件容易的事。首先,被监督者自身要坐得端、行得正。普通基层干部常建富敢设廉政监督奖,大路口乡的干部敢把"七不准"印在名片上,我想,都基于这种前提。假如常建富把集体提留揣进了腰包,假如大路口乡的干部经常到基层吃、拿、卡、要……这些做法藏着掖着都怕别人发现,还敢主动接受监督吗?

　　如果你自认为是个廉洁的干部,那么你也定出几条廉政措施交群众监督,如何?

(2001.06.20)

7.谁也离不开谁

当农民工赵玉珍拎着大包小包回家过年时，她的心情是激动的。"不出来，一家人都穷。出来了，只要不懒，都不会太差。"她的这段独白，代表了大部分外出务工者的心声！

不过，并非所有的农民工回家时都迈着轻快的步履！你瞧，那位交了300元被"遣送"回家的表弟，他的眼角能没有泪痕？

农民工和城市，谁也离不开谁。不要等到院里的垃圾没人清理了，才想到了农民工；不要等到下水道不通了，才忆起了他们的背影。生活一再告诉我们：如果城市张开双臂欢迎农民工，结果是双赢；相反，到处设卡，变相收费，则两败俱伤。

严冬已经过去，转眼就是春天。歇歇脚，民工又要外出打工了。你想让城里的生活更便捷吗？你想让民工外出的步履更轻快吗？那么就请对照《关于全面清理整顿外出或外来务工人员收费的通知》，认真检查一下自己的工作吧！

（2002.02.11）

8.“深闺之女”嫁出去

一提“外向工程”或“三资”企业，人们多是这样认为：那是工业的事儿，与农业无关。

的确，在经济生活中我们看到：无论是沿海还是内地，林林总总的“外向工程”大都冠以“工”字，属“农”的确实不多。是不是农业发展“外向工程”或兴办“三资”企业，就没有潜力呢？

事实并非如此！我们常常听到“种田不合算，比较效益太低”之类的话。是的，仅靠地里刨食，单产提不高，发不了家；单靠卖原料，不搞深加工，也致不了富。欲致富，就必须提高原料的附加值，就必须把农业所具有的优势全发挥出来。实践表明：实行“外向工程”是提高农业附加值、摆脱种田比较效益低的好办法，是农民、农村致富的重要途径。江苏省常州市近几年依托当地的自然资源，大规模地为农业招商引资，先后办起了 85 家农业“三资”企业，结果，山还是那片山，水还是那方水，门一敞开，活水顿来——效益增了几倍，甚至几十倍。

我国地域辽阔，地形地貌复杂，人文景观丰富多采，农业直接参与国际市场竞争具有独特的优势：风景如画、地貌奇异的山川原隰，可以发展观光旅游农业；成本相对低廉、品种独一无二的农副产品，深加工后在国际市场上有很强的竞争力。然而，由于资金、技术所限，这些优势难以发挥。这就需要我们敞开农门，大力发展外向农业，取他人之长，补自己之短，或将“深闺之女”大胆“嫁”出去。

现在，强调增加农业投入，敞开农门招商引资，大力发展外向农业，实际上就等于增加了投入。这个重要的领域，应当引起我们的足够重视。

（1995.03.17）

9.农民参与考核,好

　　编完这篇稿子,对大兴镇的做法忍不住地叫好!

　　基层干部忙,大家都知道。可有些人,天天忙些什么呢? 其一,接待应酬忙。上级调查研究的、巡视检查的、布置工作的……哪个来了都不敢怠慢。东瞧瞧,西转转,就该吃午饭了。"酒不喝长不够气氛,人不喝醉不够感情。"一顿宴席下来,半个下午又没了。

　　其次,繁杂琐事忙。一年到头在春耕夏耘、秋收冬藏、计划生育、植树造林、环境保护、防病治虫、治安税收等数十项"中心工作"中打转转。忙出了什么效果? 有人总结得好:"忙忙碌碌无头绪,兢兢业业无业绩。"

　　确实,这种工作方法的最大弊端就是:职责不明。"眉毛胡子一把抓",表面看似乎什么都干了,实际上什么事都没干好。

　　大兴镇农民考核干部的做法,一举解决了这些弊端:让干部和群众签订合同,标明干部的服务范围、所要达到的目标等。这样,干部便从繁琐的事务中挣脱出来,可以集中精力一心一意奔自己的目标。职责一明确,等于量化了干部的工作,使干部的工作看得见、摸得着,干部也就有了压力,当"太平官"、混日子不行了——记事本在农民手里,"服务好不好,记事本上见分晓",逼着你去谋事业,求发展。

　　市场经济为农民致富提供了广阔的空间,但是瞬息万变的市场也令初涉市场的农民眼花缭乱步履蹒跚,这就需要我们的干部去服务保驾。

　　干部的服务保驾体现在哪里? 不是无休无止的应酬接待,也不是绵绵无穷期的会议,它应体现在与农民生产经营休戚相关的事务中。

(1995.03.24)

10.干部首先要端正认识

　　暂停审批一切新的收费项目,禁止一切加重农民负担的达标升级活动,这在国务院颁布的约法三章中有明确规定。可从今天刊出的群众来信看,达标升级活动并未绝迹,新的收费项目仍在出台。

　　为何三令五申,政策就是落不到实处? 本报开出《农民负担:沉重的话题》栏目不久,一封署名"基层干部"的读者来信中抱怨:"不让集资,不让收费,还让不让基层干部做事?"听其话音,要做点事,必须加重农民负担。无独有偶,日前某省召开地、市委书记会议,有一位干部提出"三提五统"百分之五的比例太小,"两工"三十个根本不够用,要求加大。这一倡议竟得到了好几位书记的赞同。

　　干部想做点事,心情可以理解。但必须量力而行。那位发出倡议的干部的辖区,大部分群众温饱尚未解决,有些村群众还把"吃白馍"作为奢望。如此情况,还要"加大"提留,农民负担不重才怪! 可见,农民负担减不下去,与一些领导干部认识上存在偏差不无关系。

　　其实,减轻农民负担与发展经济并不对立:农民兜里有了钱,自我积累自我发展的能力才能增强,农业的基础才能夯实,经济也才能发展起来。认识决定着行动。当前治理农民负担反弹,干部首先要端正认识。

(1996.06.21)

11.正视问题才能解决问题

　　反映农民负担过重的几组读者来信刊出后,在社会上引起了广泛关注,一些地方认真对照自己的工作找差距、抓整改。新县的做法尤其值得称道:对存在的问题,他们不仅不回避、不搪塞,该清退的清退,该处理的处理,而且能举一反三,以戒今后。

　　俗话说:"捂着疮疤肿难消。"藏着掖着,只能使问题越聚越多,矛盾更加激化。只有正视问题才能解决问题。据悉,新县采取整改措施后,负担反弹问题已经开始得到控制,群众也是基本满意的。该县一位农民朋友日前给编辑来信说:"现在,我们这儿'减负'的动作很大,该退的都退了,对有的干部还作了处理。这下,我们气儿顺了。"

　　不过,群众在为新县的做法叫好的同时,也会对某些地方的无动于衷的态度发出诘问:难道就这样算了?

　　实事求是地讲,农民负担存在问题的地方远不止本报披露的几家。报纸的批评或表扬,是为了给大家提供镜子,如果各地都能像新县那样从报纸的批评或表扬中发现自己的问题,并且举一反三,何愁负担降不下来?

（1996.07.29）

12.经常回头看看

　　一日三省,是古代士人修身养性的准则。不错,多回头反观一下自己的言行,可以明察得失,从而校正自己前进的航线。现今,在农民负担问题上,经常回头看看,也不无裨益。长沙、莒南等地的做法,就是一个证明。

　　实事求是地说,一些地方农民负担屡屡出现反弹,并非全是干部刻意为之。与这里的干部没有经常回头审视自己的工作有一定关系。年初,笔者随国务院农民负担检查组在基层检查工作时,一个查出"有问题"的县的领导说得实在:"一直认为自己是在为群众办实事,而没有考虑到群众是否能承受得起。其实,一些加重农民负担的做法,当初如果能多回头看看,是可以避免的。"

　　确实,回头看,时时检查一下工作,利于发现问题,纠正问题。如果我们的干部都能经常回头检查一下自己的工作,我们就能在办实事与量力而行、出政绩与实事求是之间掌握一个合适的度,工作也就能抓出成效。

（1996.10.21）

13.学会给信息"体检"

"为什么别人靠信息挣了钱,而我们却砸了呢?"这个问题提得好！说出了相当一部分农民兄弟面对市场时的疑惑。

"要想有钱花,信息大把抓"。"要想发家致富,必须信息引路"。随着市场经济的发育,农民对信息越来越重视。信息可以致富,已经成为许多农民的共识。但是,并不是任何信息都可以致富。信息也有正确谬误之别。所以,面对纷至沓来的信息,农民兄弟必须设法提高去伪存真、去粗存精的能力。就来信中提及的鹧鸪鸟来看,也许它的营养价值正如专家所言,是改变肉类结构的最佳选择,但是我们在养鹧鸪鸟以前,还应该考虑,它的这种价值是否已被社会所认识,它的市场潜力究竟有多大……如果得到一条信息,不管正确与否,一股脑儿采用,势必事与愿违。这方面的例子不胜枚举。

由于所学知识及所处环境的限制,农民获取信息的渠道比较少,分辨信息的能力也相对较差。有些信息到了农民那里,已经过时,有些甚至有误。针对这种情况,就应该充分发挥我们的政府职能,给农民提供一些必要的指导和信息服务,使他们尽可能减少盲目性。

迅速致富,恐怕是每个人的共同愿望。但我们也应该明白:巨利必有巨险相随。现在,有些农民在采纳信息时,只注意那些可带来丰厚利润的信息,往往忽视了微利信息。大部分的农民,自我积累、自我发展的能力仍很薄弱,这样,一旦遇险,后果严重。事实上,微利信息、微利产业同样可以致富。司马迁在《货殖列传》中曾举过这样的例子:"卖浆,小业也,而张氏千万;洒削,薄技也,而郅氏鼎食。"也就是说,即使像卖浆、磨刀这种不起眼的行当,也是有钱可赚的。2000多年前的这些例子,今天,对我们仍有启发。

(1997.03.07)

14.抓好"加工"这一环

同样是地瓜丰收,东皋和徐山,一个欢喜一个忧!

喜者,是因为将地瓜加工后赚了钱;忧者,是因为产品仍停留在初级阶段,致使2000多吨地瓜干积压。看来,对农产品是否加工,是造成二者分野的关键所在。

农产品的加工程度及商品率低,是我国农业落后于世界发达国家的重要原因之一。专家曾作过这样一个统计:如果我国的农产品加工程度及商品率能达到世界中等发达国家的水平,那么,我国农民人均纯收入将在现有基础上提高三倍。

由于历史的原因,我国的农业在相当长的一段时期,只是为工业提供原材料和初级产品,这从客观上导致了工农业产品的价格"剪刀差",也造成了农民收入增长缓慢。近几年,我国农民收入增长速度加快,很重要的一个原因也正是二、三产业的利润留在农村的份额加大。实践证明,什么地方农产品加工程度及商品率提高得快,什么地方农民迈向小康的步伐也就加快。

此外,国际经验还向我们展示了这样一个原则:在人均国民收入达到中等水平时,食物需求增长率达到极限,此后,随着收入的增长,食物需求增长率开始下降,人们的着眼点开始投向如何改善食物质量上。目前,我国大部分地区业已解决了温饱,改善食物质量将是我们今后努力的方向。就眼下看,去年全国粮食大丰收,如果各地能抓好粮食加工这一环,不仅可有效地解决卖粮难,还可使农民收入迅速迈上一个新台阶。因此,如何抓好农产品加工这一环,是摆在各级政府面前的一个急迫而又重大的课题。

（1997.03.17）

15.都来建设"后备队"

"拼资源投设备,不如建一支'后备队'。"这话说得真好!

迄今,如果说还有人不知道人才的重要性,恐怕不是事实。"知识就是力量,人才就是效益",已开始深入人心。中央对于人才培养,一贯十分重视。从"两个读本"教育到"95干部培训纲要"无不见其殷殷之心。

不过,放眼全国,也确有些地方在人才培养上下功夫不够,或者说是不很重视。何故呢?一位基层干部在同笔者聊天时道出了缘由:"人才培养需长期方能见效,远没有修条路、建个工厂来得直接。我在位上也就几年时间,等到人才的作用发挥出来,我早不在位上了。"说到底,是短期行为作怪。

若论经济实力,虽然近几年偃师市的经济有了长足的发展,但同一些沿海发达地区相比,尚有一定差距。然而,他们却舍得拿出巨资进行人才培训,这种胆识与见识,无疑值得称道。

改革已经进入了攻坚阶段,我们事业能否有一个新的突破,关键要看国民的素质能不能进一步提高。愿我们各级组织都能从偃师的做法中得到启迪,共同为国民素质的提高增砖添瓦。

(1997.05.30)

16.切勿忽视农村自身潜力

相对富余的劳动力,不从有限的土地上转移出去,农民的富裕、农村的现代化就没有指望,这已经成为大家的共识。

问题是这些富余劳力通过什么途径、往哪里转移。一提起"转移",许多人马上会想到乡镇企业,想到大中城市。不错,改革开放以来,乡镇企业和城市中的各行各业的确吸纳了上亿的农村富余劳动力,但是近几年来,由于结构调整和技术进步,乡镇企业吸纳劳动力的速度在放慢,与此同时,大中城市本身的就业压力也在日益加大。

这些情况表明,要加速农村富余劳动力的转移,只盯着城市,只盯着乡镇企业,恐怕远远不够。中国农村富余劳动力的队伍相当庞大,单靠哪条渠道,都不可能消化得了,我们不妨多开辟些新的就业门路。翟镇提供的这条经验表明:在土地之外,农村还有许多事情等人去做,养殖业、加工业以及流通领域中,还有许多发展空间。在多形式、多渠道转移农民的过程中,切勿忽视了农村自身的潜力。

（1997.07.20）

17.创新寿光不衰的秘诀

　　中国种菜的地方很多,单要论名气,恐怕鲜有超过寿光的了。

　　寿光的经验归纳为一条,就是不断创新。

　　这些年,卖难,让不少农民愁眉不展。有人不解:都说要跟着市场走,咱也跟了,可到头来,为啥总是种啥赔啥?

　　仔细号脉,不外乎这样两种原因:

　　一是,依葫芦画瓢,看别人种什么赢利,马上跟着来。等你的产品问世,市场早饱和了;

　　另一种是,一度创出了适销对路的产品,但创新到手,便认为有了一切,没有下功夫开拓市场,想办法扩大经营范围。结果呢,"沉舟侧畔千帆过",眼看着自己先前拥有的市场份额,被瓜分殆尽。

　　市场忌赶、忌追,惟有不断创新,才能立于不败之地。这是一条颠扑不灭的真理。

　　当然,创新不是一拍脑袋就来的。寿光人为我们支了这样一招儿:博采众长,科技助推,创新的花儿才能簇簇绽放。

(2000.08.10)

18.将竞争进行到底

　　竞争可以促使企业转变经营作风。如今说起这一观点,恐怕没有人再有疑义了。你看,邮政 EMS 从几年前价格抬到 80 元都不愿送一封信,到如今的随叫随到,就是又一明证。

　　邮政曾被列为"老大"之一。有这样的变化,确实可喜可贺! 不过,我们在为邮政 EMS 叫好的同时,也为它捏把汗! 同样一个邮件,同一时刻送到,它的要价要比其它小公司高出 3—4 倍,如此,它能在竞争中取胜吗? 恐怕很难!

　　确实,作为邮政 EMS 来说,要价高于同行,也有它的苦衷:要养活 1 万多人的队伍,养护 1 万多辆车……不过,不管你有千万条理由,市场法则就是这样:要想在市场竞争中把握先机,除了优质的服务,还必须有合理的价格。

　　随着市场的发育,无论谁,欲做独门生意是不行的了。放眼将来,邮政面临的形势将越来越严峻! 怎么办? 减员增效也好,开辟经营渠道也罢,反正你得想办法。

　　对于广大消费者来说:我们渴望竞争——渴望将这种竞争进行到底。因为它不单对消费者有好处,而且对企业提高服务意识和管理素质有好处,对国家的长远发展有好处!

（2001.04.30）

19.合理整合生产要素

长期以来,"人多力量大"似乎成了一个信条。事实告诉我们,人多力量未必就大。拿水电建设来说,按照过去的模式,建一个电站就是一个社区:学校、医院、菜市场、电影院、邮局……什么也少不了,副业人员比主业人员还多,那些额外的花费,比花在电站上的钱还多。如此,预算老是超标,工程也变成了"胡子工程"。

可以说,冗员遍布,人浮于事,是我们生产效率低的根本原因,也是我们落后于世界先进国家的关键所在。因此,要想提高我们的生产率,必须将冗员减下来。当然,仅靠减员还不够,必须将生产要素合理整合,让每个员工都发挥出最大的潜能。五凌公司,正是通过变"大业主、小监理"为"小业主、大监理",通过"总价承包"等形式,将生产要素进行了合理的整合,才创出了如此骄人的业绩。

用尽可能少的人,创造出尽可能多的效益,这是社会化大生产的客观要求。无论哪个企业,要想在激烈的市场竞争中立于不败之地,就必须遵循这一原则。我们提倡"五凌"的做法,也渴盼着更多类似"五凌"的企业涌现。

(2001.05.10)

20.把改进服务落到实处

　　广安门邮局"希望和客户好好沟通一下",并表示"征求客户意见,改进服务"。此举,与先前的态度相比,无疑是一个很大的进步。

　　不过,对他们今后能否真正改进服务,人们不免又有些担心！你瞧,说到和宇通公司的关系,该局余副局长坚持"双方合作得很愉快"。读者会问,既然合作得很愉快,宇通公司为什么要舍近求远,另找其它邮局呢？我们知道,宇通公司是在广安门邮局老是丢邮件、反复查询又没有结果的情况下,才另投门庭的。如此,能谈得上合作愉快吗？另外,余副局长特别强调:"我们不会因为媒体批评了,才狠抓一下服务,我们一直都把服务作为永恒的课题来抓的。"读者又会问:既然一直把服务作为永恒的课题,那么,出现前述那些"问题"又该作何解释？

　　只有正视问题才能解决问题。我们热切渴望广安门邮局能对照问题找差距,真正把改进服务落到实处,让用户满意。

（2001.06.04）

21.拿出切实措施来

北京市邮政管理局反复表态要改进服务,不过,听了此次有关负责同志与记者的对话,读者心里还是不踏实。

一方面强调客户有权选择邮局,另一方面又规定邮局不许跨界经营。真是个悖论! 有了不允许跨界这个"紧箍咒","客户有权选择邮局"不是句空话又是什么?

服务行业该怎样对待消费者,大道理不必多讲了,邮局的同志说得很明白:"解决问题的关键在于要搞好服务。"可究竟怎样才能搞好服务呢? 邮局的同志开出的方子是"用市场的原则"。

用市场的原则,就必须允许竞争。如果没有竞争的压力,干好干坏一个样,就很难相信邮局会苦练内功、改进服务!

用市场的原则,就必须给消费者广泛的选择权。如果担心消费者选择邮局会造成"邮车满街乱跑","经营秩序乱了",那么,无论再过多少年,消费者频频丢失邮件、查找又无结果的事儿恐怕还会发生。

管局改进服务的表态,到底有多少诚意? 是不是迫于"形势"呢? 消费者有理由怀疑!

（2001.06.11）

22.“靓女”缘何“丑”装扮

独特的光热条件,使新疆维吾尔自治区瓜果的质量独步天下。然而,“蓬头垢面”,又使新疆的瓜果“靓女被当成了丑女嫁”。来自新疆的这篇调查报告令人唏嘘!

近些年,新疆把发展瓜果业作为结构调整的重点,希望借此带动全疆农民增收。在政府的大力引导下,新疆瓜果种植面积以每年上百万亩的速度激增。截至 2003 年底,全区仅经济林面积就超过 700 万亩。据吐尔尕特检验检疫局统计,从去年 9 月到今年 3 月,该口岸共出口鲜水果 7718 吨,同比增长 139%。

可与巨大的出口空间不相称的是,这些出口的水果尽管品质好,却并没有卖出好价,在国际市场上的价位远低于欧美国家的同类产品。究其原因,与新疆瓜果的“蓬头垢面”很有关系:譬如水果的果型大小不一,果面洁净度差,有裂口伤残,混杂腐烂果、残次果、畸形果等。据检验检疫部门分析,果品质量低下的主要原因是未经严格挑选、仓储条件差以及运输不善等……

解决这些问题复杂吗? 并不复杂。人们不禁要问:费那么大劲儿种出了果子,“靓女”缘何“丑”装扮? 如果不能洗去“垢尘”,即使新疆的瓜果面积不断增加,农民想增收恐怕也只能是一句空话。

(2004.06.21)

23.辩证地看待"卖果难"

去年从苹果上市开始,编辑部不断地收到有关苹果卖难的稿件:苹果多了!烂市了!许多果农愁眉不展,有的甚至开始砍伐果树。

然而,编完这篇稿子,却觉得眼前一亮。面临同样的局面,面对同样的市场,为何莒南的苹果能畅销?来稿讲得很明白:首先,莒南靠质量取胜;其次,莒南人狠抓销售,并把销售目光从国内转向了国外。

传统产品苹果,是在向市场经济转轨过程中发展起来的一种商品,必然要受市场规律的支配。市场法则告诉我们,要想拥有市场,必须在产品质量上占有优势。

这些年,随着苹果种植面积的增加,苹果产量陡增,客观上导致市场竞争愈趋激烈。不过,是不是目前果品产量确实已经供大于求,必须靠砍伐果树来求得平衡?

有关专家认为,我国目前人均占有的苹果量不足世界平均量的1/6。有些地方所以出现卖难,一是果品质量存在问题,二是销售渠道不畅,三是加工滞后。由于我们的国情所致,短期内要想达到世界人均苹果占有量,还有难度。然而国际市场是广阔的。目前我国苹果出口量不足总产量的1%,而新西兰、智利等国的苹果出口量却超过总产量的50%。在国外,苹果除了直接生食外,水果制品消费十分热门:果酱、果脯、果糕、果汁等果产品多达百种以上。美国苹果加工量占总产量的60%,而我们不足0.1%。这样,不仅加剧了卖难,还使我们的苹果丧失了多次增值的机会。

我国拥有世界上少有的优质苹果带。这是大自然赋予我们的宝贵财富。这个宝贵财富,我们目前利用得还远远不够。不适合种苹果,赶浪潮,盲目种,固然不对;适合种苹果,一看苹果烂市,不问青红皂白挥斧伐之,亦不足取。苹果从栽种到盛果期需4—6年。这中间,投入甚巨,一斧头下去,损失可想而知。

因此,各地应针对出现卖果难的具体原因,对症下药,是果品质量问题,就组织果农对果园进行清理,淘汰老化、低劣品种,争创品牌;是销售原因,就努力完善销售网络,保证销售有序进行;是加工滞后,就设法加大加工力度……

"贵———一拥而上——多——砍",这个怪圈曾经让农民吃尽了苦头。辩证地看待问题,是跳出怪圈的法宝。这一点,饱经了市场风风雨雨的农民,感受应该很深。

(2001.06.28)

24.不同之中找差距

只有转移农村剩余劳动力,农民才能真正走向富裕。这个道理,恐怕没有人不懂。不过,从今天刊载的这组稿子看,在转移农村剩余劳动力这一问题上,各地的做法却大相径庭:四川年转移劳动力达1260万。而上中滩和南堡寨呢? 一个,90%的农民在家猫冬;另一个,村民大半年时间无事可干!

如果怪上中滩和南堡寨农民懒惰,那是不公平的!

你想,有些农民,从未出过门,有的甚至连车票都不知怎么买,你让他上广东下海南,他能无顾虑? 再者,即使换了你,如果让你在街头连呆几天找不到活干,你还敢出去吗? 还有,辛辛苦苦干了一年,到头来工钱却被扣得精光,你又会作何感想?

上中滩和南堡寨农民反映的这些问题,带有普遍性! 可以说,正是这些问题的存在,使农民外出的脚步迟滞了。

说到市场经济条件下政府该如何作为,估计现今绝大多数干部都可以答出个子丑寅卯。但在实际工作中,许多地方的做法恐怕并不完全到位。

甩手不管是一种情况! 更有些地方,不是设法为外出打工的农民提供服务,而是千方百计从农民手中捞取好处。笔者曾接到山西一位读者来信,那位署名"劳祥"的农民在信中说:在乡政府办一个务工证要收50元。只要办了证,不管你是不是外出务工,年底都要再收25元助学款。

看来,要想使劳动力转移真正落到实处,农民需要补课,干部该补课的地方也有很多。

从指挥员变成服务员,这是市场经济条件下,干部转变作风的重要内容。其实,具体到转移农村剩余劳动力方面,该政府服务的地方就有很多:设法提高劳动力素质是政府的工作,建立与劳动力输入地的联系是政府的工作,帮助农民解决劳务纠纷,更应该是政府的工作……在这方面,四川为我们提供了可资借鉴的经验。

(1998.08.09)

25.还需补补这一课

不久前,本版刊载了《路畅通为何车难行》一组文章,反映了浙江等地出租车城乡分治的问题。岂料,就在文章发表的次日,北京市邮政部门又爆出一条限制竞争、圈地而治的新闻。

作为邮局,丢失了顾客的信件,承担责任本该是天经地义的事儿。可事实呢,广安门邮局非但不给顾客一个说法,还不许顾客找其它邮局。有这样的道理吗?

近些年,人们不得不叹服竞争的威力! 相当长一段时期,服务行业"脸难看,门难进"成了通病。为此,有关部门没有少下力气! 不过,思想教育也好,行政干预也罢,从根本上解决问题了吗? 没有。可自从引进了竞争机制,在这只"看不见的手"的拨弄下,服务行业的神经被真正触动了,服务质量、经营水平都有了很大的改观。

不过,这起邮件"风波"告诉我们,滋生于计划经济土壤上的垄断思维,要从根本上铲除,还有很长的路要走。有关市场经济的课程,我们还远远没有学好。

广安门邮局首先需要补课。消费者和服务部门是什么关系? 说白了,就是买和卖的关系。服务部门,靠售出服务谋生;消费者,花钱就想买到称心的服务。因此,谁的服务质量好买谁的,这是消费者的权利。而服务部门呢,消费者是你的衣食父母,为消费者提供优质服务,这是义务。随着市场的发育,竞争会日趋激烈,没有顾客花钱购买你的服务,迟早你得关门。市场法则告诉我们:要想生存和发展,没有捷径可走,唯一的办法就是你要比别人服务得更好。

　　西长安街邮局也需要补课。记者采访中感受到:"相比之下,被堵截的邮局反而显得更紧张、更害怕,而堵截方颇有点理直气壮、秉公办事的味道。"其实,西长安街邮局害怕什么? 靠诚信的服务赢得了顾客,说明顺应了市场规律,这是你的本钱;对于阻挠竞争的反市场行为,完全可以理直气壮地讨个说法。

　　文中的"上级"部门,是不是也应该补课呢? 作为主管部门,职责就是鼓励先进,鞭策落后,使市场竞争更加有序。害怕竞争会给邮局带来不便,那么,你想没想过限制竞争会给消费者带来不便? 上个月国务院刚刚公布了《关于禁止在市场经济活动中实行地区封锁的规定》,如果管局的规章违背了这个规定,是不是也得改改了?

(2001.05.28)

26.拆掉"城墙"如何

你说冤不冤:同样一条街道,这段可以跑车,那一段却不行;同样是排污管道,你用大口径,我用小口径;咫尺之间,你修一座桥,我也要来一座……

资源要优化配置。不知有人算过没有:海口、琼山各行其"市"到底造成了多大的浪费?

不但如此,城市建设,你涂一笔,我抹一划,缺少了整体规划,城市布局会合理吗?

其实,解决的办法很简单:那就是拆掉"城墙",两市并一市。这个账很好算:少了一套人马,减轻了财政负担不说,还少了掣肘,少了浪费,可以一张蓝图绘到底。

这个主意,专家们早就提出了,但是,一直无法付诸实施……原因之一呢,据说与干部不好安置有关。

这人们就不明白了:是干部的位子重要还是群众的利益和城市的发展重要?

人们期盼一城两市不再继续下去。

(2001.10.22)

27.赶快诊断"小老树"

"乡镇企业从'小草'长成了'大树'。"这是十年前费孝通教授在总结苏南乡镇企业发展历程时说的一番话。

又是十度芳草绿,迄今,这棵大树更是葳葳蕤蕤枝繁叶茂!

先不说6900亿元的年利润,就日常生活而论,从美的空调、科龙冰箱到万家乐热水器、格兰仕微波炉,哪一个不是伴着"泥土"芬芳?而希望集团、万向集团成长的历程更是"小草"长成"大树"的明证!

刘增胜局长说得好:"农村问题,说到底是给农民就业找出路。"历史反复地证明了这样一个道理:束缚在土地上,无论如何迎不来富裕。人多地少这一现实,决定了农民富裕的前提是,将农村剩余劳动力稳定地向二三产业转移。

树大了,枝叶茂盛了,才有更多的绿荫;同样,只有乡镇企业壮大了,农民就业才有更广阔的空间。

树要长大,离不了修枝剪杈。如果不淘汰遍地污染的小造纸、小化工,如果不对小、微、亏的企业进行改制,北京、江苏的工业能有今天的局面吗?

树要长好,离不了施肥浇水。如果不为乡企发展创造良好的环境,如果不用高科技提升乡镇企业的档次,"五小"、"傻大黑粗"恐怕永远是乡镇企业的代名词!

尽管乡镇企业总体上有了长足的进步,但发展却很不平衡,有些地方,乡镇企业仍是长不大的"小老树"。那么,请赶快诊断"病因"吧,该剪杈的剪杈,该施肥的施肥,只有一棵棵"小草"都长成了"大树",方能出现遮天蔽日的浓荫。

(2002.01.28)

28.但借春风扶农桑

"三农"问题再次成为本次"两会"的焦点!

谈起"三农",前些年,人们常常以"口惠而实不至"来形容。回头看看,近几年,对待"三农",各地的认识均有了提高,农业产业化也好,结构调整也好,无不是紧扣给农民增收找来源。近几年农民收入出现恢复性增长,也说明我们抓出了实效。

但是,认真盘点一番,解决好"三农"问题,我们还有很长的路要走。譬如,农副产品卖难的怪圈,一些地方还一直未能走出来;农民负担呢,如水缸里的葫芦瓢,摁一摁就下去,手一松又上来。"谁能告诉我,明年种什么?"结构调整中这样的呼声仍不绝于耳。而各种"咔嚓"农民的事件,还时有发生……

"农业兴,百业兴;农民富,国家富;农村稳,天下稳。"江总书记这段讲话,可谓高屋建瓴!

"三农"问题怎么抓?代表们的呼声反映了民意,也给我们各级部门指出了努力的方向。今年的春来得早,不经意间已是万紫千红。愿代表们的呼声,伴着春风融进社会的各个角落,化成各地重农扶农的实际行动。只要春风中播下了饱满种子,何愁秋日里不果实丰盈?

(2002.03.18)

29.多支持　少揩油

好家伙！看了外派劳务出门前要交的费用,真有些眼晕！能叫出名的费用就达四五十项之多!

扩大就业是经济工作的一个重点。"十五"规划指出:我国城市和农村,"十五"期间要各转移4000万劳动力。人均拥有的资源量少是我国的国情。如果除掉冰川、沙漠等不可利用的土地,我国可以利用的国土面积和澳大利亚相仿,而我们的人口却差不多是澳大利亚的70倍。此外,随着科技进步和资本替代劳动速度的加快,无论是城市还是乡镇,吸纳劳动力的步子越来越慢……广开就业门路,劳务输出,无疑是一个重要方向。

世界上有许多地区,疆域辽阔,人力资源却很缺乏。还有一些国家,面积虽不大,但经济发达,吸纳劳动力的能力比我们要强。这些地区为我们发展劳务出口提供了广阔的舞台。墨西哥,全国人口8000多万,每年在国外务工者高达800多万。也就是说,每10个人就有一个在国外工作。如果用这个水平来衡量,我们的劳务输出水平就差得远了。

当然,劳务输出不能盲目,该规范的必须规范。但我们必须明白,规范管理所采取的所有措施,其目的只能有一个——为了更好地输出劳务,而决不是为了揩油。

(2002.03.25)

30.观念生"金"

　　追溯一下改革十余年来农村经济发展的轨迹,我们不难发现:从"包工到组"的萌芽到"联产承包责任制"的普及;从乡镇企业的崛起到"民工潮"的涌动;农村生产力的每一次重大解放,更新观念是前提。

　　事实证明,哪个地方观念更新得快,哪个地方的经济发展就快。因此,从这个意义上讲,观念能够生"金",绝不为过。

　　更新观念,也就是不断地提高我们的认识水平,使之进一步接近事物发展的客观规律,从而能动地改造世界。欲做到这些,固步自封,躲在山沟里打转转不行;怨天尤人,面对困境长吁短叹也无益——这样,即使身在宝山,也难以识宝。可行的办法是:像濮家人那样,冲破传统观念的束缚,在市场经济的大潮中,不断地拓宽视野,开阔胸襟。其实,只要积极主动地去寻找发展契机,致富的路会越走越宽。

(1995.07.28)

31."减负"须靠法制

这些年,几乎每一个"减负"文件中都反复申明,不准层层加码,不准乱塞项目,对违反规定者"谁出主意谁担当,谁开口子谁负责"。实际情况呢? 从今天刊出的几封来信看,农民负担过重,仍与层层加码、乱塞项目有关。

我们再审视一下这些年的"减负"执法情况,究竟有几人因"开口子"而受到处罚了呢? 实在太少! 碰到"风头"上,大不了把多收的钱退回去。风头一过,换个名目接着来。

所谓的"负责",在没有威慑力的条例下成了空洞的口号。

不合理负担,明的、暗的……严重损害农民利益! 对于违反党纪国法的行为,理应给予严惩。加重农民负担,显然,是一种违法行为,却很少受到惩罚和处理,这正是农民负担经常反弹的一个十分重要的原因。所以,根治农民负担反弹,必须依靠法制。实践证明,只要我们严格按照政策、法规办事,让少数非法侵犯农民利益者有所忌惮,农民的负担就能轻一些。

（1996.06.14）

32.先要练好内功

前些时,一个熟识的县委书记告诉我:去年至今,县里已经组织了七次 WTO 规则学习。如何应对加入世贸后的新形势,他们已经胸有成竹。

这是个农业大县,这些年卖难一直困扰着农民。我问书记:"在提高农产品质量方面有措施吗?"书记一脸茫然!

应对 WTO,熟知其有关规则,确实是必要的。但产品能不能占领市场,最后还要靠质量说话。因此,练好内功是适应新形势的前提。如果你的质量稀松二五眼,即使 WTO 的规则烂熟于心,恐怕也于事无补。

"纸上得来终觉浅,绝知此事要躬行"。陆游这句诗,道出了问题的本质。面临着同样的竞争环境,海南蕉和广西蕉的不同命运,不是再次说明了这个问题吗?

(2002.05.13)

33.都应该增砖添瓦

　　读完这篇内容翔实的调查报告,你有什么感想?

　　长期以来,农民被禁锢在土地上,城乡分割的二元结构是造成农民贫苦的重要原因。加快劳动力转移步伐,我们已经别无选择!

　　我们有 8 亿多农民,农民富不起来,扩大内需就是一句空话,工业产品卖不出去,工人就得下岗。如果农不兴工不旺,工商、税务也好,警察、城管也罢,还有好日子过?

　　取消对农村劳动力进入城镇就业的不合理限制,中央多次强调。各个部门都应当把农村劳动力转移当作大事。如果把转移农村富余劳动力看作一栋大厦的话,我们每个人都应为建设好这栋大厦增砖添瓦。

　　当然,转移农村劳动力,是个系统工程,不是一开城门一切问题就都解决了。需要积极、稳妥、有序地进行,需要方方面面的努力。

　　农民是我们的兄弟,农民进城对城市发展也是贡献。我们一定要善待他们。

（2002.06.03）

34.动则活　活则兴

兰州风情线上的啤酒问题,终于得到了圆满解决!

人常说"一枝独放不是春,万紫千红春满园。"商品不能"百花齐放",市场要想繁荣,那是空话。因此,从这个意义上讲,兰州市打破垄断的做法,犹如催春的惠风——"一夜春风过,花开万千重。"相信明日的兰州风情线,一定会呈现出更迷人的风情!

兰州是西部大开发的"桥头堡"。她要真正起到辐射带动周边的作用,就必须着力搭建一个能促进生产、生活诸要素合理流动的平台。不独是啤酒、香烟等产品的销售能货畅其流,人才、技术等生产要素的流动也不能有丝毫的"壁垒"阻隔。

动则活,活则兴。相信通过这件事,对兰州营造良好的市场竞争环境,大有裨益!

(2002.06.10)

35.辩证处理"管与不管"

　　厦门猪肉市场出现了良性竞争的局面,这确实值得赞许。

　　但是,更该赞许的是厦门市有关部门在这次事件中表现出来的冷静态度:面对波动,不是简单地采取行政命令,而是因势利导。

　　竞争出活力。这一点,恐怕没有多少人再有疑义了。但究竟该如何对待竞争? 有些地方的做法就值得商榷了:或是人为树典型,揠苗助长;或是一看市场波动,马上进行行政干预。结果呢,市场永远发育不好。

　　对市场,管与不管,这里面有个辩证关系:对那些危害正当竞争的行为,必须管;但管,却是为了不管——让它能更好地按其自身规律运转。也就是说,只要它遵循市场运转的法则,就不该刻意打破它。

　　有这样一个故事,有人得到了一只蝴蝶的茧。一天,那只蝴蝶宝宝费力地挣扎着想破茧而出。主人出于好意,决定帮它一把,拿剪刀把剩下的那部分剪开了一道口。小蝴蝶终于完全出来了。然而,它没有像主人预料的那样展翅飞翔,而是萎缩着翅膀一直到死。其实,正是主人的好心和性急断送了蝴蝶美丽的生命。因为在蝴蝶破茧而出的挣扎中,它会把身体里多余的水分挤到翅膀里,这样,当它终于自由的那一刻,它才能拥有轻盈的身体和有力的双翅。

　　市场竞争也是如此,无论是产品还是企业,要想拥有"轻盈的身体和有力的双翅",只有让它自己去历经风雨。如果硬要打破其规律,其结果,恐怕只能像那只可怜的蝴蝶宝宝了。

(2002.07.22)

36.公开透明,好!

头屯河灌区水价"减肥"的经验,说起来并不复杂,把水价从暗处搬向明处,农民由浇"糊涂水"变成了浇"明白水"。

水价一透明,附着在它身上的阴影顿消。有些地方,之所以至今仍把水价置于暗处,理由无它,常言说得好:"浑水好摸鱼,暗处好搞鬼"。说到底,无非是想塞点私货罢了。

村务公开,中央早就反复强调过了。水价公开应是村务公开中很重要的一环。水价或明或暗,其实,体现的是我们的工作作风的问题。如果你说你想为群众办实事,如果你说你工作的出发点是为了广大人民群众利益,那么,我们不妨学学头屯河灌区,把水价搬到明处如何?

(2003.01.20)

37.别再干"生态搬家"这样的蠢事

因抢夺有限的水资源,人工绿洲与天然绿洲两败俱伤。来自新疆的这篇报道看后让人揪心。

你瞧,塔河流域的这个县,30 多年共营造了人工绿洲 27 万亩,可与此同时,河流下游的天然绿洲也有 20 多万亩严重沙化。最让人痛心的是,好不容易营造起来的人工绿洲,随着天然绿洲的丧失,也在一步步缩小。究其原因,是人工绿洲占用了天然绿洲过多的水量。

道理很简单:一个馒头刚够张三一个人吃,你非要把它掰一半给李四,张三能不饿吗? 张三、李四都没有吃饱,那你不是两头不讨好嘛!

天然绿洲是经过大自然千万年的磨砺保留下来的,对抵御沙漠侵袭具有不可替代的作用。如果天然绿洲不能保持适当的面积,那么,人工绿洲也将不能持久,这是一个不可违抗的自然规律。

塔里木河流域的历史发展中,诸如楼兰古国的衰亡、塔克拉玛干沙漠腹地很多城堡成为遗迹,都是这一自然规律的见证。因此,我们在向沙漠进军时,一定要对水资源状况进行综合考量,仔细权衡水的承载力。不顾水的承载力,盲目扩大人工绿洲面积,最终只能是从终点又回到起点。

（2003.01.26）

38.该出手时就出手

尽管天气一天天转凉,但新疆市场上的棉花价格却在一天天"增温":10月初,三级皮棉每吨市场价大约1.3万元人民币,10月中旬涨到1.5万元,近几天倏忽突破了1.7万元大关……目前棉价比去年同期上涨了1倍多。这封读者来信反映的"好消息",却让人高兴不起来。

棉价上涨,对棉农来说,当然不是坏事。不过,仔细分析一下会发现:棉价上涨背后潜藏着许多危机。新疆棉花价格看好,首先与江淮、黄河流域棉区棉花产量锐减有关;其次与棉农惜售、盼望棉价再涨也有很大关系。今年新疆生产建设兵团的棉花总产预计80万吨,截至目前销售不足六成,而去年此时已基本卖光。

一味惜售,不但增加存储成本,还难免陷入库存积压的尴尬局面。你想一想,大家都将棉花攥在手中等着发大财,你等我也等,最后会有什么结果?必然是烂市。司马迁在《货殖列传》中总结出这样一条规律:"无敢居贵。"他认为"贵上极则反贱,贱下极则反贵",主张"贵出如粪土,贱取如珠玉"。他的观点道出了价格和供求之间的相互影响、相互制约的关系。物极必反。棉农应抓住有利时机加快销售,该出手时就出手。否则,增产未必就能增收。这样的亏以前吃得少吗?

(2003.11.28)

43.帮扶要帮心

短短的两年时间,新疆阿克苏市阿依库勒镇协合力村在工作组的帮助下发生很大的变化。这一事实说明,派工作组下基层,是帮助贫困地区改变面貌的好形式。只要扎扎实实地办事,工作组是可以大有作为的。

这些年,不少地区和部门通过各种形式派出了工作组,帮助贫困地区摆脱贫困。绝大多数工作组的工作是卓有成效的,深受群众欢迎。但也确有些工作组的工作流于形式,往往是"雨过地皮湿"。工作组来了又走了,工作没有多少起色。

协合力村工作组的经验告诉我们:帮扶,要落在一个"实"字上。群众从抵触疑惑到真诚欢迎,态度转变的原因,是工作组做的一件件实事。

帮扶要帮贫,更要帮心。有些地方就发生过这样的事情,工作组给贫困户送了棉衣,户主马上拿去换了酒喝;工作组送去了良种,有人转身拿去磨面吃。经验告诉我们:外因是变化的条件,内因是变化的根据。只有贫困户发自内心地产生了摆脱贫困的意愿,才能激发出主动性、创造性,也才能从根本上拔掉穷根。

我们还看到过这样一种情况,有的地方工作组在时,做了许多实事,群众也得到了一定的实惠。但工作组走后,修的路毁了,修的渠塌了,种的特色产品"烂了市",群众刚刚脱贫又返贫。协合力村工作组抓工作抓到根上,这就是选出一个好支部,找到一条发展的好思路。帮扶,要掏出心来。这是协合力村工作组以事实告诉我们的深切体会和成功经验。

（2005.01.04）

44.值得一试的好方法

"地膜今年涨得真有些邪乎,一个月一个价。价格高不说,质量还不好,有的厚,有的薄,用弓子一撑就破了……"

"上次,茄秧上起了红蜘蛛,需要打药。卖农药的给我推荐了一种牌子。结果,虫子掉到药瓶里都死不了。换了几家店铺,效果都不行。真不知到哪儿才能买到真货?"

"出了问题,还找不到人负责。2月份我到一家农资店里买茄种。店老板拍着胸脯保证'质量绝对没问题。'可苗育出来一看,秧苗一棵棵蔫不啦叽像遭了霜打。去找店家,人家干脆一退六二五……"

……

这几封群众来信,反映的全是目前农资经营中存在的问题。归拢一下大体体现在以下几个方面:一是进货渠道混乱;二是价格管理混乱;三是产品质量没保证;四是监督力度跟不上。

这一切,说到底,都与"散兵游勇"式的经营方式分不开。

近几年,国家对农资市场管理不能说没下劲儿。不过,现在的治理手段基本上难以治本——多是在农资经营旺季组织一些执法检查。仅靠这种办法,农资坑农现象就像水缸里的葫芦瓢,按一按就下去,手一松又上来。

那么,怎样才能治本?

一些地方实行的农资连锁经营方式,很值得一试:统一组织货源,制定统一质量标准,实行统一的售后服务。这样,不但从源头上堵住了假冒伪劣产品,即使出了问题,追究起来也有迹可循。

(2005.03.09)

45.切实加大科技节水力度

一项膜下滴灌技术,几年竟节约出来了一个湖! 这让我们再次领略了节水科技的神奇威力!

我国是个缺水大国,最新统计表明:目前全国缺水 60 亿立方米,平均每个城市缺水 900 万立方米。随着经济社会的发展,这种状况还会进一步加剧。因此,要想实现可持续发展,就必须加大全社会节水的力度。

如何加大? 最有效的途径当然是依靠科技。论水资源,以色列比我们强不到哪里去。但以色列在沙漠、戈壁上建起了现代化的工业、农业,人们的生活水平也没有因为缺水而降低,靠的是什么? 科技!

国内不少地方的实践也都证明,科技节水的潜力是无穷的。"苦瘠甲天下"的甘肃定西,靠"防渗水窖"解决了困扰千年的吃水问题;广西有的山区,依靠"混凝土水柜"一举解决了灌溉问题。这些土办法,虽说不上有多高的科技含量,却已很见成效。如果再佐以现代化的科技呢? 我国地域辽阔,南北西东情况各不相同,如果大家都能根据各自的情况,创新节水门路,加大科技节水力度,每一年节约出来的又岂止是一个玛纳斯湖!

(2005.08.22)

46.细致促进和谐

　　大风一次次吹走名单，一次次又贴将上去；只剩一家了，仍不放过……新疆推行"低保"时这种细致入微的工作精神，令人动容！

　　同样是为民办实事，一些地方的一些工作并不尽如人意。细究起来，与工作不细致大有关系。工作能否做到细致，表面看，是个工作态度问题；实质上，反映出的是对待群众的感情问题。心中没有群众，工作就流于应付；漠视群众利益，也就漠视政策执行的结果。反之，只有心中始终装着群众，才能至纤至细地替群众着想，才能为了群众利益奔波劳碌终不悔。新疆民政部门能做到"一个也不能少"，正是源于他们对弱势群体的热爱。

　　细节决定成败，只有细致入微地对待工作，才能出成效；细致促进和谐，这一点，新疆民政战线上的同志已经给了我们一个很好的例证。

　　建设和谐社会，我们该怎么做呢？

（2007.12.29）

47.为布茹玛汗自豪

没有市廛的霓虹灯,没有街坊的温馨笑语,没有子女承欢膝下。甚至,连基本的生活要素都没有。43年了,做伴的,只有荒寂的星空和连绵不绝的濯濯童山……

布茹玛汗老人的事迹,委实令人动容!

水有源,树有根。是什么信念在支撑着她？是一个公民的责任,是对祖国的忠诚。正是因为有这些支撑,她才43年如一日,只求奉献,不讲索取!正是因为有了这些支撑,她才刚听够了一整夜的风沙呼啸,天明,拂去满面的沙尘,又义无返顾踏上守边的征程……

要论惊天动地,布茹玛汗的事迹,远远算不上。她43年留下的,只是边境线上一个又一个坚实的脚印!不过,能几十年如一日把平凡的工作做好,本身不就很不平凡吗?

正是因为有一大批像布茹玛汗这样的守边员做好了平凡的工作,才有了西陲的安宁,才有了共和国的铁壁铜墙。

什么时代国家都有边关,什么时代我们都需要布茹玛汗这样的守边员!更重要的是,什么时代我们都需要布茹玛汗这样的境界,这样的责任!

那么,我们都尽到了自己的责任了吗?

在为布茹玛汗感动、自豪、骄傲的同时,是不是都该问问自己？

（2008.01.05）

48.都来助一把力

"工资共决",喊了多少年却一直收不到实效。个中原因,真该好好反思一下了。

现在,浙江在这方面实实在在抓出了成效。秘诀在哪里? 其实并不复杂:大家都来助了一把力。

试想,只有职工着急呼吁,政府却不理不睬,能从老板兜里把钱掏出来吗? 不能!

试想,虽然政府出台了措施,工会不去做执行的推手,劳资双方能坐下来谈吗? 不能!

试想,尽管工会撮合大家坐在了一起,但工人唱工人的调,老板撇老板的腔,最终能达成共识吗? 也不能!

常言道,众人拾柴火焰高。只有形成合力,工作才能抓出成效。

不过,怎样才能形成合力? 在这一点上,浙江的经验倒是弥足珍贵:通过机制、配套措施,把各方的劲儿拧在一起。

他山之石,可以攻玉。如果大家能从浙江的经验中得到启发,并举一反三,恐怕又会有许多新经验、好经验冒出来。

(2010.05.31)

49.善待员工就是善待企业

　　传化的经验,归纳起来,就是善待员工。

　　这两年的事实一再验证着这个道理:前年,国际金融危机严霜正浓时,不少企业慌慌忙忙裁减员工。结果呢? 当去岁形势好转时,许多企业攥着大把订单,却找不到人干!

　　企业的竞争,最终是人才的竞争。唯有员工发展了,企业才能迎来持续、健康的发展。如果只想一味从职工身上获取利润,而无视职工的权益与发展,随着职工身上能量的耗尽,企业也必将是油尽灯枯。

　　如何在经济起伏中处理好劳资关系?"传化样本"给了我们有益的启示:做企业,不能丢失基本的社会责任。只有善待了员工,员工才会加倍爱护企业,最终企业也才能够发展壮大。

　　正确的办法就是像传化一样,把企业经营者与工人放在平等的位置,共创和谐,共谋发展,共享成果。一句话,善待员工,也就是善待企业自己!

(2011.01.25)

50.西瓜如何大又甜

相信不少人都会有这样的感受:咦! 这年头,东西怎么越来越不是原来的那个味了? 确实,不少我们过去曾经引以自豪的特产,正在渐渐失去其特质。

现代科技,为农业生产提供了许多便利。想增产,化肥一撒,产量噌噌往上蹿;莴笋原本 3 个月成熟,移栽进塑料大棚,1 个月便可收获。苹果,想让果型长大,膨大剂一喷,几天就大了一圈;想把果型拉长,拉长素一喷,第二天就能收到效果。

植物特性的形成,是千百年进化的结果。人为去破坏其生长机理,质量不走形才怪呢!

我一直有这样的担忧:再过多少年,当我们向后人唠叨"吐鲁番的葡萄,哈密的瓜,库尔勒的香梨人人夸"时,后人会不会嘴一撇:什么呀老祖,你在说天书吧? 这些东西难吃死了!

当然,这么说,并不意味着要排斥现代科技,而是要提醒大家,对于现代科技,我们要合理地、科学地去运用。急功近利,或是顾头不顾尾,不行! 其实,这也正是我们提倡可持续发展观的题中应有之义。

我国地域辽阔,各地自然条件迥异。不同的地域和自然条件孕育出了不同的特产。这些特产,也是祖先留给我们的宝贵财富。

那么,该怎样去继承和发扬呢? 科学的方法是,首先厘清特产的独特品质是什么,然后想方设法去保持其独特品质。倘循着这一思路去进行生产,特产大抵就不会变味,我们也就能创造出名牌。这一点,新疆刘三海尝到了甜头。他所以能创出品牌,正是循着这样的思路。

　　刘三海的探索,还给我们另外一个启示:长期以来,由于我们的生产规模不能提高,导致农业效益低下。怎样才能提高规模? 刘三海的经验是,用工业化的方式去经营农业。

　　现代化的大农业,已经成为国际的潮流。可我们呢,依然是传统的经营方式。如此,生产力水平长年在低层次徘徊,生产成本也居高不下。

　　现代化大农业的一个重要标志,就是广泛采用机械化生产。而机械化生产的前提,又必须是农业的标准化。这些方面,恰恰是我们的软肋:千家万户,你有你的标准,我有我的方式。几年前,我在河南某县挂职时,一个开大型收割机的现代"麦客"向我发感慨:你瞧你瞧,一家一小块,有的垄行宽有的垄行窄,有的田块高有的田块低,收割机根本使不上劲儿。能统一标准就好了,至少能提高几倍的效率。

　　的确,采用统一的标准,用工业化的理念去经营农业,是农业走出"弱质"、壮大产业的关键环节。

　　他山之石可以攻玉。我们期待着更多的瓜农、果农,抑或是粮农,都能从刘三海种瓜中得到点启示。

(2006.12.24)

51.“坚守”,这个时代仍然需要!

　　从大都市来到西部边陲,一干就是 52 年。吴明珠的事迹,可敬可佩!

　　有人作过统计:如果从黑龙江的漠河到云南的腾冲划一条直线,把国土大体分为两半,直线以东人口占 95%,直线以西只有 5%。

　　确实如此:西部地区拥有广袤的国土和丰富的资源,但人口很少。而西部地区知识分子所占的比重,则更少!

　　这些年,东西部差距在拉大。其中,人才缺乏是一个重要原因。一方面,西部人才大量流失——“孔雀东南飞”的现象一直没有从根本上得到扭转;另一方面,新毕业的大学生,大都不愿意到边疆去——“天南海北我都去,就是不上新西兰”就是这种现象的真实写照(这里的“天南海北”指的天津、南京、上海、北京等大城市,“新西兰”指的是新疆、西藏、兰州。)

　　不是吗? 有不少大学毕业生宁可“漂”在都市、放弃专业,也不愿到基层到边疆去。一位西部地区的领导坦承:西部大开发以来,要政策国家给政策,要资金国家给资金,可许多事情仍干不起来,说到底,是没有人才!

　　不知道大家是否算过这笔账:大城市人才大量积压,边疆地区人才大量缺乏,这该是一笔多么大的浪费!

　　人是需要精神支撑的。有正确的价值观支撑,再苦也会若饴在喉。明代儒生宋濂有句名言:“以心中有常乐事,不知口体之奉不若人也!”说的就是这个道理。吴明珠,所以能在大漠坚守 52 年,也正基于此。诚如她所言:“那是个讲理想,讲奉献,讲艰苦奋斗,讲为人民服务的年代。”

　　吴明珠“坚守”的价值观,我们这个时代仍然需要!

　　一个社会,如果忽视了个人的责任,或者做事的目的就是个人利益的最大化,这个社会就很难进步。换句话说,如果大家都只为自己考虑,要消灭东西部差距、社会要和谐发展,就是一句空话。

怎样树立我们这个时代的核心价值观? 面对吴明珠这样的贤者,我们恐怕都该悄然扪心!

(2007.08.28)

52.牢记发展的根本目的

在力推经济发展方式转变时,"敢为人先"的浙江人,再次为我们奉献了可资借鉴的经验。

"国以民为本,民以生为先。"民生既是人类社会存在的前提条件,也是人类社会发展的终极目的。

当前,我们抓转型升级,其目的也正是为了促进经济更好更快地发展,从而为改善民生奠定更加坚实的基础。

经济发展的实践告诉我们,转型升级是个系统工程,"单打一"不行。

转型升级离不开和谐稳定的社会环境。如果今天这里发生打架、杀人,明天那里又发生盗窃、抢劫,弄得大家惊恐不安,未出门而足趑趄,你还有心思去谋发展吗?

如果邻里关系紧张,今天你泼脏水到他家门口,明天他又拔了你地里的大蒜,你还有心思去琢磨高效生态农业吗?

如果劳资关系紧张,工人动辄停工闹事,你还有心思去调结构促转型吗?

"民惟邦本,本固邦宁。"民安是民生最基本的要素。营造和谐的社会环境,是搞好转型升级的前提和基础!

当然,转型升级更离不开执政能力的提高。

如果一个新产品批件,走了七七四十九天还在路上打转,你还奢谈把握商机吗?

如果和外商谈经贸合作,你连世贸规则的 ABC 都不懂,你还奢谈扩大对外合作吗?

如果劳资双方出现了合同纠纷,你面对人群一筹莫展,抓耳挠腮,你还奢谈加强服务吗？

浙江省委书记赵洪祝说得好："执政能力能否提高,决定我们转型升级的成败。"

我们说浙江经验可贵,就在于,在抓转型升级过程中,不局限于经济结构内部,社会环境优化、执政能力提高一起升级! 两翼齐振,为转型升级保驾护航。

浙江的做法,从根本上来说,就是党委、政府施政时始终牢记发展的根本目的,兼顾到了目前与长远、发展经济与改善民生的关系。

浙江的经验告诉我们:只有从人民群众的根本利益出发谋发展、促转型,才能充分激发人的创新创造活力,才能把经济发展的成果体现在提高人民生活水平上,体现在满足人民物质文化需求上,体现在人的全面发展上,真正做到发展为了人民、发展依靠人民、发展成果由人民共享。

当前,我国经济社会发展中仍然存在一些突出矛盾和问题:经济增长内生动力不足,自主创新能力不强,经济粗放型增长的格局尚未根本改变……转型升级的路还很长很长!

但是,只要精神不滑坡,办法总比困难多。如果各地在转型升级时都能像浙江一样牢记发展的根本目的,也就能像浙江一样,创造出一些新的、好的办法来。

唐人李白诗云:"浙江八月何如此,涛似连山喷雪来。"相信正在深入推进转型升级、集聚了强大势能的浙江,必然是"浙江未来定如此,再立潮头领风骚"。

我们期待着。

(2010.06.30)

53.都来培植爱的"沃土"

吴菊萍托起的不仅仅是一个幼小的生命,更是一个大写的人的崇高灵魂!

我们敬佩吴菊萍。而她的义举折射出的一切,更值得我们进行深层次的思考。

是什么促使吴菊萍伸出了双手?尽管纯朴的她一直强调是出于一个人本能的反应,但,是这样吗?

事实表明,她的义举与党和政府的正确引导、优良环境的熏陶密不可分。事件发生地在杭州,看似偶然,实是必然——

培育"爱心、奉献、无私"的城市价值观,一直是杭州市委、市政府孜孜追求的目标。杭州市委书记黄坤明说得好:"一个城市的物质财富非常重要,但是精神财富同样是极其可贵的,是一座城市的灵魂。"吴菊萍的义举,不正是这一价值观的彰显吗?

再拿阿里巴巴来说:熟悉阿里巴巴的人知道,阿里巴巴的企业文化是:"很傻很天真!"身为阿里巴巴员工的吴菊萍说得好:"我这样做,是企业对我的基本要求。"

（2011.07.15）

54.达西靠的什么

一个沙漠中的小村,家家住洋房,户户有汽车。达西村发生的一切,令人称奇!

创出奇迹,达西村靠的什么? 交通不便,瑟缩在"死亡之海"塔克拉玛干沙漠边缘;远离城市,离最近的小镇也有数十公里;没有资源,村子周围除了沙还是沙……可以说,能带动经济发展的要素,达西一样也没有。

那么,到底靠的是什么? 是一种精神! 一种不怨不艾、不等不靠、苦熬不如苦干的精神。有了这种精神,困难一个个遁迹,发展要素遍地横流。"学华西,赶华西,达西定能变华西。"这是何等的豪迈!

西部一些地方,至今走不出贫困的循环,一个很重要的原因就是缺乏这种精神。抗着"条件差"这个护身符,理直气壮地要救济、要支援、要同情……我们在感佩"达西奇迹"的同时,也想问问这些地方:同是一个天,同是一个地,同是一个党领导,同是一个太阳照,为什么达西能搞好你却搞不好?

(2005.03.27)

55.要出手，也要放手

　　融资难，一直是影响中小企业发展的顽症。破解这个难题，离不开政府的支持和推动。然而，政府该怎样"出手"，却大有讲究。

　　过去，解决此类问题，往往是政府拿财政资金去"救济"。这种"一竿子插到底"的做法，带来的弊端是显而易见的：能救企业一时之"急"，却无法解企业长久之困。再说，政府财力毕竟有限，帮了这家帮不了那家，难免会让"阳光"没有普照到的企业连呼"不公"。

　　事实上，市场并不缺少资金，也不缺少投资的机会。中小企业融资难，说到底还是资本市场发育不全，银行、民间资本与中小企业之间，缺乏"直通车"。

　　杭州通过一系列政策设计，政府架桥铺路，市场开启"直通车"，于是社会资金就会源源不断地流向实体经济，流向中小企业。杭州的经验告诉我们：政府与其大包大揽，倒不如埋头培育和完善市场，通过市场这只无形的"手"去解决问题。

　　由此看来：解决经济运行中出现的问题，政府要出手，也要放手：把伸得过长的"手"缩回来，该挥的手奋力挥出去。位置找准了，难题也就解决了。

（2012.12.17）

56.找对方式很重要

长期以来,农村环境污染,成为制约农民生活质量提高的瓶颈。

为解决这一问题,近些年,国家采取了不少措施。然而,从一些地方的实践来看,收效不大。

问题出在哪里?

我们知道,造成农村污染,除了化肥农药过度使用外,居民生活污水随意排放也是重要原因。

由于历史原因,农村基础设施、各种管网建设大都很薄弱。解决这一问题,照搬城市那一套恐怕不行,大呼隆走形式更不行。桐庐的经验告诉我们:找对方式很重要。只有立足当地实际,科学合理地选择治污模式,才能真正起到事半功倍之效。

现在,各地都在努力建设"美丽乡村"。各地农村的情况千差万别,只要大家都像桐庐一样多动脑筋,因地制宜行动起来,相信都能找到适合自己的最佳治理模式。如此,我们的农村,也才能真正做到既富起来又美起来!

（2013.07.29）

57.适时推上一把

　　浙江湖州八里店镇尹家圩村通过有序推动土地流转,让种粮大户和全体村民双双受益。

　　这一双双受益,带来的结果自然是,流转双方,双双叫好!

　　土地流转,其实早就不是一个新话题。上世纪 90 年代初,就有不少地方尝试推动。但迄今为止,成功者寥寥。

　　究其原因:一是条件不具备拔苗助长。中西部有些地区,二产、三产都还滞后,吸纳劳动力的能力极其有限。在这种情况下大张旗鼓搞流转,其结果,势必是失地农民无业可就。最后呢,还得回来找政府。二是缺乏统筹兼顾。照顾了种田大户利益,却忽视了其他农户利益。眼看着种田大户哗哗数着大沓票子,而自己永远拿着那点可怜的补偿金,其他农户心态能不失衡?……如此,推行不下去,也就成了必然。

　　尹家圩土地流转所以取得成功,正是因为有效地规避了以上风险。

　　能有效予以规避,从尹家圩村的推行过程来看,政府起了主导作用。

　　土地流转是一项"技术含量"很高的工作。条件不到,拔苗助长不行;条件具备,停滞不前也不行——在有限的土地上反复挖刨,农民肯定没有出路。这一点,已被历史一再证明!

　　因此,条件适合的地方,都应该像尹家圩村那样,政府适时推上一把。

(2013.08.09)

58.富起来更要美起来

经过 30 多年的改革开放,绝大部分的农民早已不再为衣食所忧。

不过,尽管住房早已是"楼上楼下",可房舍布局散乱,街上乱丢垃圾、随处吐痰的陋习,在农村仍很普遍……难怪人们编出这样的顺口溜:"污水靠蒸发,垃圾靠风刮,室内现代化,室外脏乱差,溪沟就是垃圾污水的家。"

"富起来更要美起来。"绍兴县提出的这一口号,可谓是抓住了当前农村问题的"牛鼻子"。

不过,抓住了"牛鼻子",还要懂得怎么牵。绍兴的做法很管用:一是动硬。不符合环保要求的企业一律关停。二是动软。"美丽乡村"美在心,从提高居民素质入手,倡导文明乡风。

一硬一软带来的效果再明显不过了:"千金不需买画图"的美景,重新回到水乡;村民抽完烟,会捏着烟蒂一直走到垃圾箱。

"变美的不仅是环境,还美化了村民心灵。'二美'俱在的新农村,才是真正的新农村!"绍兴县委书记何加顺的话透着哲理。

(2012.02.09)

59.城乡前行肩并肩

很多年前就有学者提出:"没有农民的小康,就没有中国的小康。"

长期以来,城乡"二元结构"带来的弊端,相信每个人都能感受得到。

那么,如何让农村跟上城市发展的步伐? 如何让城乡百姓共享发展的成果? 浙江的检验是:城乡前行肩并肩!

你瞧:在浙江,"一根水管通城乡,一路公交跑城乡。"城乡拥有同样的自来水网、公共卫生服务网络、垃圾处理系统、超市和网路……还是在浙江,农村文化生活丝毫不比城市逊色。农家戏、民俗表演、农民画……村村的文化大礼堂,把农民的业余生活密密匝匝充实了起来。

"农村是城市的后花园,城市是农村的CBD。"人们这样评价浙江时,看到的是真正的城乡"一体化"。而"一体化",确确实实叩开了百姓的幸福之门。

我们在替浙江高兴之余,是不是也该琢磨琢磨这种"发展同步,服务同质,管理同化"的兴邦之道?

(2012.12.28)

60.让最美可感可触

这种现象确实不容忽视：随着经济的发展，"拜金主义"、"享乐至上"、美丑不分等不正确的价值观也在冲击着我们社会的底线！

怎么办？杭州的做法是：在全社会弘扬积极健康、和谐有序的行为准则，建设昂扬向上的社会主义核心价值体系。

不过也有分教：核心价值体系在理论上高屋建瓴，对普通群众来说显得"高高在上"，说说容易，想收到实效？难呢！

杭州用"大众化"去攻坚破难：把核心价值体系融入经济建设、政治建设、文化建设、社会建设及生态文明建设，融入制度设计和政策法规制定，贯穿社会管理和公共服务。

一句话，让这种价值体系体现在干部群众的寻常工作生活中，让无形的东西变得可感可触。

"可感可触"带来了什么？"最美妈妈"、"最美司机"……一系列最美在杭州生根开花就是答案。

"让核心价值体系的基本内容，既内化为群众的自觉追求，也外化为越来越多人的自觉行动，转化为社会普遍遵循、具体可行的道德规范和行为准则。这是我们孜孜以求的目标。"

杭州市委书记黄坤明的这番话，其实道出的，又何止是杭州的追求？！

（2012.01.17）

61.千万别当"土地爷"

许多地方把财政增收的着力点放在哪里？卖地。

卖地财政,实际上等于寅吃卯粮。放在过去的农村,会被乡邻们斥为爷卖崽田,是要被狠狠地戳脊梁骨的。

国务院发展研究中心的一份调研报告显示:有些地方,土地直接税收及城市扩张带来的间接税收占地方预算内收入的40%,而土地出让金净收入占政府预算外收入的60%以上。

这种弊端大家都清楚:一是恶化了国民收入分配,抑制了民间投资。因为政府收入占GDP比重过高,不但会导致百姓收入增长缓慢,也会抑制社会投资。二是影响了产业结构调整,加剧了产能过剩。多年来,地方政府的土地出让收入主要投向城市建设,刺激了建筑业、房地产业的大繁荣,带来了与之相关产业生产能力的畸形过剩。三是造成资源、资金的严重浪费。不少地方拿土地出让大建"楼堂馆所",或搞"小金库",导致奢靡之风盛行……

在这种背景下,杭州下城区推动区域发展时,坐拥好地块不当"土地爷"的做法就显得尤其可贵。

当然,不当"土地爷"并不是说不去发展,下城的发展之路同样值得借鉴:围绕三产精耕细作,一幢楼宇就是一座"金山";建设硬环境,提升软实力,向社会管理要效益……有了这些举措,下城区"螺蛳壳里"同样做起了"道场"——经济发展速度连年走在全市前列。

他山之石可以攻玉。如果哪个地方不"卖地"就不知道该怎么去发展,那就不妨来学学下城的经验。

(2011.10.10)

62.谋长兴方能长兴

　　从浙江污染最严重的县,到获得联合国环境规划署"环境可持续发展奖"第一名。长兴发生的巨变,发人深思。

　　长期以来似乎形成这样一个概念:发展就难免造成污染。小发展小污染;大发展则大污染。长兴的巨变告诉我们:只要处理得当,完全可以走出一条"经济发展"与"环境优化"并行不悖之路。

　　现在,很多地方经济发展带来污染,很重要一个原因,与领导的短期行为有关。任期只有几年,只要 GDP 上去了,出政绩了,拍拍屁股高升了,污染不污染,与我何干? 于是,张书记来了要出政绩,王书记来了也要出政绩,一个个都是带走了"升迁政绩"丢下了"环境包袱"。你丢我也丢,污染不加重才怪!

　　长兴的经验告诉我们:谋长兴方能长兴。不能靠环境换取增长,而应该凭环境优化增长。这个县的干部说得好:"发展是硬道理,但硬发展是没道理。舍弃硬发展,是为了更好地发展。"

　　当然,能有这样的认识,前提是干部要有正确的政绩观,要时时、事事替百姓着想。过去我们常说:政府指到哪里,群众打到哪里;现在应该转变为:群众想到哪里,政府就应该服务到哪里。干部只有爱惜生民百姓,爱惜这方水土,爱惜子孙后代,才能杜绝经济发展中的短期行为,也才能真正做到长兴。

(2010.09.20)

63.有"约束"才能更好发展

人常说:"没有规矩不成方圆。"

确实,无论是做人还是做事,都应该有个约束。没有约束任意胡为会带来什么,大家都能想象得到。

文中提到的安吉就是一个典型例子,上世纪八九十年代,为了追求 GDP,造纸、化工、建材、印染等企业遍布全县。结果呢,青山被毁,污水横流,严重的水污染危及下游的太湖……

浙江省长李强总结得好:良好生态是动力源,同时也是约束棒。不加"约束"地发展,不是可持续发展,还会将发展成果毁于一旦。正确地处理好了"约束"和发展的关系,经济质量才会迈上一个新的台阶。

此言不虚。同样还是安吉,痛定思痛后,果断关停了污染企业,并把"生态立县"作为发展战略。现在,绿水青山真正变成了金山银山。长三角许多大城市的居民,都把这里作为休闲度假的后花园,农民依靠生态发家致富。

不独是生态建设应该有个"约束",举一反三,我们的其它事业不是都也应该这样吗?事实证明:有了"约束",整个社会才能健康发展。

（2013.01.31）

64.关键在于"化人"

毛主席说过:"世间一切事物中,人是第一个可宝贵的。在共产党领导下,只要有了人,什么人间奇迹也可以造出来。"对这句话,我们不能片面理解:这里旨在说明人在事业发展中的重要作用,而不是说人越多越好。

当然,这里说的人,是指在社会主义价值观引领下的脱离了低级趣味的人。那些宵小之辈,恐怕不在此列。

现在,推进城镇化,成为各地工作的重点。城镇化怎么搞? 首先就要做一做"人"的文章。你想一想,城建起来了,农民也进了城,可如果还是保持着以前的生活方式和生产方式,那是城镇化吗? 顶多一个大村庄而已。

可惜的是,许多地方在推进城镇化过程中,把着力点放在楼房、道路等基础设施建设上,对农民生活方式和生产方式的转型,关注得并不够。除了户口本上农村人口变成城镇人口外,其它没有什么质的变化。难怪农民讥讽:"城镇化瞎胡搞,除了失地无啥好。"

现在,浙江山区小县云和县成功地补齐了这块"短板":力推公共服务均等化。不但进城的农民有房可居,有业可就,有学可上,有社会保障可依,政府还大力普及礼仪和道德规范、推动进城农民向文明市民转化!

云和的经验告诉我们:城镇化,关键在于"化人"。云和的经验还告诉我们:城镇化不是发达地区的专利。只要不搞形式主义,只要规划得当、基础工作扎实,山区小县同样可以做出"大文章"。如果不信,你可以去看看!

（2014.01.07）

全书后记:心往哪里安放

这本集子,收录的是我到人民日报工作以来撰写的部分评论。

评论是报纸的灵魂。人民日报尤其重视评论,大家有这样一个共识:不会撰写评论,算不上一个称职的编辑、记者。

学校毕业分配到人民日报后,我先是在经济部做了 10 年编辑,之后到新疆驻站,再之后又到了浙江。一晃,就是 20 多年。无论是做编辑还是做记者,评论始终是我最常用的报道手段。各种体裁的评论,林林总总有近千篇。文章是否中式?自己是否算得上"称职"?还是请读者从选出的这些篇什中去评判吧。

"城里走,乡里走,山里走;握茧手,握纤手,握绵手;风也受,雨也受,气也受……"新闻强调客观,但又不是有闻必录,既要"下情上达",又要"上情下达",究竟"达"些什么?

避害趋利,是人之常情。如果想讨好谁,倒也容易,你说什么我写什么,你让怎么写我就怎么写,肯定皆大欢喜!

但如果出现了问题:譬如矿难了、严重污染了、拆迁死人了等等,有关方面是万万不希望你"达"的。怎么办?是藏着掖着?还是秉笔直书?

这个时候,现实利益与记者的良知,难免会发生冲撞。心到底往哪里安放?只要当一天记者,恐怕始终会面临着这样的拷问!

已经去世的李克林同志是人民日报原农村部的老主任,延安时期就开始从事新闻工作,曾写过许多脍炙人口的名篇。10 多年前,我写"下乡手记"专栏时,触及的有些问题比较尖锐,受到一些人的非难。这时李老给我写了封信,信中有这么一段话:"文革中,迫不得已写了些偏离实际的新闻。直到现在,我都后悔得不行。如果有来生,我还要当记者,我的原则是,宁可不做官,宁可挨批评,决不再说假话。"

记得有一年春节,我和人民日报经济部负责农村报道的何加正、江夏到李老家拜年。当时李老已不能下地走动,她倚在轮椅上忧虑地对我们说:"听家里的保姆讲,现在农民负担重得很,有些基层干部作威作福很不像话。这样下去,老百姓怎么会拥护我们? 如果连咱们都不正视这些问题,还有谁替老百姓说话? 当记者就要坚守替人民说话这样的职业品格。"

这些年,我把李老的话始终记在心头。无论写评论还是写其它报道,时时提醒自己:"坚守职业品格!"

坚守职业品格,有时难免会付出一些代价……但我明白,如果与时俯仰变成一种时尚的话那就辜负了正义,辜负了良善。

坚守职业品格,还必须始终保持客观理性,不"跟风起舞"。在社会变革加剧的今天,难免会滋生一些负面情绪,如果只是从吸引眼球考虑,任由负面情绪宣泄,那实际上就等于放弃了职业品格。有话说得好,如果你手里拿着一把锤子,那任何东西在你眼里都像是钉子。

所以,取舍新闻,我所秉持的原则是:力求做到宏观真实和微观真实的统一。

确实,用一个极端例子来说明一个观点,或图解一项政策,并不难。但这种微观的真实,放在宏观背景下去考量,往往未必真实。所以,绝不能抓住一点不及其余,更不能一叶障目不见泰山。

只有坚守这样的职业品格,在新闻采写中,才会多一份清醒,多一份责任。

我做到了吗? 我再一次拷问自己!

王慧敏

2014 年 1 月 31 日于杭州西子湖畔